ABITUR TRAINING

Manfred Keßler

Evangelische Religion 1

Der Mensch zwischen Gott und Welt

Grundkurs

STARK

ISBN: 3-89449-220-1

1. Auflage 1996

Denn was hülfe es dem Menschen, wenn er die ganze Welt gewönne und nähme an seiner Seele Schaden?

Matthäus 16,26

Inhalt

Die Frage nach Gott

Fortsetzung nächste Seite

Fortsetzung nächste Seite

Die Frage nach dem Menschen

Vorwort

Liebe Kollegiatin, lieber Kollegiat,

mit diesem Band halten Sie eine **übersichtliche Darstellung der abiturrelevanten Stoffgebiete** für den Grundkurs Evangelische Religionslehre in Händen. Dies sind: Gestalt und Botschaft Jesu von Nazareth, die Frage nach Gott, Religionskritik und Menschenbilder in der Hand.

Der vorliegende Trainingsband, der auch **unterrichtsbegleitend** eingesetzt werden kann, soll Ihnen helfen, sich fachlich und zeitlich optimal und sinnvoll auf **Klausuren** und das **Abitur vorzubereiten**.

Diesem Ziel dienen der klare Aufbau, die vielfältigen Schaubilder, die tabellarischen Überblicke, die Abbildungen sowie die Zusammenfassungen. Zugleich zielen die angebotenen Lernwege – über die möglichst **effektive Vermittlung von sicherem und abrufbarem Wissen** hinaus – darauf ab, das Problembewußtsein zu sensibilisieren, mit Fachbegriffen und -methoden sicher umgehen zu können und die Lerninhalte geistig so zu durchdringen, daß in der wissenschaftlichen und weltanschaulichen Auseinandersetzung eine eigenständige Stellungnahme bezogen werden kann. Dazu sollen auch die **einführenden Leitfragen**, die **Impulstexte** bzw. **-bilder** „Zum Einstieg" und die ausgewählten **literarischen Texte** „Zum Weiterlesen" dienen.

Um **größere Zusammenhänge zu verdeutlichen** und mit Rücksicht auf die Offenheit der Curricularen Lehrpläne, die Auswahlmöglichkeiten zuläßt, gehen die vorgelegten Ausführungen teilweise über die im jeweiligen Grundkurs behandelten Lernstoffe hinaus.

Auf den Abdruck der **Abituraufgaben** für den Grundkurs wird hier verzichtet, da diese mit Lösungsvorschlägen und Erwartungshorizont als eigenes Buch im Stark Verlag (Bestell-Nr. 95970) erhältlich sind.

Bei der Arbeit mit diesem Band wünsche ich Ihnen viel Erfolg und hoffe, daß es Ihnen auch auf dem Weg zu einem eigenständigen, begründeten Standpunkt in der Wertediskussion hilfreich ist.

Manfred Keßler

Die Frage nach Gott

1 Vielfalt und Unterschiedlichkeit des Redens von Gott

Die Menschen reden unterschiedlich von Gott, geben ihm verschiedene Namen und Prädikate. Diese zahlreichen Äußerungen über Gott werden verschieden legitimiert. Sie können abgeleitet werden aus persönlichen Erfahrungen, aus heiligen Schriften oder aus der Autorität einer religiösen Leitgestalt.

Man verwendet das vieldeutige **Wort „Gott"** häufig dann, wenn es um die Sinnfindung der menschlichen Existenz und um die Grundeinstellung zur Wirklichkeit geht. Der Mensch erfährt nicht nur die Schönheit der Welt; er erlebt das Dasein auch als unbeständig und bedrohlich. Aus dieser Situation heraus entsteht für den verunsicherten Menschen die grundsätzliche Frage nach der Sinnhaftigkeit des Menschlichen und Weltlichen insgesamt. Das Wort „Gott" dient als **religiöse Deutekategorie für das Verständnis der Gesamtwirklichkeit.**

Leitfragen:

- *In welchem Zusammenhang, in welcher Weise wird von Gott gesprochen?*
- *Welche menschlichen Erfahrungen, welche Zeitumstände beeinflussen die Gottesvorstellungen?*
- *Welche Folgen kann das Gottesbild für das menschliche Selbstverständnis haben?*
- *Viele autobiographische Zeugnisse berichten über Erfahrungen mit Gott. Überlegen Sie, welche Gottesvorstellungen in Ihrer eigenen Lebensgeschichte bedeutsam sind!*

Zum Einstieg: Gottesbilder

Jochen Klepper: Trostlied am Abend

In jeder Nacht, die mich umfängt,
darf ich in deine Arme fallen,
und du, der nichts als Liebe denkt,
wachst über mir, wachst über allen.
Du birgst mich in der Finsternis.
Dein Wort bleibt noch im Tod gewiß.

Klepper, Jochen: Kyrie. Geistliche Lieder. Berlin ^{14}1965, S. 20.

Horst: Brief an den lieben Gott

Lieber Gott

Hier einiges was ich
besonders gern mag

1. Fernsehen
2. Spazierengehen
3. Gut Essen
4. Einkaufen
5. Fliegen
6. Schiffe
7. Tee trinken
8. Etwas Bauen
9. Weihnachten
10. Dich

Komm doch zu mir spielen.
Du mußt mir aber
etwas mitbringen!

Viele Grüße von Horst

Bernhard von Issendorff: Antwort

Verehrter Horst,
Du hast Gott erst an die zehnte Stelle gesetzt in der Rangfolge der Dinge, die Du magst, Fernsehen, Essen, Fliegen und selbst Weihnachten kommen zuvor. Da frage ich mich, warum ich zu Dir kommen soll, Du wirst ja gar keine Zeit für mich haben.
Ich habe das deutliche Gefühl, Du möchtest nur deshalb Gottes Besuch, weil Du ein Mitbringsel haben möchtest. Entschuldige, aber das hast du schon lange – Dein Leben.

Issendorff, Bernhard von: Gott kann nicht Urlaub machen. Antworten auf die Kinderbriefe an den lieben Gott. Gütersloh 1979, S. 50 f.

1.1 Griechische Gottesvorstellungen: Gotteserkenntnis durch die Vernunft

In der **mythologischen Phase** der griechischen Geschichte vermitteln tradierte Kultriten die Erfahrung mächtiger, göttlicher Gegenüber. Das altgriechische Epos stellt die Gestalt und Persönlichkeitsstruktur der Götter menschlich dar. In ihrer Machtfülle übertreffen sie jedoch die menschlichen Fähigkeiten. Zeus, der „Vater der Götter und Menschen“, hebt sich durch Einsicht und Macht besonders hervor.

1.1.1 Die philosophische Frage nach dem Göttlichen

Die **vorsokratischen Naturphilosophen** des 6./5. Jhs. v. Chr. geben die mythische Vorstellung menschengestaltiger Götter (Anthropomorphismus) auf; jetzt soll die Vernunft den **Weltgrund** erforschen. Die Philosophen suchen den Urstoff, der hinter dem Werden und Vergehen in der Natur steht, den Weltgott. Das Göttliche wird als Ursprung, Grund oder Tiefe des Kosmos gedacht, das Entstehen und Untergang der weltlichen Wirklichkeit steuert. Im Gegensatz zum Vergänglichen ist das Göttliche immerseiend, unendlich, ungeworden (Parmenides). Thales bestimmt den Urstoff als Wasser, Anaximines als Luft, Anaximander als „das Unendliche“, dem kein physischer Stoff entspricht. Heraklit spitzt die philosophische Frage nach der Anwesenheit des Göttlichen im irdisch Wirklichen zu und antwortet mit der paradoxen Erklärung: Gott ist in der irdischen, endlichen Wirklichkeit anwesend und *zugleich* von ihr entrückt.

Für Heraklit ist das „Feuer" die Bezeichnung für den Ursprung, der bei sich selber bleibt, aber zugleich zu jeder Zeit die Ursprünglichkeit als „Wechslung" zum Erscheinen bringt.

> Feuers Umwende: erstens Meer, vom Meere aber die eine Hälfte Erde, die andere Hälfte Gluthauch. *Das bedeutet, daß das Feuer durch den das Weltall regierenden Sinn oder Gott durch die Luft hindurch in Wasser verwandelt wird als den Keim der Weltbildung, den er Meer nennt. Daraus entsteht wiederum Erde, Himmel und das dazwischen Liegende. Wie dann die Welt wieder ins Ursein zurückkehrt und der Weltbrand entsteht, spricht er klar im folgenden aus:* Die Erde zerfließt als Meer und dieses erhält sein Maß nach demselben Sinn (Verhältnis) wie er galt, ehe denn es Erde ward.
>
> *Diels, Hermann: Die Fragmente der Vorsokratiker. Hamburg 1957, S. 25 f. (Fragment 31).*

1.1.2 Der unveränderliche Gott

Platon spricht dem Göttlichen über seine Unzerstörbarkeit hinaus **Vollkommenheit und Unveränderlichkeit** zu. „Es ist für einen Gott unmöglich, daß er sich selbst ändern will. Jeder von ihnen bleibt immer, da er schön und trefflich ist, in seiner eigenen Gestalt."[1] Das Göttliche bezieht sich auf die „Idee des an sich Guten". Diese ist „Erzeugerin" von allem Seienden, Wahren und Guten. Die Seele des Menschen gehört der Welt des Göttlichen an. Im seinem Werk „Timaios" beschreibt Platon Gott als schaffenden Weltbildner, der die ungeordnete Welt ordnet.

Der „immerseiende Gott" schafft die Ordnung der Welt durch die Vernunft:

> Indem nämlich Gott wollte, daß alles gut und, soviel wie möglich, nichts schlecht sei, brachte er, da er alles Sichtbare nicht in Ruhe, sondern in ungehöriger und ordnungsloser Bewegung vorfand, dasselbe aus der Unordnung zur Ordnung, da ihm diese durchaus besser schien als jene. Aber dem Besten war es weder, noch ist es ihm gestattet, etwas anderes als das Schönste zu tun. [... Er fand], daß nichts des Denkvermögens Entbehrendes als Ganzes je schöner sein werde als das mit Vernunft Begabte als Ganzes, daß aber unmöglich ohne Seele etwas der Vernunft teilhaftig werden könne. Von diesem Schlusse bewogen, verlieh er der Seele Vernunft und dem Körper die Seele und gestaltete daraus das Weltall, um so das seiner Natur nach schönste und beste Werk zu vollenden.
>
> *Platon: Timaios, 30 a, b. In: Ders.: Sämtliche Werke, Bd. 5, Hamburg 1959, S. 155.*

---

[1] Platon: Phaidon, 381 c.

1.1.3 Gott als kosmische Vernunft

Die **hellenistische Stoa** nimmt die altgriechische Vorstellung von der Anwesenheit des Göttlichen in der Welt auf. Die im gesamten Kosmos waltende Kraft, die **Vernunft (Logos)** als beseeltes Lebewesen, durchdringt alles. Im Inneren des Menschen ist Gott in der menschlichen Vernunft anwesend.

Das göttliche Wesen, d. h. die den gesamten Kosmos waltende und ihn zusammenhaltende Kraft, kann in der Stoa als feuerartiger Geist, als Logos oder als Pneuma (griech. „Atem") gedeutet werden. Der Ordinarius für Philosophie, Analytische Philosophie und Wissenschaftstheorie, Andreas Graeser, analysiert die Pneuma-Vorstellung:

> Chrysipp versteht es als Mischung von Luft und Feuer [...], als Mischung also der beiden aktiven von den vier Elementen.
> Diese Auffassung des *Pneuma* [...] erklärt die für die stoische Physik wichtigen Funktionen des aktiven Prinzips. Die feuerhafte Komponente verleiht dem aktiven Prinzip seine alles durchdringende Feinteiligkeit; sie erzeugt aber auch die expansive Kraft des *Pneuma*. Die luftartige Komponente wiederum bewirkt, daß das *Pneuma* auch über eine zusammenziehende Kraft verfügt [...], über eine Kraft also, die dem *Pneuma* zugleich auch die Fähigkeit verleiht, das von ihm Durchdrungene und Geformte zusammenzuhalten [...]. Tatsächlich scheinen die Stoiker die Auffassung vertreten zu haben, daß das *Pneuma* den gesamten Kosmos so durchdringt, daß Zentrum und Peripherie verbunden werden und so der Kosmos vor dem Einsturz – eine für den hellenistischen Menschen reale Angst – bewahrt wird. Jedenfalls bewirkt das Pneuma eine Haltungsspannung.
>
> *Graeser, Andreas: Stoa. In: Höffe, Otfried (Hrsg.): Klassiker der Philosophie, Bd. 1. München 1981, S. 124.*

In der griechischen Philosophie sucht die **Vernunft** des Menschen den göttlichen Urgrund der irdischen Wirklichkeit zu erfassen. Das **Göttliche** wird als **im Kosmos anwesend** gedacht.

1.2 Islamisches Gottesverständnis: Gotteserkenntnis durch göttliche Inspiration

Der Stifter des Islam (arab. „Ergebung"), **Mohammed**, stellt aus der Sicht der Muslime als Gesandter Gottes und letzter der Propheten (Koran, Sure 33, 40) die im Lauf der Geschichte verdunkelte Wahrheit Gottes, die Religion Abrahams, wieder her. Abraham ist bereits Muslim und baut das Heiligtum der Kaaba in Mekka neu auf. Der Mensch könnte aufgrund seiner natürlichen Verfassung Monotheist sein. Da aber der Verstand des unvollkommenen Menschen nicht immer fähig ist, die absolute Wahrheit Gottes voll zu erkennen, zeigt Gott (arab. „Allah") den Menschen durch Gesandte und Propheten wiederholt den richtigen Weg, so beispielsweise durch Mose und Jesus, dem Vorgänger Mohammeds. Sie verkünden im Kern dieselbe Botschaft: den Glauben an den einzigen Gott, die Aufforderung, seine Gebote zu halten, und die Warnung vor den Strafen Gottes bei ständigem sündigen Handeln. Die Menschen aber verdrehen und unterdrücken Teile dieser Glaubensanschauung. Mohammeds Bedeutung besteht darin, daß Gott ihn zu den Arabern sendet, um die wiederhergestellten, letztgültigen, für alle Menschen verbindlichen göttlichen Mitteilungen zu überbringen.

Mohammed (arab. „der Gepriesene") wird um das Jahr 570 in Mekka geboren. Nach dem frühen Tod von Vater und Mutter nimmt ihn sein Großvater Abd al-Muttalib liebevoll kurze Zeit auf. Mohammed hütet zunächst Schafe. Später erhält der Heranwachsende bei seinem Onkel kaufmännische Aufgaben. Er tritt schließlich in den Dienst der reichen Kaufmannswitwe Chadidja. Als sie Mohammed taktvoll ein Heiratsangebot machen läßt, heiratet er die fünfzehn Jahre ältere verständnisvolle Frau, mit der er eine glückliche Ehe führt. Von den sechs Kindern sterben die beiden Söhne in jungen Jahren. Auf seinen ausgedehnten Handelsreisen kommt der angesehene Kaufmann mit der jüdischen und christlichen Religion in nähere Berührung.

Als Vierzigjähriger beginnt Mohammed, sich in zunehmendem Maße mit religiösen Fragen zu beschäftigen. Zeitweise zieht er sich zur Meditation und zum Gebet in die Einsamkeit der Wüstenberge zurück. Er berichtet, daß Gott ihn zum Gesandten beruft (vgl. Sure 96) und durch den Erzengel Gabriel beauftragt, die Mekkaner zu Gott zu führen. Mohammed findet in Mekka zunächst wenig Anhänger und stößt auf immer stärkeren Widerstand. Im Jahre 622, dem Beginn der islamischen Zeitrechnung, wandert er mit seinen Anhängern in die Stadt Jathrib (Medina) aus. Dort wirkt er als Gemeindegründer, Politiker und Feldherr. Raubzüge und Stammeskämpfe sichern das Überleben. In der Auseinandersetzung mit den in Jathrib lebenden Juden, die seinen Prophetenanspruch ablehnen, entwickelt Mohammed den Islam zu einer eigenständigen, neuen Religion. Er ändert die Gebetsrichtung von Jerusalem nach Mekka und führt den Fastenmonat Ramadan ein. Nach mehreren militärischen Niederlagen der Mekkaner besetzt Mohammed Mekka (630), zerstört die altarabischen Götterbilder in der Kaaba, und macht diese zum religiösen Zentralheiligtum des Islam.

Nach dem Tod Chadidjas (619) heiratet Mohammed insgesamt neun Frauen. Als Herr weiter Teile Arabiens plant er, den islamischen Religionsstaat (Theokratie) bis nach Byzanz und Persien auszudehnen. Sein Tod im Jahre 632 kommt völlig überraschend. Mohammed stirbt in Medina in den Armen seiner Lieblingsgattin Aischa.

Noch zu Lebzeiten Mohammeds werden seine Reden teilweise aufgezeichnet und später im **Koran**, dem heiligen Buch des Islam, zusammengefaßt. Dieser gilt als „unübertrefflich", als göttlich inspiriert, gibt also die dem Propheten Mohammed in altarabischer Sprache von Gott offenbarten Mitteilungen wörtlich wieder. In den ältesten Überlieferungsschichten des Korans verkündet Mohammed Gott als gütigen Schöpfer und warnt vor dem Jüngsten Gericht.

Der Koran (arab. „das zu Rezitierende") wird vom dritten Kalifen, Othman ibn Affan, um 653 redigiert. Er läßt alle von diesem verbindlichen Einheitstext abweichenden früheren Sammlungen vernichten. Auf Othman geht auch das Ordnungsprinzip des Korans zurück, die Suren (Abschnitte) mit Ausnahme des Eingangsgebets der abnehmenden Länge nach aneinanderzureihen. Der Koran enthält die religiöse Verkündigung Mohammeds, Berichte über Auseinandersetzungen mit den Mekkanern, Juden und Christen, aber auch Rechtsvorschriften, z. B. strafrechtliche, familienrechtliche und kultische Anordnungen.

In der gegenwärtigen islamischen Theologie gilt Gott als Autor des Korans. Eine historisch-kritische Auslegung des Buches hat sich nicht durchgesetzt und wird von islamischen Fundamentalisten strikt abgelehnt.

Der ägyptische Diplomat Hamdy Mahmoud Azzam stellt als Muslim zur religiösen Bedeutung des Korans fest:

> Der Koran, als Wort Gottes, stammt nicht nur inhaltlich direkt von Gott, sondern ist auch von seiner Form und seinem sprachlichen Aufbau her göttlichen Ursprungs. [...]
> Der Moslem sieht in einer Übersetzung die Gefahr, nur die formale Seite der Botschaft zu sehen und zu begreifen, ohne die in ihr verborgenen Ebenen und Aspekte zu erfassen.
>
> *Azzam, Hamdy Mahmoud: Der Islam. Plädoyer eines Moslem. Stuttgart 1981, S. 130f., 132.*

1.2.1 Der einzige und absolut transzendente Gott

Gott wird im Islam **streng monotheistisch** verehrt: „Sag: Er ist Gott, ein Einziger. Er hat weder gezeugt, noch ist er gezeugt worden. Und keiner ist ihm ebenbürtig" (Sure 112, 1.3f.). Die größte und einzige Sünde, die Gott nicht vergibt, besteht darin, ihm „Wesen" beizugesellen. Dies richtet sich zunächst gegen die altarabische polytheistische Religiosität, später auch gegen das christliche Bekenntnis zu Jesus als dem „Sohn Gottes". Die Trinitätslehre (gegliederter Monotheismus) verfehlt den Glauben an den einen Gott (unitarischer Monotheismus). Auch die Verkörperung Gottes in einem materiellen oder menschlichen Bild wird strikt abgelehnt. Gott ist der Allerhabene, der Allwissende, der „barmherzige Erbarmer", der Großzügige, der dem Menschen gnädig begegnet. Diese Güte Gottes zeigt er durch seine wohlgeordnete Schöpfung, durch das Senden der Propheten und durch die Heilsgabe des Koran. Am Gerichtstag erweist er sich als gerechter Richter.

Wer aus innerer Überzeugung in Gegenwart von Zeugen das Glaubensbekenntnis ausspricht, vollzieht den Übertritt zum Islam:

> Es gibt keinen Gott außer Allah,
> und Mohammed ist der Gesandte Gottes.

Das islamische Glaubensbekenntnis in einer Kalligraphie (griech. „Schönschreibkunst")

Der Muslim betet die erste Sure, „Die Eröffnung", als Pflichtgebet mehrmals am Tag:

1 Im Namen des barmherzigen und gnädigen Gottes.
2 Lob sei Gott, dem Herrn der Menschen in aller Welt,
3 dem Barmherzigen und Gnädigen,
4 der am Tag des Gerichts regiert!
5 Dir dienen wir, und dich bitten wir um Hilfe.
6 Führe uns den geraden Weg,
7 den Weg derer, denen du Gnade erwiesen hast, nicht (den Weg)
derer, die d(ein)em Zorn verfallen sind und irregehen!

Der Koran. Übersetzung von Rudi Paret. Stuttgart, Berlin, Köln, Mainz 1979, S. 13.

Dieser Text stammt aus der Zeit der Gerichtsverkündigung des Mohammed in Mekka und faßt die Botschaft des Koran zusammen:

- *Gott ist der souveräne Herr der Welten, dem wir dienen.*
- *Den barmherzigen Erbarmer bitten wir um seine Hilfe.*
- *Gott, der gerechte, freie und barmherzige Richter, führe uns auf dem rechten Weg!*

1.2.2 Gott, der Schöpfer und Richter

Gott, **Schöpfer und Erhalter aller Dinge,** schafft die Welt, sieben Erden und sieben Himmel, durch sein Wort in sechs Tagen (vgl. Sure 36, 82). Neben den Menschen schafft Gott auch Erdgeister und aus Licht die Engel. Ein von Gott verfluchter, vermutlich aus dem Feuer geschaffener Engel, der Teufel, versucht die Menschen irrezuleiten. Nach dem genau beschreibbaren Untergang der Welt schafft Gott die Menschen zum zweitenmal. Das göttliche **Gericht** entscheidet darüber, ob sie in das Paradies oder in die Hölle kommen (z. B. Sure 78; 81; 99; 101). Beurteilt werden die jeweiligen Taten des Menschen, daneben aber auch der Glaube an die zentralen Lehrinhalte des Islam.

1.2.3 Gott, der Vorherwissende

Männer und Frauen sind gleicherweise verpflichtet, ihr Leben nach dem im Koran festgelegten Willen Gottes auszurichten. Die frühen Korantexte zeigen, daß Mohammeds Mahnungen von der Willensfreiheit des Menschen ausgehen. Spätere Aussagen im Koran betonen das **Vorherwissen Gottes.** Alle Geschehnisse lenkt Gott umfassend im voraus. Er führt den Menschen allerdings nicht willkürlich in die Irre, sondern „verstockt" nur die ohnehin Unbelehrbaren, die Gottes Zeichen nicht beachten wollen.

Die islamische Theologie erörtert immer wieder das Ausmaß des Vorherbestimmtseins durch Gott (Prädestination), Sure 14, 4 (vgl. 9, 51):

> Gott führt nun irre, wen er will, und leitet recht, wen er will. Er ist der Mächtige und Weise.

Der Islam vertritt einen **strikten Monotheismus**. Gott (Allah) teilt durch den **Propheten Mohammed** seinen letztgültig offenbarten Willen mit, der im **göttlich inspirierten Koran** „unüberbietbar" niedergeschrieben ist.

1.3 Reden von Gott

Spätestens seit die mythischen Göttererzählungen in den Verdacht geraten, die Götterwelt anthropomorph zu beschreiben, weiß der Mensch, daß menschliche Vorstellungsweisen und Begriffe nur eingeschränkt die **göttliche Wirklichkeit** abbilden. Für die Philosophie und Religion entsteht daher das Problem, wie von Gott in angemessener Weise gesprochen werden kann.

1.3.1 Wege des Redens von Gott

Die Religionsgeschichte kennt **drei Möglichkeiten**, das Göttliche auszusagen: den Weg des Verneinens, der Steigerung und den des eingeschränkten Vergleichs.

Weg der Negation (via negativa)

Gott bzw. die göttlichen Eigenschaften werden auf dem Weg der Negation dargestellt. Das Göttliche kann keine Merkmale der irdischen Welt enthalten. Aus den Gott abgesprochenen Prädikaten ergeben sich daher negativ formulierte Eigenschaften Gottes: „Der Mensch ist endlich, Gott dagegen un-endlich, unvergänglich oder un-sichtbar."

Weg der Steigerung (via eminentiae)

Um das Göttliche zur Sprache zu bringen, **überhöht** man Attribute der menschlichen Erfahrungswirklichkeit: „Der Mensch ist wissend, Gott aber all-wissend oder all-mächtig, über-gütig."

Weg des eingeschränkten Vergleichs (Analogie)

Das Göttliche läßt sich dort mit der Erfahrungwelt des Menschen vergleichen, wo sich eine besondere Nähe der Entsprechung anbietet. Da die menschlichen Realitätserfahrungen in ihrer Aussagefähigkeit für die Wirklichkeit Gottes nur eingeschränkt gelten, berücksichtigt die **analoge Rede** zugleich die seinsmäßige Verschiedenheit von Gott und Mensch: „Das Verhältnis zwischen Gott und Mensch gleicht dem eines *liebenden* Vaters zu seinem Sohn."

1.3.2 Das Schweigen

Wenn der religiöse Mensch zur Einsicht gelangt, daß es der Sprache nicht gelingt, die Wirklichkeit Gottes abzubilden, und das göttliche Geheimnis den intellektuellen Zugriff verwehrt, muß der Glaubende **verstummen** und eventuell versuchen, auf mystischem Weg wortlos mit Gott zu verschmelzen. Dies bedeutet angesichts der subjektiven Gottesfahrungen den Verzicht auf sprachliche Vermittlung und verantwortliches kommunikatives Reden von Gott.

Die Akten des Heiligsprechungsprozesses des Thomas von Aquin (um 1225–1274) überliefern, daß Thomas plötzlich aufhört, sein theologisches Werk „Summa Theologica" weiterzuschreiben:

> Reginald geht noch einmal zu Thomas. Der möge ihm doch sagen, warum er das Schreiben abgebrochen habe, was ihn so tief habe verstören können. Erst nach langer Zeit gibt Thomas Antwort: „Alles, was ich aufgeschrieben habe, erscheint mir wie Spreu – verglichen mit dem, was ich geschaut habe und was mir offenbart worden ist."

1.3.3 Objektivierende und existentielle Redeform

Bei allen drei religionsgeschichtlich möglichen Wegen können die Aussagen über Gott **objektivierenden oder existentiellen Charakter** haben.

Objektivierende Aussagen behandeln Gott und seine Wirklichkeit neutral gegenüber dem Subjekt und beschreiben in allgemeingültiger und objektiver Sprache das göttliche Gegenüber. Diese Erkenntnisaussagen müssen keinen Bezug zum existentiellen Lebensbezug des Redenden haben: „Es gibt Gott als ein allmächtiges, transzendentes Wesen."

Der kritische Einwand gegenüber der objektivierenden Rede von Gott bezieht sich darauf, daß von Gott nur subjektiv, bekenntnishaft, d. h. unter Einbeziehung der eigenen Lebenswirklichkeit und Glaubensentscheidung, gesprochen werden kann: „Ich *erfahre* in meinem Leben, daß Gott mich in vielen Situationen liebevoll begleitet." Bei der Anrufung Gottes im Gebet wird häufig die existentielle Redeform benutzt.

Für die **christliche Rede von Gott** sind der Weg der **Analogie** und die **existentielle Redeform** von besonderer Bedeutung.

ZUM WEITERLESEN

Alfred Döblin:
„Ich bin nicht im Stande, ‚Stellung' zur Religion zu nehmen."

Ich bin nicht im Stande, „Stellung" zur Religion zu nehmen. Denn dazu müßte ich in irgend einer Weise außerhalb der Religion stehen. Es ist mir aber nicht ein einziger Abschnitt meines Lebens bewußt, in dem nicht Dinge, die ich als „religiös" empfand, mich zentral beherrscht haben. Immer wieder wurde ich zum Aufwerfen von Grundfragen gedrängt, – und es gab verschiedene Fragen, verschiedene Antworten, verschiedene Intensität des Sondierens, wechselnde Radikalität der Forderungen, aber – und das möchte ich gleich sagen – dahinter stand immer ein einziges, gleichbleibendes Grundgefühl, eine Grundsicherheit, eine bald mehr, bald weniger helle Grundeinsicht, die sich „religiös" nannte und die mir so sicher war wie meine eigene Existenz.

Ja, sie war und ist mir sicherer als meine eigene, vereinzelte, schwächliche Existenz, und das elementare Ruhen in dieser Grundsicherheit hat sich mir schon als Student in dem Satz formuliert: „Mir kann nichts passieren." Er war kein tröstender, beruhigender Satz, den eine Furcht sich zuspricht, sondern eben das sichere Gefühl von der überindividuellen Realität, in der ich mich vorfinde, die Sicherheit in der Wahrheit.

Ich habe mich von keiner der mir bekannten Religionsformen abgewandt, aber ich vermochte mich auch nicht ihnen, oder einer von ihnen, wirklich zuzuwenden. Ich habe das oft und intensiv bedauert. Denn so oft ich in Kirchen, katholischen und evangelischen, oder in einer Synagoge war, empfand ich die Freude und das Glück und die tiefe menschliche Wahrheit, die in der realen „Gemeinde" liegt. Es war wie ein Mantel, den man dunkel und warm über sich zieht. Die unbestimmte Vielheit, das war ein menschliches Pendant zu dem Überindividuellen, das ich als religiös empfand, – es paßte gut zu diesem großen Allgemeingefühl. Dabei nahm es dem Individuum nichts von seinem besonderen Vermögen, seinem Zusammenhang mit diesem religiösen Grund. Aber ich konnte doch nicht „Ja" zu diesen oft ergreifenden und tiefsinnigen, wahrheitstrotzenden Religionsformen sagen.

Warum nicht? Ich konnte nicht annehmen, was sie mit den Worten „Gott" und anderen umschrieben, aber auch bezeichneten. Was ich da hörte, war wunderbar, hatte viele Dimensionen, – aber wenn ich den Gottesdienst verließ, so war das Leben um mich herum davon nicht ausreichend berührt und gewürdigt, – dieses Leben, diese Welt, diese Natur ist wahr, und die Lehren, die ich in den Gottesdienst und aus den Schriften mitnahm, waren tröstlich, halfen, hatten Suggestivkraft, aber sie erreichten nicht die Wahrheit dieser Welt, in der ich lebte und als deren Teil ich mich vorfand. Ja, diese Welt hat ihre eigene Geistigkeit. Zu dem Grundgefühl in mir sagte ich nicht „Vater". Blühend, vergehend, massiv, gewaltig und zerbrechlich stand und floß um mich herum diese Welt, ich verstand sie gut, wie Siegfried, als er Drachenblut geleckt hatte,[1] – mein Grundgefühl und dies hier paßten so gut zusammen, wir sahen Aug in Aug einander, – ich konnte auch jene religiösen Wendungen verstehen, – aber ich mußte feststellen, daß meine eigene Einsicht, mein eigenes, festes und sicheres Gefühl durch diese Wendungen nicht ausgesprochen wurden.

Ich war schon früh den Weg der Naturwissenschaften gegangen. Obwohl ich schon als Gymnasiast mich „literarisch" betätigte und meinen ersten Roman schrieb, bin ich nicht den Weg zu irgend einer Geisteswissenschaft gegangen, sondern – unmittelbar – zur Natur und ihrer Lehre. Damals sagte ich: ich will erkennen, und darum gehe ich zur Naturwissenschaft. Der Tatsachenregen hat mich dann viele Jahre halb blind gemacht. Ich fühlte mich wohl und zu Hause, dem geisteswissenschaftlichen Denken ging ich weiter aus dem Wege, und es sind erst zehn Jahre her, seit ich wieder die Augen aufmache. Die Religionsformeln betrachtete ich jetzt wieder, und ich – sehe unverändert: mein Grundgefühl und das drüben gehen nicht zusammen.

Ich sehe nicht, – sehe noch nicht, wenn man mich nach dem Christentum fragt, – die beherrschende, fordernde Seelengewalt des heutigen Christentums. Die produzierende, expansive, ausgreifende, sich ausgliedernde Seelengewalt. Ich sehe Kirchen, fromme und unfromme Christen, ringende, höchst ernste, oft überernste Menschen christlichen Bekenntnisses. Aber wo ich sie gesprochen habe – ich rede von Protestanten, – fand ich nichts, worin sie sich von andern ernsten und vertieften Menschen unterschieden. Das heißt:

Ihr Glaube hat keine spezifische und keine besonders und eigenartig produzierende Seelengewalt.

[1] Die Anspielung bezieht sich auf eine Teilüberlieferung in der Siegfried-/Sigurd-Sage, daß dieser die Sprache der Vögel verstanden habe, nachdem er seine Zunge mit der Drachenbrühe bestrichen hatte.

Die Dogmen waren symbolisch verblaßt, verdünnt bei ihnen. Ich sah aufgeklärte freigeistige Menschen, die ein unbestimmtes Gottesgefühl hatten und ein sittliches Empfinden, das jeder billigen muß. Aber dies – sah ich – waren nicht die Bezwinger und Führer dieser Periode.
Es kommt mir vor, als ob das heutige Christentum – ich meine das protestantische – das ungeheure fabelhafte Faktum des Jesus von Nazareth nicht genügend ausmünzt, und daß das Ungeheure und Beseligende dieser Erscheinung nicht lebendig genug erlebt wird. Es müßte eigentlich ein Sturm von Gefühl und Tatkraft aus dieser Gestalt hertosen. Ich muß es aussprechen: was ich, der freilich nicht viel davon sieht und hört, erfahre, läßt mich vermuten, daß da vieles vergessen, verschlafen ist, in Alltagsreden abgeschliffen, so, daß die Propagatoren der ganz unaussprechbar wegreißenden Erscheinung weniger seine Propagatoren als Staub auf ihm sind. – Aber vielleicht weiß ich da zu wenig.

Woran soll ich anknüpfen? Jesus hat die Geldwechsler aus dem Tempel gejagt, denn dies sei ein heiliger Ort. Aber ich – empfinde die ganze Welt, diese Erde, den Himmel, die Sterne, die Naturgesetze, das Leben, das Geborenwerden, Wachsen und Sterben so, als heiligen „Ort“. Es ist mein unerschütterliches Wissen, daß hier „Schicksal“ und das Wahrste und Heiligste abläuft, dicht bei uns und mit uns und an uns, und ich weiß nicht, wie man da irgend etwas abtrennen kann.
Was fange ich an mit „Glauben“, im Unterschied zu einem „Wissen“, zu dem Wissen etwa, das die Physik, Chemie und Biologie gibt? Hier ist Wahrheit, Realität – und das Geheimnis zugleich und in eins. Ich kann keine Mythologie (ich will keinen mit diesem Ausdruck kränken) annehmen, aus Frömmigkeit. Jede Mythologie entstammt einem anderen Sehen, Erleben und Fühlen, es sind andere Menschen als ich, die das gefühlt haben. Dabei bin ich durchaus kein „Diesseitiger“ im Sinne eines Materialismus, – die Realität muß aber ohne jene mythologischen Zwischenglieder mit dem fühlenden, denkenden, wollenden Ich zusammenklingen, und sie kann es und tut es, weil die Welt selbst im Großen, Überindividuellen ichhaft, geistig ist. Dies Wissen muß man erst haben und ihm zustimmen, um zu verstehen, wenn ich sage: alles, was man dazwischen legt, trübt die Wahrheit, und trübt die Reinheit des Zusammenklangs.
In tötlicher Weise hat unsere Epoche „Wissen“ und „Religion“ auseinandergerissen. Es ist eine Hilflosigkeit, wenn einer da lernt und an einer anderen Stelle betet.

Es ist mir etwas Ungeheuerliches und beinahe Frivoles, wenn man so existiert. Wo doch unmittelbar um uns, mit uns und in uns Schicksal abläuft und das Geheimnis der Welt zum Greifen nah ist. Davor aber darf man nicht flüchten, man muß es ansehen, sich einfühlen und seinen Ort finden. Das heiß ich beten, – zugleich wissen und glauben und sich erhalten und handeln.

Wie, nebenbei bemerkt, steht solche Religiosität zur Natur selbst? Religion bildet die Natur, religio format naturam, – aber die Religion fällt nicht aus der Natur heraus, es ist ja diese Natur selbst, der wir angehören und die geistig und geheimnisvoll, voller Formen und neuen Ansätze ist, welche auch „Religion" erzeugt. Die Natur hat diesen Bewegungsantrieb und fabelhaften Stachel in sich, sie treibt über sich hinaus, natura parit religionem – und religio format naturam. (Ich bitte, mein Küchenlatein zu entschuldigen.)

Dies ist die Erde und ihr Gesetz. Aber darüber läßt sich noch viel sagen.

Döblin, Alfred: Zwei Seelen in einer Brust. Schriften zu Leben und Werk. München 1993, S. 207 – 211.

Alfred Döblin (1878 – 1957) in Emmendingen bei Freiburg), Sohn eines jüdischen Kaufmanns, wirkt seit 1911 als Facharzt für Nervenkrankheiten in Berlin. 1933 flüchtet er nach Zürich, dann nach Paris. Er wird französischer Staatsbürger. 1940 emigriert er nach Kalifornien. Dort tritt er zum Katholizismus über. Nach dem Krieg kommt er mit einer französischen Kulturbehörde nach Deutschland zurück. Er ist Mitbegründer der Mainzer Akademie.

Döblin versteht **Religion** als existentielles Grundvertrauen in das Leben. Diese läßt sich weder auf geschichtliche Religionsformen beschränken, noch auf dogmatische Glaubensaussagen reduzieren. Naturwissenschaftliches und geisteswissenschaftliches Denken, Wissen und Glaube müssen miteinander verbunden werden. Das an Jesus von Nazareth orientierte Christentum müßte einen „Sturm von Gefühl und Tatkraft" auslösen.

2 Gotteserfahrungen auf dem Weg des Volkes Israel

Das Volk Israel berichtet im Laufe seiner Geschichte von recht verschiedenartigen Erfahrungen mit Gott. Umso erstaunlicher ist es, daß der Jahweglaube mehrere Grundelemente über Jahrhunderte hinweg kontinuierlich durchhält, die ihn zugleich von den Religionen des alten Orients unterscheiden. **Hauptmerkmale der alttestamentlichen Lebensgeschichten mit Gott** sind

- die Geschichtsbezogenheit des Jahweglaubens,
- die Ausschließlichkeit der Verehrung Gottes,
- die Bildlosigkeit des Jahwekultes und
- die Solidaritätsforderung, die in Jahwes Willen gründet.

In Auseinandersetzung mit zeitgenössischer Religiosität greift der Gottesglaube Israels die Schöpfungsvorstellung der kanaanäischen und babylonischen Naturreligionen auf, formt sie aber zugleich tiefgreifend um.

Leitfragen:

- *Warum kann die hebräische Bibel keine in sich geschlossene Gotteslehre enthalten?*
- *Inwieweit lassen sich die alttestamentlichen Gotteswahrnehmungen aus dem gesellschaftlichen und sozialen Umfeld der Menschen erklären?*
- *Rabbi Mosche Löb sprach: „Ein Mensch, dem nicht an jedem Tag eine Stunde gehört, ist kein Mensch.“*[1]

  Überlegen Sie die Konsequenzen des Grundbekenntnisses Israels für die Lebensführung: „Ich bin der Herr, dein Gott, der ich dich aus Ägyptenland, aus der Knechtschaft, geführt habe.“ (2. Mose 20, 2)!

---

[1] Buber, Martin: Werke, Bd. 3: Schriften zum Chassidismus. München/Heidelberg 1963, S. 485.

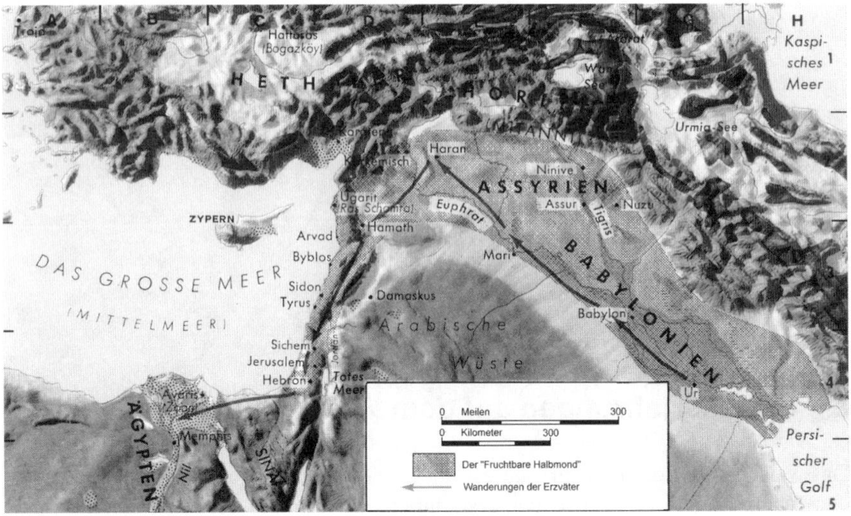

Der alte Orient

2.1 Geschichtsbezogenheit der Jahweoffenbarung

Die hebräische Bibel berichtet von verschiedenen Erfahrungen, die Menschen während eines Zeitraums von über tausend Jahren mit Gott gemacht haben. Sie führen diese Wahrnehmungen Gottes auf eine Grundbeziehung zurück, die Jahwe, ihr Gott, mit dem Volk Israel eingeht. Jahwe wendet sich seinem Volk verläßlich zu. In einer **gemeinsamen Geschichte** erfährt Israel den göttlichen Willen und begegnet dem Handeln Jahwes. Hinter geschichtlichen Ereignissen sieht der Glaube Israels das rettende und bewahrende Handeln Gottes. Dieser hofft und erwartet, daß sein Volk sich der göttlichen Zuwendung öffnet und sich ihr entsprechend verhält. Geschichtlich erfahrenes Unheil verstehen die Israeliten als strafendes Wirken Gottes, weil sie sich seinem Willen widersetzten.

Eine der israelitischen Gruppen erfährt Jahwe als Retter aus ägyptischer Gefangenschaft (2. Mose 20, 2). Da Jahwes Wirken nicht an bestimmte Orte gebunden, sondern auf menschliche Gemeinschaften bezogen ist, kann später ganz Israel die **Rettung am Schilfmeer** als zentrales Glaubensbekenntnis übernehmen.

Der alttestamentliche Gottesglaube bezieht in seiner geschichtlichen Entwicklung immer weitere Räume in den Herrschaftsbereich Jahwes ein. Aus Jahwe, dem Gott vom Berg Sinai und Retter der Flüchtlinge aus Ägypten, wird schließlich der einzige Gott, der Herr der gesamten politischen Welt.

Gott begleitet die „Väter" der semitischen Stämme auf ihrem Weg, verheißt Nachkommenschaft und verspricht ihnen das Land Kanaan, 1. Mose 15, 1ff.:

> 1 [... Es begab sich], daß zu Abram das Wort des HERRN kam in einer Offenbarung: Fürchte dich nicht, Abram! Ich bin dein Schild und dein sehr großer Lohn.
> 5 [...] Sieh gen Himmel und zähle die Sterne; kannst du sie zählen? [...] So zahlreich sollen deine Nachkommen sein!
> 7 [...] Ich bin der HERR, der dich aus Ur in Chaldäa geführt hat, auf daß ich dir dies Land zu besitzen gebe.

Abram (Abraham) zieht vermutlich im Rahmen der aramäischen Wanderungsbewegung mit seinem halbnomadischen Familienverband aus der Stadt Ur (im südlichen Babylonien) nach Kanaan. Die Einwanderung und Landnahme der späteren Stämme Israels dürfte sich während des 18. – 11. Jhs. v. Chr. vollzogen haben (vgl. Abb. auf S. 20).

Der israelitische Gottesglaube bezieht sich bis zur Gegenwart auf den Auszug aus Ägypten und deutet ihn als die zentrale Befreiungstat Gottes, 2. Mose 20, 2:

> Ich bin der HERR [JAHWE], dein Gott, der ich dich aus Ägyptenland, aus der Knechtschaft, geführt habe.

Es widerspricht dem geschichtlichen Wahrnehmen Gottes nicht, wenn im Alten Testament auch von „Eigenschaften" Gottes die Rede ist. Die – relativ selten gebrauchten – Prädikate (eifernd, heilig, lebendig, barmherzig, gnädig, langmütig) meinen primär das Verhalten Gottes, weniger sein „Wesen", 2. Mose 34, 6f.:

> 6 [... Mose] rief aus: HERR, HERR, Gott, barmherzig und gnädig und geduldig und von großer Gnade und Treue,
> 7 der da Tausenden Gnade bewahrt und vergibt Missetat, Übertretung und Sünde, aber ungestraft läßt er niemand, sondern sucht die Missetat der Väter heim an Kindern und Kindeskindern bis ins dritte und vierte Glied!

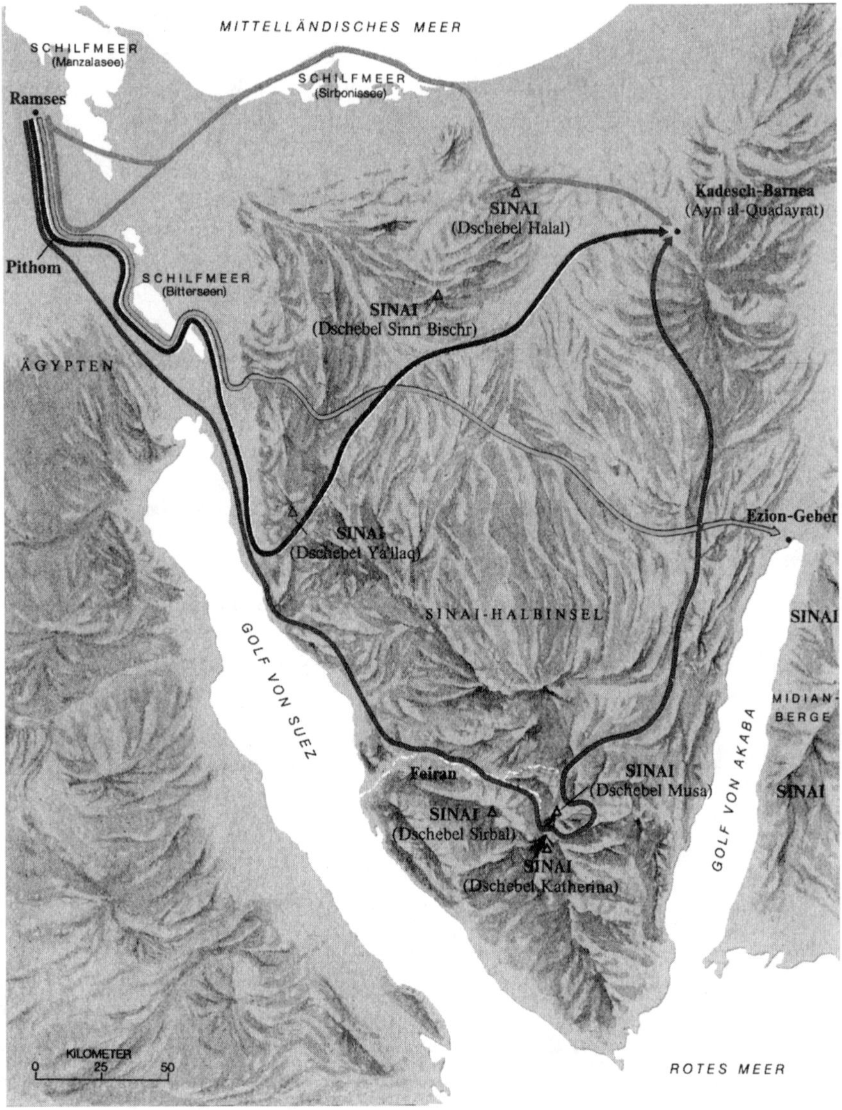

Rekonstruktion des Fluchtwegs der Israeliten aus Ägypten

Mit der **Offenbarung seines Namens** in der Mosezeit gibt sich der Gott Israels als Jahwe zu erkennen: „Ich werde sein, der ich sein werde." (2. Mose 3, 14)

Die hebräischen Konsonanten für JAHWE sind: יהוה

Die Deutung des Gottesnamens Jahwe ist umstritten. Etymologisch kann er erklärt werden als „einer, der ins Sein ruft, der schafft" oder „einer, der wirkt, sich als wirksam erweist". Es wird damit der Gesichtspunkt der Schöpfung oder des Geschichtshandelns akzentuiert.

Im alten Orient besteht zwischen dem Namen und seinem Träger eine wesensmäßige Beziehung. Dies macht eine Beeinflussung der Gottheit mittels des Namens möglich. Der Name kann zum Mysterium ausschließlich für Eingeweihte werden. Beide Vorstellungen lehnt der Glaube Israels ab. Mit der Bekanntgabe seines Namens an Mose gibt Gott sich seinem Volk zu erkennen. Der Name unterscheidet Jahwe von anderen Göttern und stellt die Verbindung zum Menschen her. Gott läßt sich als persönlicher Gott anrufen. Jahwe aber bewahrt seine Freiheit, denn der Mensch darf nicht durch den Namen über Jahwe verfügen.

Der Berg Sinai/Horeb, an dem die Selbstoffenbarung Jahwes (Theophanie) stattfindet, ist wohl ursprünglich im edomitisch-medianitischen Grenzgebiet zu suchen. Er wird von der späten priesterlichen Überlieferung auf die Sinai-Halbinsel verlegt, 2. Mose 3, 1ff.:

1 Mose aber [...] trieb die Schafe über die Steppe hinaus und kam an den Berg Gottes, den Horeb.

2 Und der Engel des HERRN erschien ihm in einer feurigen Flamme aus dem Dornbusch. Und er sah, daß der Busch im Feuer brannte und doch nicht verzehrt wurde.

4 Als aber der HERR sah, daß er hinging, um zu sehen, rief Gott ihn aus dem Busch und sprach: Mose, Mose! Er antwortete: Hier bin ich.

5 Gott sprach: Tritt nicht herzu, zieh deine Schuhe von deinen Füßen; denn der Ort, darauf du stehst, ist heiliges Land!

6 Und er sprach weiter: Ich bin der Gott deines Vaters, der Gott Abrahams, der Gott Isaaks und der Gott Jakobs. Und Mose verhüllte sein Angesicht; denn er fürchtete sich, Gott anzuschauen.

7 Und der HERR sprach: Ich habe das Elend meines Volks in Ägypten gesehen [...].

8 Und ich bin herniedergefahren, daß ich sie errette aus der Ägypter Hand und sie herausführe aus diesem Lande in ein gutes und weites Land, in ein Land, darin Milch und Honig fließt [...]

10 [So] geh nun hin, ich will dich zum Pharao senden, damit du mein Volk, die Israeliten, aus Ägypten, führst.

11 Mose sprach zu Gott: Wer bin ich, daß ich zum Pharao gehe und führe die Israeliten aus Ägypten?
12 Er sprach: Ich will mit dir sein. [...]
13 Mose sprach zu Gott: Siehe, wenn ich zu den Israeliten komme und spreche zu ihnen: Der Gott eurer Väter hat mich zu euch gesandt! und sie mir sagen werden: Wie ist sein Name?, was soll ich ihnen sagen?
14 Gott sprach zu Mose: Ich werde sein, der ich sein werde. Und sprach: So sollst du zu den Israeliten sagen: „Ich werde sein", der hat mich zu euch gesandt.
15 Und Gott sprach weiter zu Mose: So sollst du den Israeliten sagen: Der HERR, der Gott eurer Väter, der Gott Abrahams, der Gott Isaaks, der Gott Jakobs, hat mich zu euch gesandt. Das ist mein Name auf ewig, mit dem man mich anrufen soll von Geschlecht zu Geschlecht.

Die hebräische Schrift schreibt ursprünglich nur die Konsonanten. Da die richtige Aussprache des Gottesnamens im Alten Testament nicht überliefert ist, läßt sie sich nur philologisch erschließen und lautet vermutlich: Jahwe. In den deutschen Bibelübersetzungen steht meist „der Herr“. Als der heilige Gottesname nicht mehr ausgesprochen werden durfte, las man an seiner Stelle adonaj *(„der Herr“; oder* ha-schem: *„der Name“).*

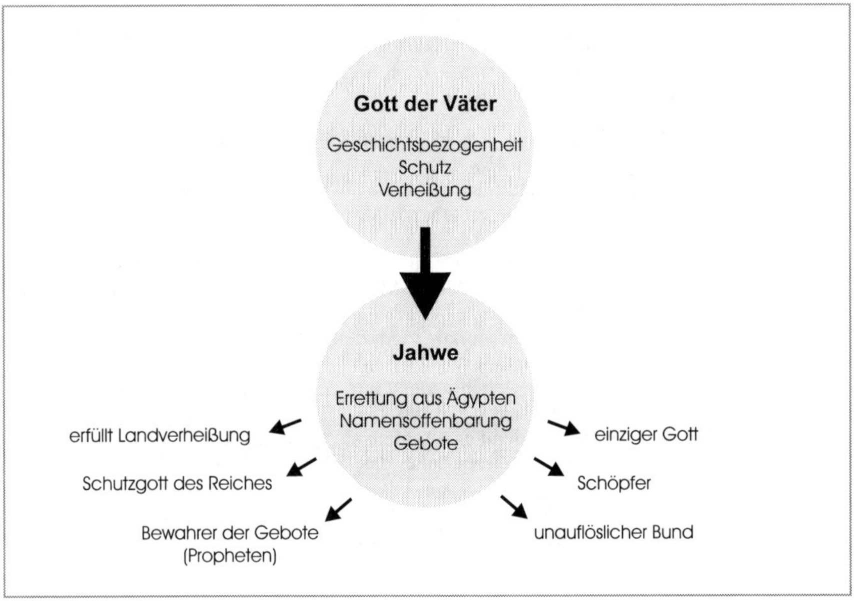

Die Entwicklung des alttestamentlichen Gottesverständnisses im schematischen Überblick

Die verschiedenen alttestamentlichen Gotteserfahrungen beinhalten eine **gemeinsame Geschichte zwischen Jahwe und Israel** als dem Volk Jahwes. Israels Glaube gründet also auf geschichtsbezogenen Ereignissen, die als **Lebensgeschichten mit Gott** zur Sprache gebracht werden. Gott gibt sich als **Jahwe** zu erkennen. Er erweist seine Macht in seiner **bewahrenden, rettenden, verborgenen,** aber auch **strafenden Gegenwart.**

2.2 Ausschließlichkeit der Verehrung Gottes

Der alte Orient kennt wohl verschiedene monotheistische Tendenzen, nicht aber die **Ausschließlichkeitsforderung**, nur einen einzigen Gott verehren zu dürfen. Jahwe, der sein Volk befreit und bewahrt, beansprucht demgegenüber: „Du sollst keine anderen Götter haben neben mir" (2. Mose 20, 3). Diese Forderung bedeutet in der Frühgeschichte Israels noch nicht, daß die Existenz anderer Götter geleugnet wird (Monolatrie). Jahwe, der „eifernde Gott" (2. Mose 20, 5), will jedoch für sein Volk Israel der Einzige sein. Die Folge ist eine ablehnende Haltung Israels gegenüber mythischen und magischen Kulten. Hier wurzelt auch die Fähigkeit des israelitischen Glaubens, die Vorstellungen der Nachbarreligionen an der freiheitsstiftenden Beziehung Jahwes zu messen und sich mit ihnen kritisch auseinanderzusetzen. Erst in der Exilszeit setzt sich der Monotheismus durch: Die Existenz fremder Götter wird grundsätzlich geleugnet.

Polytheismus:	Verehrung **vieler Götter**
Monolatrie:	Verehrung **eines Gottes**, ohne die Existenz anderer Götter zu leugnen
Monotheismus:	Verehrung des **einzig existierenden Gottes**

Das erste Gebot wird auf den „Eifer" Jahwes zurückgeführt, seinen Anspruch auf Verehrung mit keiner anderen göttlichen Macht zu teilen: 5. Mose 18, 9ff. (vgl. 2. Mose 22, 19):

9 Wenn du in das Land kommst, das dir der HERR, dein Gott, geben wird, so sollst du nicht lernen, die Greuel dieser Völker zu tun,
10 daß nicht jemand unter dir gefunden werde, der seinen Sohn oder seine Tochter durchs Feuer gehen läßt oder Wahrsagerei, Hellseherei, geheime Künste oder Zauberei treibt

11 oder Bannungen oder Geisterbeschwörungen oder Zeichendeuterei vornimmt oder die Toten befragt.
13 Du aber sollst untadelig sein vor dem HERRN, deinem Gott.

Jahwe, der **einzige Gott,** nimmt den Glaubenden voll in Anspruch, löst ihn aus der Bindung an fremde Mächte und ermöglicht ihm dadurch ein **befreites Leben.**

2.3 Bildlosigkeit des Jahwekultes

Die Religionen im alten Orient verehren die Gottheiten in Bildern. Gott wird zwar nicht mit dem Bild identifiziert; er ist aber im Bild gegenwärtig und mächtig. Dementsprechend kann sich der Glaubende mit Hilfe des Bildes die Gottheit verfügbar machen. Das **Bilderverbot** (2. Mose 20, 4) lehnt das Bild als Offenbarungsträger ab und zeigt darin ein zur religiösen Umwelt grundverschiedenes Weltverständnis. Gott steht (als Schöpfer) der Welt gegenüber. Die Natur stellt keine Erscheinungsform Jahwes dar, mit der er verglichen werden könnte. Die souveräne Freiheit Jahwes entzieht dem Menschen die Verfügbarkeit über Jahwes Handeln.

Das Gebot, den **Jahwenamen** nicht zu trügerischem Zweck auszusprechen (2. Mose 20, 7), verbietet jeden denkbaren Mißbrauch des Gottesnamens. Es bewahrt somit ebenfalls wie das Bilderverbot die Freiheit Jahwes.

Gott zeigt sich nicht in den geläufigen, zeitbedingten Medien der Gotteserscheinungen, sondern – völlig ungewohnt – im Flüstern eines leisen Wehens, 1. Kön 19, 11f.:

11 [...] Und ein großer, starker Wind, der die Berge zerriß und die Felsen zerbrach, kam vor dem HERRN her; der HERR aber war nicht im Winde. Nach dem Wind aber kam ein Erdbeben; aber der HERR war nicht im Erdbeben.
12 Und nach dem Erdbeben kam ein Feuer; aber der HERR war nicht im Feuer. Und nach dem Feuer kam ein stilles, sanftes Sausen.

Der **freie, der Welt gegenüberstehende Gott** entzieht dem Menschen die Möglichkeit, sich ein selbstgeschaffenes **Bild** von Gott zu machen.

2.4 In Jahwes Willen gegründete Solidaritätsforderung

Während das Privatrecht Jahwes (Ausschließlichkeit und Bildlosigkeit der Gottesverehrung) von Anfang an mit dem Jahweglauben verbunden ist und im Gegensatz zur religiösen Umwelt steht, sind die sittlichen Verhaltensweisen dem nomadischen und dem kanaanäischen Lebensbereich entnommen. Diese Normen des sozial gerechten Verhaltens werden sekundär theologisiert, d. h. als Forderungen Gottes verstanden und teilweise inhaltlich verändert. Der Dekalog (Zehn Gebote) verbindet die grundlegenden sozialen Gerechtigkeitsforderungen mit dem Privatrecht Jahwes. Aufgrund der Liebe Gottes zu seinem Volk soll das menschliche Zusammenleben dem **Solidaritätsgebot Gottes** entsprechen. Darüber wacht Jahwe als Beschützer des Rechts. Der Schwache steht unter dem besonderen Schutz Gottes. Durch Propheten droht Jahwe Unheil an, wenn die Israeliten seine Gebote übertreten. Den Umkehrwilligen und Bedrückten dagegen verheißen die Propheten neues Heil.

Der Dekalog zeigt den Willen Gottes zur Gemeinschaft mit seinem Volk Israel. Dem soll das Bekenntnis zu Jahwe und ein gemeinschaftliches Handeln entsprechen, das Israel leicht erfüllen könnte, 2. Mose 20, 1 ff. (vgl. 5. Mose 5, 6 ff.):

1 Und Gott redete alle diese Worte:
2 Ich bin der HERR, dein Gott, der ich dich aus Ägyptenland, aus der Knechtschaft, geführt habe.
3 Du sollst keine anderen Götter haben neben mir.
4 Du sollst dir kein Bildnis noch irgendein Gleichnis [Abbild] machen, weder von dem, was oben im Himmel, noch von dem, was unten auf Erden, noch von dem, was im Wasser unter der Erde ist:
5 Bete sie nicht an und diene ihnen nicht! Denn ich, der HERR, dein Gott, bin ein eifernder Gott, der die Missetat der Väter heimsucht bis ins dritte und vierte Glied an den Kindern derer, die mich hassen,
6 aber Barmherzigkeit erweist an vielen Tausenden, die mich lieben und meine Gebote halten.
7 Du sollst den Namen des HERRN, deines Gottes, nicht mißbrauchen; denn der HERR wird den nicht ungestraft lassen, der seinen Namen mißbraucht.
12 Du sollst deinen Vater und deine Mutter ehren, auf daß du lange lebest in dem Lande, das dir der HERR, dein Gott, geben wird.
13 Du sollst nicht töten.
14 Du sollst nicht ehebrechen.
15 Du sollst nicht stehlen.
16 Du sollst nicht falsch Zeugnis reden wider deinen Nächsten.
17 Du sollst nicht begehren deines Nächsten Haus.
Du sollst nicht begehren deines Nächsten Weib, Knecht, Magd, Rind, Esel noch alles, was dein Nächster hat.

Die Sozialgebote (V. 12–17) schützen die grundlegenden Lebensrechte des freien Israeliten: psychisches Leben, Recht, Ehe und Eigentum. Das (als einziges positiv formulierte) Elterngebot bezieht sich auf die Achtung und Versorgung der Eltern im höheren Alter. Die anschließenden sozialrechtlichen Bestimmungen verbieten Mord und Blutrache, Ehebruch, Freiheitsberaubung, falsche gerichtliche Zeugenaussage, die ehebrecherische Tat, das Begehren der Frau des Nachbarn und seines Besitzes. Das Sabbatgebot (V. 8–11) stellt eine jüngere Formulierung dar.

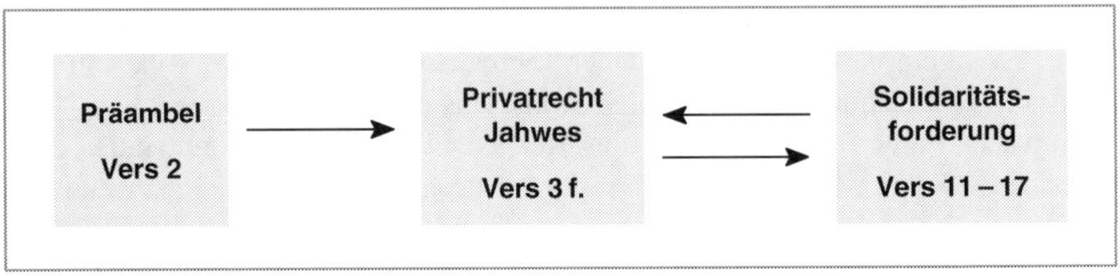

Bezug der drei Dekalogteile aufeinander

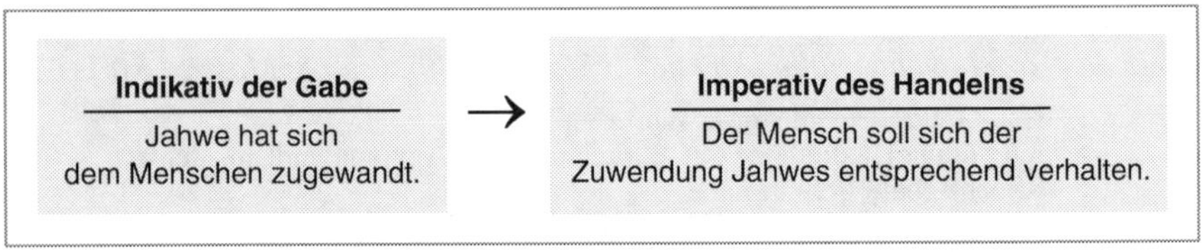

Der Vorrang des Handelns Jahwes gegenüber den göttlichen Forderungen

Der Prophet Amos verkündet um 760 v. Chr. das Gericht Gottes über sein eigenes Volk und nennt die Verfehlungen insbesondere der Herrschaftsschicht, Amos 7, 15–17:

15 Aber der HERR nahm mich von der Herde und sprach zu mir: Geh hin und weissage meinem Volk Israel!
16 So höre nun des HERRN Wort! Du sprichst: Weissage nicht wider Israel und eifere nicht wider das Haus Isaak!
17 Darum spricht der HERR: Deine Frau wird in der Stadt zur Hure werden, und deine Söhne und Töchter sollen durchs Schwert fallen, und dein Acker soll mit der Meßschnur ausgeteilt werden. Du aber sollst in einem unreinen Lande sterben, und Israel soll aus seinem Lande vertrieben werden.

Mit dem Botenauftrag und der Botenformel beanspruchen die **Propheten, im Namen Gottes** aufzutreten.

Struktur der prophetischen Gerichtsworte am Beispiel von Amos 7, 15 – 17		
Botenauftrag:	V. 15	Gott beauftragt den Propheten.
Aufforderung zum Hören:	V. 16 a	„So höre nun des Herrn Wort!“
Anklage:	V. 16 b	Der Priester Amazja hindert Amos, seinen Auftrag auszuführen. Amazja glaubt, daß Israel der Zuwendung Gottes sicher sein kann und bezieht das Gericht Gottes auf die Nachbarvölker.
Botenformel:	V. 17 a	„So spricht der Herr!“
Unheilsankündigung:	V. 17 b	Amazja und seine Familie werden alles verlieren.

Neben den Gerichtsdrohungen verheißt Amos künftiges Heil, Amos 5, 11 ff. (vgl. 9, 11):

11 Darum, weil ihr die Armen unterdrückt und nehmt von ihnen hohe Abgaben an Korn, so sollt ihr in den Häusern nicht wohnen, die ihr von Quadersteinen gebaut habt, und den Wein nicht trinken, den ihr in den feinen Weinbergen gepflanzt habt.

12 Denn ich kenne eure Freveltaten, die so viel sind, und eure Sünden, die so groß sind, wie ihr die Gerechten bedrängt und Bestechungsgeld nehmt und die Armen im Tor unterdrückt.

15 Hasset das Böse und liebet das Gute, richtet das Recht auf im Tor, vielleicht wird der HERR, der Gott Zebaoth, doch gnädig sein denen, die von Josef übrigbleiben.

Die im Rettungshandeln Jahwes verankerten **Sozialgebote** des Dekalogs sollen grundlegende Lebensrechte des freien Israeliten sichern. Der Schwache steht unter dem besonderen **Schutz Gottes.**
Wenn in Israel das Gottesrecht massiv verletzt wird, treten **Propheten** auf. Sie weisen auf die Verfehlungen hin und verkündigen das **Gericht Gottes,** zugleich aber auch **künftiges Heil.**

2.5 Der Schöpferwille Jahwes

In der Begegnung und in Auseinandersetzung mit der kanaanäischen Baalsreligion und der babylonischen Göttervorstellung entwickelt der Jahweglaube das **Bekenntnis zu Gott, dem Schöpfer.** Es steht im inneren Zusammenhang mit der Selbstkundgabe des Gottes Israels. Deshalb ist die Erschaffung und Erhaltung der Welt durch Jahwe Anlaß, Gott für die Herrlichkeit der Schöpfung zu preisen.

Der Psalmist lobt den Schöpfer und sein Werk, Ps 104, 1ff. (vgl. 1. Mose 1f.):

1 Lobe den HERRN, meine Seele!
HERR, mein Gott, du bist sehr herrlich;
du bist schön und prächtig geschmückt.
24 HERR, wie sind deine Werke so groß und viel!
Du hast sie alle weise angeordnet,
und die Erde ist voll deiner Güter!
25 Da ist das Meer, das so groß und weit ist,
da wimmelt's ohne Zahl, große und kleine Tiere.
26 Dort ziehen Schiffe dahin;
da sind große Fische, die du gemacht hast, damit zu spielen.
27 Es warten alle auf dich,
daß du ihnen Speise gebest zur rechten Zeit.
28 Wenn du ihnen gibst, so sammeln sie;
wenn du deine Hand auftust, so werden sie mit Gutem gesättigt.
35 [...] Lobe den HERRN, meine Seele! Halleluja!

Hinter der Welt und ihren vielfältigen Lebensformen steht der **Schöpferwille Gottes.**

Religionsgeschichtlicher Überblick: Die Entwicklung des alttestamentlichen Gottesverständnisses

Vorgeschichte (um 1800 – 1600 v. Chr.):	– Gott der Väter
Frühgeschichte (Auszug aus Ägypten um 1270 v. Chr.):	– Jahwe, der eine Gott
Zeit der Landnahme (1200 – 1050 v. Chr.):	– Schutz- und Kriegsgott des Stämmeverbandes
Königszeit (nach 1050 – 723/2 v. Chr.):	– Reichsgott – Schöpfer und König von Himmel und Erde – Bewahrer des Ausschließlichkeits- und Solidaritätsgebots
Exils- und Perserzeit (Deportation 723/2 – 5. Jh. v. Chr.):	– Jahwe, der einzige Gott überhaupt und die Unauflöslichkeit der Erwählung Israels – Tora als göttliche Lebensordnung Israels – Nomismus (Gesetzlichkeit)

Vorgeschichte (um 1800 – 1600 v. Chr.):

- Gott der Väter

Aufgrund der schwierigen Quellenlage läßt sich die Entwicklung des Gottesverständnisses in der Vor- und Frühgeschichte Israels religionsgeschichtlich nur begrenzt darstellen.

Die nomadischen israelitischen Stämme verehren ursprünglich **Vatergottheiten.** Der Gott der Väter offenbart sich dem Oberhaupt einer wandernden Sippe und verheißt Führung, Schutz, Nachkommenschaft und Hoffnung für die Zukunft. Möglicherweise bildet sich bereits früh die Vorstellung heraus, daß Gott den Stämmen ein Leben auf fruchtbarem Land verheißt.

Frühgeschichte (Auszug aus Ägypten um 1270 v. Chr.):

- Jahwe, der eine Gott

Die Vatergottheiten verschmelzen schließlich mit **Jahwe**, den vorisraelitische Stämme am Sinai/Horeb als Berggott verehren. Auf ihn werden die mit den Vatergottheiten verbundenen Hoffnungen übertragen. Eine der israelitischen Gruppen erfährt ihn als **Retter aus ägyptischer Unterdrückung** (2. Mose 20, 2). Die israelitischen Stämme verehren Jahwe bildlos (2. Mose 20, 4) als den einen Gott, ohne das Vorhandensein anderer Götter zu leugnen (Monolatrie).

Zeit der Landnahme (1200–1050 v. Chr.):

- Schutz- und Kriegsgott des Stämmeverbandes

Die einzelnen Stämme schließen sich zu einem Stammesverband (Amphiktyonie) zusammen. Die Einwanderung und Seßhaftwerdung in Kanaan wird als **Erfüllung der Landverheißung** Gottes verstanden. Die kriegerischen Auseinandersetzungen mit Philistern und Kanaanäern gelten als im göttlichen Auftrag geführte „**heilige Kriege**".

Königszeit (nach 1050–723/2 v. Chr.):

- Reichsgott
- Schöpfer und König von Himmel und Erde
- Bewahrer des Ausschließlichkeits- und Solidaritätsgebots

In der Königszeit wandelt sich Jahwe zum **Schutzherrn des Reiches** und wird nach Überführung der Bundeslade in den Salomonischen Tempel zum allmächtigen Jahwe Zebaoth, dem Herrn der himmlischen und irdischen Heere. Er verdrängt in Auseinandersetzung mit der kanaanäischen Religion den Wettergott Baal aus seiner Stellung als **König und Schöpfer.** Der jahwistische Schöpfungsbericht beschreibt die Geschöpflichkeit des Menschen in der besonderen Beziehung zu Jahwe. Wo Jahwes Volk treulos wird, das Hauptgebot der ausschließlichen Verehrung Jahwes und das Solidaritätsgebot, den Schwachen Recht zu gewähren, bricht, erscheint Gott als **Bewahrer der Gebote.** Es treten (vorexilische) Propheten mit der Ankündigung zukünftigen Unheils und neuen Heilserwartungen auf.

Exils- und Perserzeit (Deportation 723/2 – 5. Jh. v. Chr.):

- Jahwe, der einzige Gott überhaupt, und die Unauflöslichkeit der Erwählung Israels
- Tora als göttliche Lebensordnung Israels
- Nomismus (Gesetzlichkeit)

Der Verlust des Landes und die Zerstörung des Tempels durch die babylonische Eroberung (zweite Deportation 586 v. Chr.) führen zu einer beträchtlichen religiösen Verunsicherung. Der Glaube Israels muß sich in dieser neuen Situation der Verborgenheit Gottes und der Gefahr des Abfalls bewähren. Die Theologie der Exilszeit deutet – in Anlehnung an die vorexilischen Propheten – die politische Katastrophe als Folge des gerechten Zorns Jahwes über den Ungehorsam seines Volkes. Zugleich wird die Gemeinschaft zwischen Jahwe und Israel als **unauflösliche Erwählung,** als immer verpflichtendes Bundesverhältnis auf der Grundlage der im Dekalog zusammengefaßten **Tora** verstanden. Israel soll dem Hauptgebot der ausschließlichen Verehrung Jahwes nachkommen und das Handeln an der Solidaritätsforderung nach sozialer Gerechtigkeit orientieren.

Die Schriftpropheten der Exilszeit gründen ihre Heilsworte (u. a. Jahwe als König der Heilszeit, messianische Erwartung) in der Ausschließlichkeit der Gottheit Jahwes. Aus dem von Israel allein verehrten wird der **einzig existierende Gott** überhaupt, der Herr über die gesamte politische Welt, der schließlich als Richter im Völker- und Weltgericht verstanden wird. Die Verzögerung der Heilserwartungen führt zu einer universalen Eschatologie, aber auch in die Einsicht der Unerforschlichkeit des göttlichen Willens.

Sabbatruhe und Beschneidung verstehen die Deportierten als zentrale Zeichen der Jahwezugehörigkeit.

Die im Exil verfaßten Geschichtswerke überliefern – immer wieder neu deutend – die gemeinsame Geschichte Jahwes mit seinem Volk. Die Tora als Lebensordnung Israels, in der sich die Liebe Jahwes ausdrückt, und der ihr entsprechende Gehorsam werden zum Kriterium der Gottesbeziehung. Die weitere Entwicklung führt allerdings zum **Nomismus**, zu einer gesetzlich-kultisch geprägten Frömmigkeit.

ZUM WEITERLESEN

Bella Chagall: Der Seder[1]

Der Wein beginnt zu schäumen. Mir schwindelt der Kopf von dem starken Duft, der den Bechern entsteigt.

Plötzlich scheinen unter den gesenkten Köpfen, aus den Seiten der Haggada[2] hervor, wie ein leichter Wind die ersten Segenssprüche emporzuwehen.

Ich sitze, wie immer, in meinem Winkel zwischen Vater und Mutter [...]: nach den ersten Gebeten wird Vater sich zu mir beugen, als müßte nicht ich ihm die vier Fragen stellen, sondern er mir.

Schon gibt er mir ein Zeichen.

„Nun, also ... die Fragen?"

Plötzlich herrscht Stille. Alle schauen mich an. Ich verstecke mein Gesicht in der Haggada. Vor meinen Augen und in meinem Kopf dreht sich alles. Ich folge mit dem Finger den Zeilen, möchte die tanzenden Buchstaben in Reih und Glied stellen. Ich schlucke leer, zittere vor meiner eigenen Stimme:

„Was ist diese Nacht unter allen anderen ..." Vater bläst mir leise ein. Ich glaube vom anderen Ende des Tisches her ersticktes Lachen zu hören. Das verwirrt mich noch mehr. Mühselig komme ich Zeile um Zeile vorwärts, aber die Fragen geraten durcheinander. Ich hatte sie doch so gut gelernt und ich hätte soviel zu fragen!

Kaum habe ich das letzte Wort ausgesprochen, ertönt ein Schrei der Erleichterung. Alle fühlen sich befreit und stürzen sich auf ihre Haggada.

Der lange Tisch scheint sich zu bewegen, als hätte er Räder. Jeder psalmodiert für sich, will den anderen überholen, jagt dem nächsten nach. [...]

Die leeren Wände hören zu, die Decke senkt sich, um die Haggada zu hören und jedes Wort wieder in die Höhe zu tragen.

Eine Seite nach der anderen. Worte rinnen dahin, wie Sand in der Wüste. Allein vom Anschauen derer, die um mich sind, bin ich schon müde.

An welcher Stelle der Haggada sind sie jetzt? [...]

Wie eingespannte Pferde eilen meine Brüder voran.

---

[1] Häusliche Passahfeier.

[2] Buch biblischer Erzählungen.

Plötzlich hört man – nicht auf hebräisch – die Worte: „Du Nichtsnutz! Wo bist du denn schon? Du hast ein paar Seiten übersprungen.“ Es ist Mendel, der Abrascha anschreit.

Wen will er anschwindeln? Wohin eilen sie alle? Berge von Buchstaben und Zeilen türmen sich, laufen Stufen hinauf und hinunter. Ich verirre mich in der Haggada, betaste ihre vergilbten Seiten. Unter einem Weinfleck klebt ein Stückchen vorjährige Mazza[3]. Auf einmal gelange ich zu einer Zeichnung: ein Sedertisch, an dem Gestalten mit abgehärmten Gesichtern sitzen.

Es tut mir in der Seele weh. Da sind sie, unsere verehrten Großväter und Großmütter. Wie gequält, wie mager sie sind! Ich streichle sie, blättere weiter, eine Seite nach der anderen, suche überall nach ihnen.

Das Stückchen Mazza zerbröckelt auf der Haggada, als knirsche der Sand Ägyptens unter meinen Füßen.

Ich flüstere: „Wir waren Knechte.“

Die Seiten beginnen zu seufzen. In den Ohren bläst der Wüstenwind. Die bleichen Schatten der Zeichnung kommen näher, atmen mich an: Sobald ich sie mit einem Wort berühre, schütten sie mir ihr Herz aus, erzählen mir von ihren Leiden: wie sie durch die Wüste gewandert sind, Tage, Nächte, Jahre, ohne Wasser, ohne Brot.

Ihr Leid greift mir ans Herz. Ich höre sie gehen, keuchend, Schritt um Schritt, mit gebeugtem Rücken.

Meine eigenen Schultern werden schlaff, als schleppte auch ich mich durch den tiefen Sand. Mein Mund wird ganz trocken, ich bringe kaum noch ein Wort heraus, meine Lippen kleben zusammen. Ich flüstere, neige mich über die Haggada, möchte in sie eindringen, den langen Weg beginnen, mit allen zusammen wandern, ihnen ein Wort sagen, ihnen etwas tragen helfen.

Plötzlich blitzt ein Gedanke auf: Ist es möglich, daß Kinder bei ihnen waren? Oh, wie müssen sie geweint und geklagt haben!

Wie weit sind die anderen im Haggada-Lesen? Mir scheint, sie haben sich alle im Text verirrt. Nie werde ich sie einholen!

Wie weit ist Vater? Besser ihm zuhören! Seine Stimme ist ruhig, jedes Wort ertönt wie ein Schritt nach dem anderen. Er geht einen geraden Weg. Ich möchte bei ihm bleiben.

Gott sei Dank, er hat einen Augenblick haltgemacht, Atem geschöpft.

„Nun die Plagen!“ Er gibt ein Zeichen, damit man ihm etwas bringe, um die Plagen fortzugießen.

„Wasser ... Blut ...“

---

[3] Ungesäuertes Brot.

Es klingt wie ein Glockenton, wenn Vater es sagt. Jede Plage weicht zurück, wird in einem Tropfen Wein ertränkt, als wolle Vater jede Plage so weit wie möglich von sich stoßen. Er hat seinen ganzen Becher ausgegossen.

Mutter nimmt nun den Krug und gießt langsam eine Plage nach der anderen hinein. Sie wagt nicht, die Plagen laut auszusprechen, und sie hat auch Angst, das Tischtuch zu bespritzen.

Jeder hält seinen Becher fest, wie um Schläge damit auszuteilen, ergreift den Krug und gießt Wein hinein, als wolle er einem Feind ins Gesicht spucken.

Jeder zielt, um seine Verwünschungen in die Mitte des Kruges zu werfen. Ich bekomme den Krug als letzte. Es sind schon so viele Plagen darin versenkt, daß der Inhalt ganz dickflüssig erscheint.

„Blut ... Frösche ... Ungeziefer ... Da hast du, und da, und da!" Ich werfe sie wie Steine, gieße Wein aus, verschütte ihn, kann meiner Hand nicht Einhalt gebieten. Der irdene Krug verwandelt sich in den Kopf des bösen Pharao. Ich möchte alle Plagen auf einmal auf ihn schleudern, meinen Becher an ihm zerbrechen, daß er von rotem Wein trieft wie von Blut.

„Da hast du für meine gepeinigten Großväter, Großmütter, da hast du für die totgequälten Kinder!"

Ich erschrecke selbst vor den Verwünschungen, vor den roten Flecken auf dem Tischtuch.

Schnell gieße ich all meinen Wein aus.

Chagall, Bella: Brennende Lichter. Mit 39 Zeichnungen von Marc Chagall. Reinbek bei Hamburg 1969, S. 198–203.

Bella Chagall, geb. Rosenfeld (1895–1944), jüngstes von sieben Kindern eines wohlhabenden jüdischen Juweliers, studiert in Moskau Literaturwissenschaften und ist jahrelang am Theater tätig. 1915 heiratet sie ihren Jugendfreund, den Maler Marc Chagall. Sie leben ab 1922 in Frankreich und emigrieren 1941 nach Amerika. Im Alter von 48 Jahren stirbt Bella vermutlich an einer verschleppten Virusinfektion. Ein Freund erinnert sich: „Marc weinte unaufhörlich. Es war herzzerreißend. Ich fürchtete, er würde nie darüber hinwegkommen."

Bella Chagall schildert in „Der Seder" ihre Kindheitserinnerung an eine **Passah-Feier** in Witebsk/Weißrußland. Höhepunkt der Feier ist das Lesen der biblischen Erzählung vom Auszug aus Ägypten. Da wegen des eiligen Aufbruchs kein Sauerteig mitgenommen werden konnte, werden zum Sedermahl ungesäuerte Brote gegessen und Bitterkraut zur Erinnerung an die ägyptische Fronarbeit gereicht. Die Gläubigen erfahren das geschichtliche Handeln Jahwes als existentielles Ereignis. Sie identifizieren sich mit den flüchtenden Menschen und danken Gott für sein rettendes Handeln.

3 Jesus von Nazareth und seine Botschaft

Der christliche Glaube bezieht sich unablösbar auf die geschichtliche Gestalt Jesu von Nazareth. Sein Leben und seine Botschaft bilden die Grundlage des Christentums, prägen die abendländische Kultur und regen dazu an, über die Grundfragen des menschlichen Lebens nachzudenken. Es soll zunächst untersucht werden, inwieweit über Jesus und seine Verkündigung **historisch zuverlässig Auskunft** gegeben werden kann.

Leitfragen:

- *Aus welchem Interesse heraus fragt man nach Jesus von Nazareth?*
- *Inwieweit lassen sich aufgrund des Quellenmaterials historisch zuverlässige Aussagen über das Leben und zur Botschaft Jesu machen?*
- *Welche Bedeutung kommt dem historischen Jesus für den christlichen Glauben zu?*
- *Worin bestehen die Grundaussagen der Verkündigung Jesu?*
- *Beurteilen Sie verschiedene Vorstellungen über Jesus und seinen Einfluß!*

Zum Einstieg: Wer ist Jesus von Nazareth?

Arno Schmidt, Schriftsteller: Jesus von vornherein indiskutabel!

Die Persönlichkeit des Mannes, nach dem sich immerhin dreißig Prozent der Menschheit nennen, genügt mir nicht! –

Was würden wir heute sagen, wenn ein junger Mann aus irgendeinem unbedeutenden Zwergstaat käme; einem der immer wieder vorhandenen und nicht nur „wirtschaftlich unterentwickelten" Ostgebiete; keiner der großen Kultursprachen mächtig; völlig unbekannt mit dem, was in Jahrtausenden Wissenschaft, Kunst, Technik, auch frühere Religionen, geleistet haben – und ein solcher stellte sich vor uns hin mit den dicken Worten: „*Ich* bin der Weg; *und* die Wahrheit; *und* das Leben"?

Schmidt, Arno: Atheist? Allerdings! In: Deschner, Karlheinz (Hrsg.): Was halten Sie vom Christentum? München 1957, S. 67.

Erich Kästner, Schriftsteller: Alles bleibt beim Alten

Dem Revolutionär Jesus zum Geburtstag

Zweitausend Jahre sind es fast,
seit du die Welt verlassen hast,
du Opferlamm des Lebens!
Du gabst den Armen ihren Gott.
Du littest durch der Reichen Spott.
Du tatest es vergebens!

Du sahst Gewalt und Polizei.
Du wolltest alle Menschen frei
und Frieden auf der Erde.
Du wußtest, wie das Elend tut
und wolltest alle Menschen gut,
damit es schöner werde!

Du warst ein Revolutionär
und machtest dir das Leben schwer
mit Schiebern und Gelehrten.
Du hast die Freiheit stets beschützt
und doch den Menschen nichts genützt.
Du kamst an die Verkehrten!

Du kämpftest tapfer gegen sie
und gegen Staat und Industrie
und die gesamte Meute.
Bis man an dir, weil nichts verfing,
Justizmord, kurzerhand, beging.
Es war genau wie heute.

Die Menschen wurden nicht gescheit.
Am wenigsten die Christenheit,
trotz allem Händefalten.
Du hattest sie vergeblich lieb.
Du starbst umsonst. Und alles blieb
beim Alten.

Kästner, Erich: Dem Revolutionär Jesus zum Geburtstag. Aus: Ders.: Gedichte. Gesammelte Werke, Bd. 1. Köln 1959, S. 207f.

Dorothee Sölle, Literaturwissenschaftlerin und evang. Theologin: Von Christus lernen

Ich halte Jesus von Nazareth für den glücklichsten Menschen, der je gelebt hat. [...] Jesus erscheint in der Schilderung der Evangelien als ein Mensch, der seine Umgebung mit Glück ansteckte, der seine Kraft weitergab, der verschenkte, was er hatte. [...] Von Christus ist zu lernen: Je glücklicher einer ist, um so leichter kann er loslassen. Seine Hände krampfen sich nicht um das ihm zugefallene Stück Leben. Da er die ganze Seligkeit sein nennt, ist er nicht aufs Festhalten erpicht. Seine Hände können sich öffnen. [...]

Das Leben, das er selber ist, ist nicht abgeschlossen und abgetrennt von dem großen Leben, das er Gott nennt. [...] Es besteht ein Sachzusammenhang zwischen dem Glück, dem Ich und seiner Phantasie, ein Zusammenhang, der an Jesu Leben deutlich wird, aber für alle Menschen gilt.

Sölle, Dorothee: Phantasie und Gehorsam. Überlegungen zu einer künftigen christlichen Ethik. Stuttgart 1968, S. 63, 65f.

Aus dem 14. Jahrhundert

Christus hat keine Hände,
nur unsere Hände,
um seine Arbeit heute zu tun.

Er hat keine Füße,
nur unsere Füße,
um Menschen
auf seinen Weg zu führen.

Christus hat keine Lippen,
nur unsere Lippen,
um Menschen
von ihm zu erzählen.

3.1 Die Frage nach dem historischen Jesus

Alle Versuche, eine ausführliche Lebensgeschichte Jesu zu schreiben und seine Persönlichkeitsentwicklung psychologisch zu deuten, scheitern am Quellenmaterial. Die neutestamentlichen Evangelien als bedeutsamste Dokumente, die Auskunft über Jesus geben könnten, sind kerygmatische Texte. Ihnen geht es nicht um historische Tatsachenbeschreibung, sondern um die Verkündigung Jesu und dessen Bedeutung für den Glauben. Es „hat nie ein ‚rein' geschichtliches Zeugnis von Jesus gegeben; was von Jesus an Worten und Taten berichtet wurde, war immer schon ein für Predigt und Mahnung bestimmtes Zeugnis des Glaubens"[1].

Das bedeutet jedoch nicht, daß die Rückfrage nach dem **historischen Jesus** und die Suche nach historisch zuverlässigen Aussagen über ihn aufgegeben werden müßte.

[1] Dibelius, Martin: Die Formgeschichte des Evangeliums, Tübingen ⁴1961, S. 295.

verkündigter (kerygmatischer) Christus: (Kerygma: griech. „Verkündigung")	Die neutestamentliche Verkündigung geht vom Glauben an den auferstandenen Christus aus und interpretiert das Wirken des irdischen Jesu aus dieser Glaubensperspektive.
historischer Jesus:	Die Darstellung Jesu Christi aus der Sicht des nachösterlichen Glaubens muß unterschieden werden vom historisch erhebbaren Wirken des irdischen Jesus von Nazareth.
Frage nach dem historischen Jesus:	Sie entsteht erst in der Zeit der Aufklärung und bezieht sich auf die historische Vergewisserung der Gestalt und Botschaft Jesu.

Mit den Mitteln der Geschichtswissenschaft können trotz des Bekenntnischarakters der Evangelien relativ gesicherte Umrisse des Lebens Jesu, vor allem aber die Grundzüge seiner Botschaft rekonstruiert werden.

Aus den neutestamentlichen Evangelien lassen sich die **Grundzüge der Botschaft des historischen Jesus** herausarbeiten.

3.1.1 Hauptquellen für die Rekonstruktion der Verkündigung Jesu

Die wichtigsten Quellen für den Versuch, historisch zuverlässige Aussagen über Person und Botschaft Jesu von Nazareth zu gewinnen, sind die **neutestamentlichen synoptischen Evangelien:** Markus, Matthäus und Lukas.

Die verhältnismäßig spärlichen historischen Nachrichten über Jesus im Johannes-Evangelium, in den außerbiblischen Evangelien und den nichtchristlichen römischen bzw. jüdischen Überlieferungen belegen, daß Jesus tatsächlich gelebt hat, bringen aber gegenüber den synoptischen Evangelien keine weiterführenden Erkenntnisse. Der älteste nichtchristliche Hinweis auf Jesus findet sich bei dem jüdischen Geschichtsschreiber Flavius Josephus (37/38 – um 100). Er berichtet, daß im Jahre 62 ein Bruder Jesu, Jakobus der Jüngere, der erste Leiter der Jerusalemer Gemeinde, hingerichtet wird:

> Der Hohepriester Ananos (Hannas II.) ließ Jakobus, den Bruder Jesu, des sogenannten Christus, und noch einige andere zur Steinigung verurteilen.
>
> *Josephus: Jüdische Altertümer (Antiquitates judaicae), XX, 200.*

Beim Vergleich der synoptischen Evangelien fallen zahlreiche Übereinstimmungen und Ähnlichkeiten auf: die identische Gliederung, der ihnen eigene Stil der Darstellung und die große Zahl übereinstimmender, fast wörtlich gleichlautender Geschichten. Trotz zahlreicher inhaltlicher Verschiedenheiten, ja Widersprüche deutet dies auf eine enge Verwandtschaft dieser Evangelien hin. Sie läßt sich nur durch eine gegenseitige literarische Abhängigkeit erklären. Seit dem Ende des 18. Jahrhunderts bemüht sich die theologische Wissenschaft intensiv darum, die **„synoptische Frage"** zu klären, wie sich Niederschrift und Überlieferung der Evangelien vollzogen haben könnten.

Synopse: (griech. „Zusammenschau")	Die vergleichbaren (parallelen) Texte der Evangelien werden in Spalten nebeneinandergestellt.
synoptische Evangelien:	Markus, Matthäus und Lukas
synoptische Frage:	Hier geht es um das literarkritische Problem, wie sich die gegenseitige Abhängigkeit der synoptischen Evangelien im Hinblick auf ihre Unterschiede aufklären läßt.

Die meisten Forscher vertreten die **„Zwei-Quellentheorie"**, um die literarische Abhängigkeit der synoptischen Evangelien zu erklären. Das älteste und kürzeste ist das Markus-Evangelium (verfaßt kurz vor 70). Markus verknüpft, überarbeitet und interpretiert mündlich tradierte Stoffe: Reden Jesu, Erzählungen über seine Taten und die Passionsgeschichte. Matthäus und Lukas benutzen die Gliederung und die Stoffe des Markus-Evangeliums als Grundlage für ihre Werke (entstanden zwischen 80 und 90). Außerdem verwenden Matthäus und Lukas eine zweite gemeinsame Quelle, die Spruch- oder Logienquelle (abgekürzt: Q; Logos: griech. „Wort"). Als selbständige Tradition liegt sie uns heute zwar nicht mehr vor, läßt sich jedoch erschließen. Sie enthält die über Markus hinausgehenden, Matthäus und Lukas gemeinsamen und teilweise wörtlich übereinstimmenden Stoffe. Außerdem nehmen Matthäus und Lukas jeweils eigenständiges Sondergut auf.

Diese traditionsgeschichtliche Ausgangssituation der Quellenlage bildet eine brauchbare Basis für die Aufgabe, Konturen des historischen Jesus herauszuarbeiten. Es stehen **mehrere, voneinander unabhängige Traditionen** zur Verfügung: die Logienquelle, Markus, das jeweilige Sondergut, daneben auch das Johannes-Evangelium.

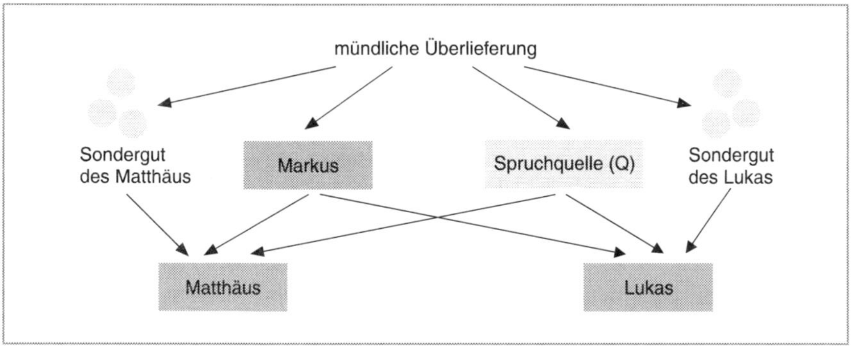

Literarische Abhängigkeit der synoptischen Evangelien

Die wichtigsten, voneinander unabhängigen, **ältesten Überlieferungstraditionen,** aus denen sich die Verkündigung Jesu erschließen läßt, sind die **Logienquelle und das Markus-Evangelium.**

3.1.2 Kennzeichen der Worte des historischen Jesus

Um die Grundzüge der Verkündigung Jesu aus dem Kerygma der nachösterlichen Gemeinde herauszuarbeiten, übernimmt die Theologie zahlreiche Forschungsmethoden verschiedener Wissenschaften und wendet sie auf die Evangelien an. Wenn mehrere **Echtheitskriterien** bei einer Überlieferung zusammentreffen, darf angenommen werden, daß diese auf Jesus selbst zurückgeht (ipsissima vox Jesu).

Inhaltliche Besonderheiten

Die christliche Urgemeinde kann kein Interesse daran haben, dem historischen Jesus Worte zuzusprechen, die sie vor beträchtliche Deutungsschwierigkeiten stellt. Jene Aussprüche oder Handlungen Jesu, auch vorwurfsvolle Bemerkungen über ihn, die wegen ihrer Anstößigkeit der Gemeinde **sachliche Schwierigkeiten** verursachten, dürften daher historisch sein.

In diesen Zusammenhang gehören neben der erklärungsbedürftigen Taufe Jesu durch Johannes (Mt 3, 13–17) auch schroffe Aussagen Jesu, wie solche über die Nachfolge, Mt 10, 34 (vgl. Lk 16, 1–8):

> Ihr sollt nicht meinen, daß ich gekommen bin, Frieden zu bringen auf die Erde. Ich bin nicht gekommen, Frieden zu bringen, sondern das Schwert.

Gleiches gilt für Vorwürfe, die Jesus gemacht werden, Mt 11, 19b (vgl. Mk 3, 21):

> [So] sagen sie: Siehe, was ist dieser Mensch für ein Fresser und Weinsäufer, ein Freund der Zöllner und Sünder!

Wenn Aussagen weder aus der religionsgeschichtlichen Umwelt, noch aus den Interessen der Urgemeinde abgeleitet werden können, dürften sie nach dem **Originalitätskriterium** auf den historischen Jesus zurückgehen. Sein eigenständiges Gesamtverständnis von der Nähe des Reiches Gottes hat keine direkten Parallelen im kulturellen oder religiösen Umfeld und läßt sich auch nicht aus den Anschauungen der späteren christlichen Gemeinde erklären. Das Originalitäts- oder Unähnlichkeitskriterium führt im Ergebnis zu einem historisch gesicherten Minimum der ursprünglichen Jesustradition. Auf dieses läßt sich die Verkündigung Jesu jedoch nicht beschränken, da Jesus natürlich auch Aussagen der jüdischen Glaubenstradition zustimmend aufgreift (z. B. das Verständnis Gottes als Schöpfer).

Feste Sprachformen

Neben den Sachkriterien treten als zusätzliche Argumente stärker formal orientierte Anhaltspunkte.
Jesus verwendet relativ **fest geprägte Sprachformen**. Dazu gehören vor allem die von Jesus literarisch einzigartig gestalteten Gleichnisse. Im Unterschied zu den Gleichnissen der Rabbiner illustriert Jesus nicht eine lehrhafte Aussage oder eine ethische Forderung. Jesus erzählt vielmehr in Metaphern vom Reich Gottes, das im Handeln Jesu erlebbar wird. An das ursprüngliche Gleichnis, das wegen seiner festgeprägten und einfachen Form im Überlieferungsprozeß relativ unverändert bleibt, können sich später Erweiterungen und Deutungen anlagern.

Am Gleichnis vom unehrlichen Verwalter läßt sich der mehrfache Wachstumsprozeß besonders deutlich aufzeigen, Lk 16, 1–9:

> 1 Er sprach aber auch zu den Jüngern: Es war ein reicher Mann, der hatte einen Verwalter; der wurde bei ihm beschuldigt, er verschleudere ihm seinen Besitz.
> 2 Und er ließ ihn rufen und sprach zu ihm: Was höre ich da von dir? Gib Rechenschaft über deine Verwaltung; denn du kannst hinfort nicht Verwalter sein.

3 Der Verwalter sprach bei sich selbst: Was soll ich tun? Mein Herr nimmt mir das Amt; graben kann ich nicht, auch schäme ich mich zu betteln.
4 Ich weiß, was ich tun will, damit sie mich in ihre Häuser aufnehmen, wenn ich von dem Amt abgesetzt werde.
5 Und er rief zu sich die Schuldner seines Herrn, einen jeden für sich, und fragte den ersten: Wieviel bist du meinem Herrn schuldig?
6 Er sprach: Hundert Eimer Öl. Und er sprach zu ihm: Nimm deinen Schuldschein, setz dich hin und schreib flugs fünfzig.
7 Danach fragte er den zweiten: Du aber, wieviel bist du schuldig? Er sprach: Hundert Sack Weizen. Und er sprach zu ihm: Nimm deinen Schuldschein und schreib achtzig.
8 Und der Herr lobte den ungetreuen Verwalter, weil er klug gehandelt hatte; denn die Kinder dieser Welt sind unter ihresgleichen klüger als die Kinder des Lichts.
9 Und ich sage euch: Macht euch Freunde mit dem ungerechten Mammon, damit, wenn er zu Ende geht, sie euch aufnehmen in die ewigen Hütten.

Das ursprüngliche Gleichnis Jesu endet mit V. 7. Formale Charakteristika sind die geradlinige Erzählung, Verwendung der direkten Rede und des Selbstgesprächs sowie fiktive Einzelzüge. Das Gleichnis schildert einen verbrecherischen Menschen, der in einer bedrohlichen Situation entschlossen handelt. Mit dem „Herrn" (V. 8) ist ursprünglich Jesus gemeint. Er lobt den Haushalter, weil er angesichts seiner Notlage klug, nämlich konsequent, gehandelt hat, um sich eine neue Existenz aufzubauen. Jesus dürfte dieses Gleichnis Menschen erzählt haben, die auf seine Verkündigung von der Nähe des Reiches Gottes unentschlossen reagierten.

V. 8b schränkt das befremdliche Lob des Haushalters ein. V. 9 enthält ein isoliert überliefertes Wort Jesu, das er möglicherweise an Zöllner richtet. Durch Stichwortzusammenhang fügt es Lukas an das Gleichnis an. Der weitere Text enthält – thematisch aneinandergereiht – teilweise Einzelsprüche Jesu, V. 10–13:

10 Wer im Geringsten treu ist, der ist auch im Großen treu; und wer im Geringsten ungerecht ist, der ist auch im Großen ungerecht.
11 Wenn ihr nun mit dem ungerechten Mammon nicht treu seid, wer wird euch das wahre Gut anvertrauen?
12 Und wenn ihr mit dem fremden Gut nicht treu seid, wer wird euch geben, was euer ist?
13 Kein Knecht kann zwei Herren dienen; entweder er wird den einen hassen und den andern lieben, oder er wird an dem einen hängen und den andern verachten. Ihr könnt nicht Gott dienen und dem Mammon.

Der Haushalter wird wegen seiner Untreue zum abschreckenden Beispiel. Für die christliche Gemeinde geht es jetzt nicht mehr um das Problem der Unentschlossenheit, sondern um die ethische Frage, wie der Christ mit Besitz umgehen soll.

Sprachlich-stilistische Ausdrucksformen

Vergleicht man den Sprachgebrauch Jesu mit dem seiner Umwelt, so fällt auf, daß Jesus ungewöhnlich häufig **bestimmte sprachlich-stilistische Ausdrucksformen** gebraucht. In allen Schichten der Überlieferung findet sich beispielsweise wiederholt der antithetische Parallelismus. Es ist allerdings zu bedenken, daß die spätere Tradition diesen Sprachgebrauch Jesu nachahmt und Neubildungen vornimmt.

Die Redeform des antithetischen Parallelismus wirkt einprägsam. Der Schwerpunkt der Aussage liegt meistens auf dem zweiten Teil: Mt 9, 37 (vgl. Mk 6, 10 // 11; Mt 7, 18 a // 18 b; 10, 32 // 33):

> Die Ernte ist groß,
> aber wenige sind der Arbeiter.

Eine Neubildung aus liturgischen Gründen liegt vor in Mt 6, 13.

Aus der Jesus-Tradition läßt sich durch verschiedene **Echtheitskriterien** Material erheben, das quantitativ und qualitativ ausreicht, Botschaft und Wirken des historischen Jesus darzustellen.

3.1.3 Historische Daten des Lebens Jesu

„Jesus" ist die griechische Fassung des damals verbreiteten hebräischen Namens „Jeschua" und bedeutet „Jahwe ist Heil".

Zur Biographie Jesu gibt es verhältnismäßig **wenig gesicherte Erkenntnisse.** Die Ermittlung der Zeitangaben geschieht durch relative Chronologie. Jesus wird zwischen dem Jahr 7 und 4 v. Chr. als Sohn Marias vermutlich in Nazareth geboren. Er hat leibliche Geschwister. Von Joseph erlernt er wohl das Zimmermannshandwerk. Nach seiner Taufe durch den Buß- und Gerichtsprediger Johannes tritt Jesus mit ungefähr dreißig Jahren als Wanderprediger auf, hauptsächlich in Galiläa. Er sammelt Jünger um sich und wirkt öffentlich relativ kurz, ein bis höchstens drei Jahre. Nach Konflikten mit jüdischen Gruppen läßt ihn der römische Statthalter Pontius Pilatus vor einem Passafest um das Jahr 30 in Jerusalem kreuzigen.

Die Hinrichtung Jesu unter Pontius Pilatus wird auch durch die wichigste nichtchristliche Quelle, die Annalen (entstanden um 111), bestätigt. Der römische Geschichtsschreiber Tacitus (um 55 – nach 116) schreibt im Zusammenhang mit dem Brand Roms unter Nero:

> Der Urheber dieses Namens [der „Christianer"], ein „Christus", ist unter der Herrschaft des Kaisers Tiberius durch den Prokurator Pontius Pilatus hingerichtet worden.
> Auctor nominis eius Christus Tiberio imperitante per procuratorem Pontium Pilatum supplicio affectus erat.
>
> *Tacitus: Annalen, XV, 44.*

Offenbar hält Tacitus „Christus" für einen Eigennamen.

Nur **wenige Lebensdaten** Jesu sind zuverlässig überliefert. Nach seiner **Taufe** durch Johannes tritt Jesus verhältnismäßig kurze Zeit als **Wanderprediger** auf. Pontius Pilatus läßt ihn um das Jahr 30 in Jerusalem **kreuzigen.**

3.2 Jesu Verkündigung vom Reich Gottes

Die synoptische Überlieferung zeigt, daß in der Mitte der Verkündigung des historischen Jesus die Vorstellung vom **Kommen des Reiches Gottes** steht. Er „predigte das Evangelium von dem Reich" (Mt 4, 23; vgl. Mk 1, 14 f.; Lk 4, 43). Mit dem Reden vom Reich Gottes knüpft Jesus an eine lange jüdische Tradition an und nimmt jüdische Erwartungen seiner Zeit auf.

3.2.1 Die jüdische Apokalyptik

Die um die Zeitenwende verbreiteten apokalytischen Strömungen sehen die düstere religiöse und politische Lage der Gegenwart auf dem Hintergrund des nahe bevorstehenden **kosmischen Umbruchs.** Diese Welt mitsamt dem übermächtig werdenden Bösen bricht zusammen. Durch ein Gericht hindurch gewinnen die Menschen, die unerschüttlich an Gott geglaubt und sich handelnd bewährt haben, in der völlig neuen Welt, dem Reich Gottes, Anteil am ewigen Heil.

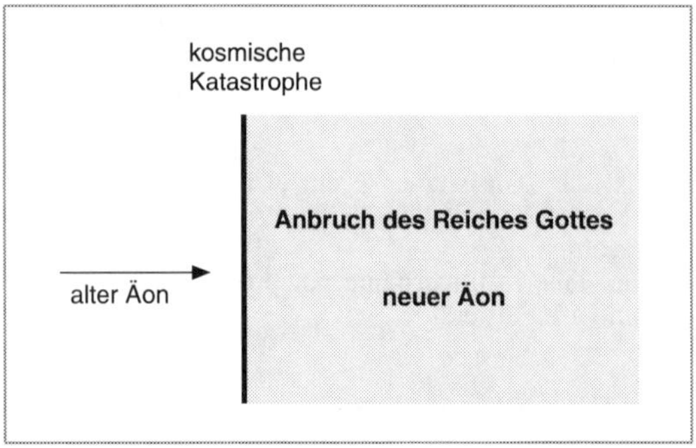

Das dualistische Zeitschema der Apokalyptik

3.2.2 Die Nähe des Reiches Gottes

Jesus greift aus der Vielfalt und Unterschiedlichkeit der Gottesreichs-Vorstellungen überlieferte Bilder auf. Dadurch entsteht die Frage, ob sich die Botschaft Jesu von der Herrschaft Gottes mit einer bestimmten Vorstellung im Judentum deckt, ob sie vielleicht im Rahmen der apokalyptischen Zukunftshoffnung interpretiert werden kann oder ob Jesus in seiner Verkündigung und seinem Handeln die **Gottesreichs-Tradition** völlig neu zur Sprache bringt.

Jesus erwartet Gottes Herrschaft und Gericht nicht nur als zukünftiges Geschehen. Das Reich Gottes ist für ihn bereits unberechenbar nahe, ja gegenwärtig.

Über das zukünftige und gegenwärtige Kommen des Reiches Gottes finden sich in der Verkündigung Jesu drei zueinander in Spannung stehende Aussagereihen. Sehr häufig und traditionsgeschichtlich alt sind die präsentischen Bestimmungen: Das Reich Gottes ist gegenwärtig, Lk 17, 20f. (vgl. Lk 7, 22f.; 11, 20. 23):

> 20 Als er aber von den Pharisäern gefragt wurde: Wann kommt das Reich Gottes?, antwortete er ihnen und sprach: Das Reich Gottes kommt nicht so, daß man's beobachten kann;
> 21 man wird auch nicht sagen: Siehe, hier ist es! oder: Da ist es! Denn siehe, das Reich Gottes ist mitten unter euch.

Das Reich Gottes ist sehr nahe, Mt 10, 7 (vgl. Mk 13, 30):

> Geht aber und predigt und sprecht: Das Himmelreich ist nahe herbeigekommen.

Das zukünftige Reich Gottes steht noch aus, Lk 17, 24 (vgl. Mk 10, 23–27; Mt 6, 10):

> Denn wie der Blitz aufblitzt und leuchtet von einem Ende des Himmels bis zum andern, so wird der Menschensohn an seinem Tage sein.

Jesus gibt keinen Termin an, wann das Reich Gottes kommt, da die Vollendung der Gottesherrschaft allein bei Gott liegt (Mk 13, 32; Mt 24, 44. 50).

Die Problematik der Eschatologie, wie sich die **präsentischen und futurischen Aussagen Jesu über das Reich Gottes** zueinander verhalten, wie Gegenwart und Zukunft der Gottesherrschaft ineinandergreifen, beschäftigt die theologische Forschung immer wieder neu.

Eschatologie: (griech: „Ende“)	Seit dem 17. Jh. wird das Wort als dogmatischer Begriff für die Lehre von den Letzten Dingen (Tod, Auferstehung, Gericht, Vollendung) verwandt.

Verschiedene Erklärungen, wie die Zeitaspekte aufeinander zu beziehen sind, wie **Verheißung und Erfüllung** sich zueinander verhalten, stehen in der theologischen Forschung neben- und gegeneinander.

präsentische oder realisierte Eschatologie:	Das Reich Gottes ist als eine Realität im Wirken Jesu bereits vorhanden.
sich realisierende Eschatologie:	Das Reich Gottes befindet sich mit Jesu Verkündigung im Prozeß der Verwirklichung.
futurische Eschatologie:	Jesus erwartet das Reich Gottes als zukünftiges, das mehr oder weniger nahe steht.

Das Reich Gottes als gegenwärtige und zugleich zukünftige Größe

Mit Jesu Wirken bricht das kommende Reich Gottes in die Gegenwart herein: „Daß wir die Zukunfts- und Gegenwartsaussagen nicht auseinanderreißen dürfen, wird schon darin deutlich, daß beide in der Verkündigung Jesu engstens aufeinander bezogen sind. [...] So heißt von der Gegenwart reden in Jesu Verkündigung von der Zukunft reden und von der Zukunft reden von der Gegenwart reden. Die Zukunft Gottes ist *Heil* dem, der das Jetzt als Gegenwart Gottes und als die Stunde des Heils ergreift. Die Zukunft Gottes ist *Gericht* dem, der das Heute Gottes nicht annimmt und an seine eigene Gegenwart, an seine eigene Vergangenheit und auch an die eigenen Träume der Zukunft sich klammert."[1]

[1] Bornkamm, Günther: Jesus von Nazareth. Stuttgart [15]1995, S. 84 f.

Jesus selbst definiert und systematisiert sein Verständnis der Gottesherrschaft nicht, sondern redet von ihr anschaulich in teilweise dem alltäglichen Leben entnommenen Bildern. Das Reich Gottes setzt sich aus eigener Kraft durch (Vom Wachsen der Saat: Mk 4, 26–29). In dem unscheinbaren Anbruch der Gottesherrschaft in dieser Welt ist Gottes Macht lebendig am Werk.

Das Gleichnis vom Senfkorn beschreibt keine natürlich zu begreifende und handelnd herbeiführbare Entwicklung des Reiches Gottes. Es stellt vielmehr zwei Zustände gegenüber, den unscheinbaren Anfang und die Verheißung der vollendeten kommenden Gottesherrschaft, Mk 4, 30–32 (vgl. die Gleichnisse: Vom Sauerteig Mt 13, 33; Vom Wachsen der Saat: Mk 4, 26–29):

30 Und er sprach: Womit wollen wir das Reich Gottes vergleichen, und durch welches Gleichnis wollen wir es abbilden?
31 Es ist wie ein Senfkorn: wenn das gesät wird aufs Land, so ist's das kleinste unter allen Samenkörnern auf Erden;
32 und wenn es gesät ist, so geht es auf und wird größer als alle Kräuter und treibt große Zweige, so daß die Vögel unter dem Himmel unter seinem Schatten wohnen können.

Das Gleichnis schildert den Kontrast zwischen dem winzigen Saatkorn und der riesigen Senfstaude, die am See Genezareth bis zu zwei, drei Meter Höhe erreichen kann. So verhält es sich mit dem Reich Gottes, dem Anfang der von Jesus verkündeten Heilszeit und der vollendeten Herrschaft Gottes.

Die Botschaft Jesu sprengt die traditionellen jüdischen Vorstellungen vom Reich Gottes. Jesus greift in seinen Erzählungen Geschehnisse aus dem Alltag auf und macht diese transparent für das **Hereinbrechen des kommenden Reiches Gottes in die Gegenwart.**

3.3 Die Nähe Gottes

Alle **weiteren Grundzüge der Verkündigung Jesu** hängen mit der Botschaft von der Gegenwart des kommenden Gottesreiches zusammen. Jesus spricht in der Vollmacht Gottes dem Menschen das Heil zu und fordert sie zur Umkehr auf. Er öffnet dem Menschen eine unmittelbare Vertrauensbeziehung zu Gott und verweist den Menschen in seinem ethischen Handeln auf den Liebeswillen Gottes.

3.3.1 Zuspruch des Heils

Jesus verspricht den Menschen, die an die Grenzen ihrer Möglichkeiten gelangt sind und Gott brauchen, daß Gott in ihrer Nähe ist und ihnen Zukunft erschließt. Den **Verlorenen und** auch **gesellschaftlich Deklassierten sagt Jesus das Heil zu** (vgl. Zachäus: Lk 19, 1 – 10). Jesu Eintreten für die Schwachen zeigt die Nähe des Reiches Gottes, in dem Krankheit und Not überwunden sind.

Rembrandt: Christus lehrend (um 1652)

In den einzelnen Verheißungen der Seligpreisungen ergreift Jesus Partei für die Menschen, die kein Glück im Leben haben: Arme, Hungernde, Leidtragende, Verfolgte. Ihnen ruft Jesus zu, daß Gott für sie da sein und ihnen in ihrem Leben neue Hoffnung schenken will.

Mt 5, 1 – 12:

1 Als er aber das Volk sah, ging er auf einen Berg und setzte sich; und seine Jünger traten zu ihm.

2 Und er tat seinen Mund auf, lehrte sie und sprach:

3 Selig sind, die da geistlich arm sind; denn ihrer ist das Himmelreich.

4 Selig sind, die da Leid tragen; denn sie sollen getröstet werden.

5 Selig sind die Sanftmütigen; denn sie werden das Erdreich besitzen.

6 Selig sind, die da hungert und dürstet nach der Gerechtigkeit; denn sie sollen satt werden.

7 Selig sind die Barmherzigen; denn sie werden Barmherzigkeit erlangen.

8 Selig sind, die reinen Herzens sind; denn sie werden Gott schauen.

9 Selig sind die Friedfertigen [die Frieden stiften]; denn sie werden Gottes Kinder heißen.

10 Selig sind, die um der Gerechtigkeit willen verfolgt werden; denn ihrer ist das Himmelreich.

11 Selig seid ihr, wenn euch die Menschen um meinetwillen schmähen und verfolgen und reden allerlei Übles gegen euch, wenn sie damit lügen.

12 Seid fröhlich und getrost; es wird euch im Himmel reichlich belohnt werden. Denn ebenso haben sie verfolgt die Propheten, die vor euch gewesen sind.

Lk 6, 17. 20 – 23:

17 Und er ging mit ihnen hinab und trat auf ein ebenes Feld. Und um ihn war eine große Schar seiner Jünger und eine große Menge des Volkes aus ganz Judäa und Jerusalem und aus dem Küstenland von Tyrus und Sidon.

20 Und er hob seine Augen auf über seine Jünger und sprach:
Selig seid ihr Armen; denn das Reich Gottes ist euer.

21 Selig seid ihr, die ihr jetzt hungert; denn ihr sollt satt werden.
Selig seid ihr, die ihr jetzt weint; denn ihr werdet lachen.

22 Selig seid ihr, wenn euch die Menschen hassen und euch ausstoßen und schmähen und verwerfen euren Namen als böse um des Menschensohnes willen.

23 Freut euch an jenem Tage und springt vor Freude; den siehe, euer Lohn ist groß im Himmel. Denn das gleiche haben ihre Väter den Propheten getan.

In der Logienquelle, aus der Matthäus und Lukas ihr Material übernehmen, sind die Jünger und das Volk die Zuhörer Jesu. Matthäus verbindet die Worte Jesu mit der Bergsituation. Der Vergleich der Matthäus- mit der Lukas-Fassung zeigt, daß Lukas der ältesten erschließbaren Quelle näher steht. Sie enthält drei gleichförmige Seligpreisungen der Armen, Hungernden und Weinenden. Hinzu kommt der Zuspruch an die Verfolgten. Den Leidenden gilt die Verheißung des Reiches Gottes.

Matthäus verändert redaktionell den überlieferten Sinn und versteht die materielle Armut der Besitzlosen im übertragenen Sinn. Der Zuspruch gilt den „geistlich" Armen, denen, die keine hohe Selbsteinschätzung haben. Außerdem verfolgt Matthäus eine ethische Absicht. Nicht Passivität, sondern aktives Verhalten sind nötig, Werke der Barmherzigkeit und des Friedens.

3.3.2 Befreiung und Heilung

In der Tischgemeinschaft, der **befreienden Vergebung** von Schuld und in der **Heilung** seelisch-körperlich Kranker verwirklicht sich der Heilszuspruch Jesu. Dieser schenkt ihnen eine neue, endgültige Sinngebung ihrer Existenz.

In der Tischgemeinschaft Jesu mit Zöllnern und Sündern wird die Gegenwart zur Heilszeit. Menschen, die das göttliche Gebot übertraten, begegnen der liebevollen Zuwendung Gottes zum Menschen, Mk 2, 15–17 (vgl. Mk 2, 7):

15 Und es begab sich, daß er zu Tisch saß in seinem Hause, da setzten sich viele Zöllner und Sünder zu Tisch mit Jesus und seinen Jüngern; denn es waren viele, die ihm nachfolgten.
16 Und als die Schriftgelehrten unter den Pharisäern sahen, daß er mit den Sündern und Zöllnern aß, sprachen sie zu seinen Jüngern: Ißt er mit den Zöllnern und Sündern?
17 Als das Jesus hörte, sprach er zu ihnen: Die Starken bedürfen keines Arztes, sondern die Kranken. Ich bin gekommen, die Sünder zu rufen und nicht die Gerechten.

Psychosomatische Heilungen versteht Jesus als Zeichen für den Anbruch des Reiches Gottes, Mk 2, 1–12 (vgl. Lk 11, 20):

1 Und nach einigen Tagen ging er wieder nach Kapernaum; und es wurde bekannt, daß er im Hause war.
2 Und es versammelten sich viele, so daß sie nicht Raum hatten, auch nicht draußen vor der Tür; und er sagte ihnen das Wort.
3 Und es kamen einige zu ihm, die brachten einen Gelähmten, von vieren getragen.
4 Und da sie ihn nicht zu ihm bringen konnten wegen der Menge, deckten sie das Dach auf, wo er war, machten ein Loch und ließen das Bett herunter, auf dem der Gelähmte lag.
5 Als nun Jesus ihren Glauben sah, sprach er zu dem Gelähmten: Mein Sohn, deine Sünden sind dir vergeben.
6 Es saßen da aber einige Schriftgelehrte und dachten in ihren Herzen:
7 Wie redet der so? Er lästert Gott! Wer kann Sünden vergeben als Gott allein?

8 Und Jesus erkannte sogleich in seinem Geist, daß sie so bei sich selbst dachten, und sprach zu ihnen: Was denkt ihr solches in euren Herzen?
9 Was ist leichter, zu dem Gelähmten zu sagen: Dir sind deine Sünden vergeben, oder zu sagen: Steh auf, nimm dein Bett und geh umher?
10 Damit ihr aber wißt, daß der Menschensohn Vollmacht hat, Sünden zu vergeben auf Erden – sprach er zu dem Gelähmten:
11 Ich sage dir, steh auf, nimm dein Bett und geh heim!
12 Und er stand auf, nahm sein Bett und ging alsbald hinaus vor aller Augen, so daß sie sich alle entsetzten und Gott priesen und sprachen: Wir haben so etwas noch nie gesehen.

Zwei ursprünglich selbständige Erzählungen über die Sündenvergebung bzw. die Heilung könnten bei Markus miteinander verschmolzen sein. Jesus spricht dem Gelähmten in der Vollmacht Gottes die Vergebung der Sünden zu. Die körperliche Heilung wird transparent für eine tiefergehende Errettung.

3.3.3 Umkehr und Nachfolge

Jesus lädt alle dazu ein, sich in die Gottesherrschaft einbeziehen zu lassen, weil die Gemeinschaft mit Gott so wertvoll ist (Vom Schatz im Acker und der kostbaren Perle: Mt 13, 44 – 46). Er ruft deshalb auf zur Umkehr, d. h. zu einer **Neuorientierung des Lebens** Gott gegenüber, und zur Nachfolge, was auch ein neues Verhältnis zu den Menschen und ein der Gottesherrschaft entsprechendes Handeln einschließt.

Jesus beruft zwölf Jünger, die ihn ständig begleiten. Sie kommen aus verschiedenen Berufen. Es sind Fischer, Zöllner, vermutlich auch Bauern und Handwerker, Mk 1, 16–20 (vgl. Mk 2, 14):

16 Als er aber am Galiläischen Meer entlangging, sah er Simon und Andreas, Simons Bruder, wie sie ihre Netze ins Meer warfen; denn sie waren Fischer.
17 Und Jesus sprach zu ihnen: Folgt mir nach; ich will euch zu Menschenfischern machen!
18 Sogleich verließen sie ihre Netze und folgten ihm nach.
19 Und als er ein wenig weiterging, sah er Jakobus, den Sohn des Zebedäus, und Johannes, seinen Bruder, wie sie im Boot die Netze flickten.
20 Und alsbald rief er sie, und sie ließen ihren Vater Zebedäus im Boot mit den Tagelöhnern und folgten ihm nach.

Die Zwölfzahl der Jünger entspricht den zwölf Stämmen Israels und symbolisiert die vollendete Gemeinschaft Gottes. Zu ihr werden auch Nicht-Juden gehören. Zur Zeit Jesu gibt es nur noch den Stamm Juda, Benjamin und einen Teil von Levi.

Die Jünger versagen in entscheidenden Situationen (Mt 26, 40. 43). Judas verrät Jesus (Mk 14, 43–45) und Petrus verleugnet ihn nach der Gefangennahme (Mk 14, 66–72).

Unter den Anhängern Jesu finden sich auch zahlreiche Frauen (Lk 10, 38–42).

3.3.4 Ernst der Situation

Jesus warnt davor, die Entscheidung für das Reich Gottes aufzuschieben, die Einladung auszuschlagen oder religiöse Vorleistungen gegenseitig aufzurechnen (vgl. Mt 20, 1–16).

Das Gleichnis vom großen Abendmahl mahnt, die Lebenssituation nicht zu verharmlosen. Für den Menschen, der sich nicht auf Gott verläßt, gibt es ein Zuspät, Lk 14, 15–24:

15 Als aber einer das hörte, der mit zu Tisch saß, sprach er zu Jesus: Selig ist, der das Brot ißt im Reich Gottes!

16 Er aber sprach zu ihm: Es war ein Mensch, der machte ein großes Abendmahl und lud viele dazu ein.

17 Und er sandte seinen Knecht aus zur Stunde des Abendmahls, den Geladenen zu sagen: Kommt, denn es ist alles bereit!

18 Und sie fingen an alle nacheinander, sich zu entschuldigen. Der erste sprach zu ihm: Ich habe einen Acker gekauft und muß hinausgehen und ihn besehen; ich bitte dich, entschuldige mich.

19 Und der zweite sprach: Ich habe fünf Gespanne Ochsen gekauft und ich gehe jetzt hin, sie zu besehen; ich bitte dich, entschuldige mich.

20 Und der dritte sprach: Ich habe eine Frau genommen; darum kann ich nicht kommen.

21 Und der Knecht kam zurück und sagte das seinem Herrn. Da wurde der Hausherr zornig und sprach zu seinem Knecht: Geh schnell hinaus auf die Straßen und Gassen der Stadt und führe die Armen, Verkrüppelten, Blinden und Lahmen herein.

22 Und der Knecht sprach: Herr, es ist geschehen, was du befohlen hast; es ist aber noch Raum da.

23 Und der Herr sprach zu dem Knecht: Geh hinaus auf die Landstraßen und an die Zäune und nötige sie hereinzukommen, daß mein Haus voll werde.

24 Denn ich sage euch, daß keiner der Männer, die eingeladen waren, mein Abendmahl schmecken wird.

Alle geladenen Gäste sagen dem Gastgeber unter teilweise fadenscheinigen Gründen ab. Wer Gottes Einladung zum Reich Gottes ausschlägt, wird erleben, daß die Verachteten und Gottesfernen an ihre Stelle treten und die Tür zum Gastraum verschlossen wird.

Der Gerichtsgedanke stellt die Annahme des Menschen, bereits im Besitz des Heils zu sein, in Frage und will den Menschen für Gott und den Mitmenschen öffnen.

Im Wirken Jesu erfahren Frauen, Männer und Kinder, daß ihnen **Gott nahe** ist und **Hoffnungsperspektiven** eröffnet. Jesus ruft zur **Umkehr und Nachfolge** auf. Er **warnt** davor, den Ernst der Stunde zu verkennen.

3.4 Gottesbeziehung Jesu

Jesus trägt keine Lehre über Gott vor, sondern stellt die Menschen in eine persönliche Begegnung mit Gott. Weil Jesus aus einem unmittelbaren Glauben an Gott heraus lebt, **redet er Gott vertrauensvoll mit Vater an** und ermächtigt auch die Menschen dazu. Mit der Übertragung des Vaternamens auf Gott weist Jesus indirekt auf seine Vollmacht hin.

Jesus verwendet zwar auch traditionelle jüdische Gottesnamen. Die alten Traditionsschichten überliefern jedoch gemeinsam, daß er in seinen Gebeten bevorzugt die aramäische Bezeichnung Abba *gebraucht. Dies ist für jüdisches Denken ungewöhnlich, da der Begriff* Abba *zur Zeit Jesu familiäre Züge (Papa) trägt, Mt 6, 9–13 (z. B. Mk 14, 36; Lk 23, 34):*

9 Darum sollt ihr so beten:
Unser Vater im Himmel!
Dein Name werde geheiligt.
10 Dein Reich komme.
Dein Wille geschehe wie im Himmel so auf Erden.
11 Unser tägliches Brot gib uns heute.
12 Und vergib uns unsere Schuld,
wie auch wir vergeben unsern Schuldigern.
13 Und führe uns nicht in Versuchung,
sondern erlöse uns von dem Bösen.
[Denn dein ist das Reich und die Kraft und die Herrlichkeit in Ewigkeit. Amen.][2]

[2] V. 13 b findet sich schon in einer Gemeindeordnung vom Anfang des 2. Jahrhunderts, wird aber in den neutestamentlichen Handschriften erst später bezeugt.

Die Anrede Gottes als „Vater“ ist ein Bild für die enge Gottesbeziehung Jesu, die dem freundschaftlichen Verhalten eines Sohnes zu seinem Vater gleicht. Die Vateranrede drückt zugleich das Vertrauensverhältnis des Menschen zu Gott aus.

Die ersten drei Bitten beziehen sich auf das Offenbarwerden der Herrschaft Gottes, die folgenden auf die Befreiung aus den gegenwärtigen Bedrängnissen: leibliche Nöte, Schuld, Versuchung und Macht des Bösen.

Jesus verkündet Jahwe als einen dem Menschen nahen und gegenwärtigen Gott, der aber auch als der endzeitliche Herrscher kommen wird. Er geht den Verlorenen nach, erläßt Schulden im Übermaß und schenkt den Menschen das für ihre Existenz Notwendige. Jesus spricht von der Fürsorge, die Gott auch der nichtmenschlichen Kreatur zuwendet (Mt 6, 26–30). Die Schöpfung Gottes weist über sich hinaus auf den **Schöpfer** (Mt 10, 29–31).

Sich selbst macht Jesus nicht zum Gegenstand des Glaubens; aber durch seine eigene Glaubensgewißheit lebt und vermittelt er den **Glauben an Gott.** Jesu Umgang mit der Tora, mit religiösen Vorurteilen, mit materiellen Zwängen und gesellschaftlichen Machtzentren zeigt die Freiheit des gelebten Glaubens. Glauben bedeutet nicht, religiöse Lehren fürwahrhalten zu müssen, sondern bezieht sich auf das rechte Verhalten zu Gott. Aus dem Vertrauen zu Gott, das Umkehr und Buße ermöglicht, erwächst Abkehr von der Sünde und helfende Zuwendung zum Nächsten.

3.5 Der Wille Gottes

Die Verkündigung vom Hereinbrechen der Gottesherrschaft ist verbunden mit einer neuen Freiheit gegenüber den kultischen und ethischen Forderungen der jüdischen Tradition. Jesus überbietet das traditionelle Gebot der Nächstenliebe und macht das **Liebesgebot** zum Auslegungsprinzip der Tora, universalisiert und radikalisiert es, d. h. bezieht es auf jeden Menschen und grenzt auch den Feind nicht aus (Lk 6, 27 f.).

Die Beispielsgeschichte vom barmherzigen Samariter verdeutlicht, wie Jesus die Bindung des alttestamentlichen Liebesgebotes an die Volks- und Religionszugehörigkeit sprengt und das Liebesgebot universalisiert, Lk 10, 25–37:

> 25 Und siehe, da stand ein Schriftlehrter auf, versuchte ihn und sprach: Meister, was muß ich tun, daß ich das ewige Leben ererbe?

26 Er aber sprach zu ihm: Was steht im Gesetz geschrieben? Was liest du?
27 Er antwortete und sprach: „Du sollst den Herrn, deinen Gott, lieben von ganzem Herzen, von ganzer Seele, von allen Kräften und von ganzem Gemüt, und deinen Nächsten wie dich selbst" (5. Mose 6, 5; 3. Mose 19, 18).
28 Er aber sprach zu ihm: Du hast recht geantwortet; tu das, so wirst du leben.
29 Er aber wollte sich selbst rechtfertigen und sprach zu Jesus: Wer ist denn mein Nächster?
30 Da antwortete Jesus und sprach: Es war ein Mensch, der ging von Jerusalem hinab nach Jericho und fiel unter die Räuber; die zogen ihn aus und schlugen ihn und machten sich davon und ließen ihn halbtot liegen.
31 Es traf sich aber, daß ein Priester dieselbe Straße hinabzog; und als er ihn sah, ging er vorüber.
32 Desgleichen auch ein Levit; als er zu der Stelle kam und ihn sah, ging er vorüber.
33 Ein Samariter aber, der auf der Reise war, kam dahin; und als er ihn sah, jammerte er ihn;
34 und er ging zu ihm, goß Öl und Wein auf seine Wunden und verband sie ihm, hob ihn auf sein Tier und brachte ihn in eine Herberge und pflegte ihn.
35 Am nächsten Tag zog er zwei Silbergroschen heraus, gab sie dem Wirt und sprach: Pflege ihn; und wenn du mehr ausgibst, will ich dir's bezahlen, wenn ich wiederkomme.
36 Wer von diesen dreien, meinst du, ist der Nächste gewesen dem, der unter die Räuber gefallen war?
37 Er sprach: Der die Barmherzigkeit an ihm tat. Da sprach Jesus zu ihm: So geh hin und tu desgleichen!

Aus der Situation des Schriftgelehrten heraus verweist Jesus auf das Doppelgebot der Liebe. Wer ihm entsprechend handelt, geht den Weg zum Leben (V. 25–28). Theologische Kenntnisse helfen nicht, wenn nicht die Liebe zu Gott und zum Menschen die Lebensführung bestimmt.

Der Sinn der Gegenfrage (V. 29) ist nicht die allgemeine Definition des „Nächsten", da Einigkeit darüber besteht, daß sich das Liebesgebot auf den Volksgenossen bezieht. Die Frage zielt vielmehr auf die Reichweite des Gebotes ab, auf die strittige Bestimmung der Ausnahmen, d. h. wo innerhalb der Volksgemeinschaft die Grenze des Liebesgebotes zu ziehen ist und die Verpflichtung zur Hilfe endet (z. B. beim persönlichen Gegner).

Die Beispielgeschichte (V. 30–35) zeigt den Gegensatz der lieblosen Juden und des liebevollen Samariters. Priester und Levit gehen vorüber, während unerwarteterweise der verachtete, ketzerische Mischling hilft. Er nimmt die Liebebedürftigkeit des vom Tod Bedrohten wahr und orientiert das barmherzige Tun an der Not des Nächsten.

Während der Schriftgelehrte nach dem Objekt der Liebe fragt (V. 29: „Wer ist denn mein Nächster?“, d. h.: „Wo ist die Grenze meiner Liebespflicht?“), denkt Jesus vom Subjekt der Liebe her (V. 36: „Wer ... ist der Nächste gewesen?“ – „Wem werde ich Nächster?“) Nicht nur der Volksgenosse, jeder der Hilfe bedarf, soll der Nächste sein. Jesus verschafft dem Liebesgebot universale Geltung.

Jesus knüpft zwar an den Verdienstgedanken des antiken Judentums an und spricht vor allem in Auseinandersetzungen mit Gegnern auch vom Lohn und Verdienst des Tuns (z. B. Lk 14, 12–14). In der Gottesherrschaft aber gilt ein neues Motiv des Handelns, der Indikativ der Dankbarkeit, der Freude über die Güte Gottes.

Jesus führt die kultischen und ethischen Forderungen der jüdischen Tradition auf den **ursprünglichen Willen Gottes** zurück.

3.6 Vollmachtsanspruch und Selbstverständnis Jesu

Wenn Jesus von der Nähe des Reiches Gottes spricht und den Willen Gottes vollmächtig auslegt, erhebt er den Anspruch, daß Menschen in seinem Verkündigen und Verhalten die unmittelbare Nähe Gottes erfahren. Besonders deutlich zeigt sich das **Selbstverständnis Jesu** in seinem sprachlich hervorgehobenen Gebrauch des **„Ich“**, das er beispielsweise häufig im Zusammenhang mit seiner Interpretation der Tora verwendet.

Das hervorgehobene „Ich“ kennzeichnet die Worte Jesu und drückt indirekt seinen Vollmachtsanspruch und sein Sendungsbewußtsein aus, Lk 6, 27 (vgl. Mt 5, 43 f.; Mk 10, 15):

> Aber ich sage euch, die ihr zuhört: Liebt eure Feinde; tut wohl denen, die euch hassen.

Jesu Selbstverständnis läßt sich kaum aus den **christologischen Titeln** (z. B. Messias, Sohn Gottes: explizite Christologie) erschließen. In der Forschung bleibt unklar, ob und inwieweit Jesus selbst tradierte jüdische Würdetitel auf sich anwendet, um seine Autorität auszulegen. Die heilsgeschichtliche Bedeutung

Jesu drückt später die urchristliche Gemeinde in zahlreichen Hoheitsbegriffen aus, die der historische Jesus für sich selbst nicht in Anspruch nimmt. Sicher redet er vom Kommen des Menschensohnes, allerdings in der dritten Person (Mk 13, 26). Jesus könnte in Jersualem seinen bevorstehenden Tod erwartet und im Sinne des leidenden Gottesknechtes (Jes 53) verstanden haben.

Die Worte vom „kommenden Menschensohn" gehören der ältesten Traditionsschicht an, Mk 8, 38 (vgl. Mt 24, 27):

> Wer sich aber meiner und meiner Worte schämt unter diesem abtrünnigen und sündigen Geschlecht, dessen wird sich auch der Menschensohn schämen, wenn er kommen wird in der Herrlichkeit seines Vaters mit den heiligen Engeln.

Die Frage, ob Jesus im Menschensohn eine von ihm unterschiedene künftige Heilsgestalt erwartet, oder sich mit ihm identifiziert, weil er zum Menschensohn erhöht wird, läßt sich nicht mehr sicher entscheiden.

Aus der Sicht mancher neutestamentlicher Forscher belegen die Abendmahlsworte Jesu, daß er seinen bevorstehenden Tod als stellvertretendes Sterben in der Tradition des Gottesknechtes deutet, Lk 22, 19f. (vgl. Lk 22, 15–20; 1. Kor 11, 23–25):

> 19 Und er nahm das Brot, dankte und brach's und gab's ihnen und sprach: Das ist mein Leib, der für euch gegeben wird; das tut zu meinem Gedächtnis.
> 20 Desgleichen auch den Kelch nach dem Mahl und sprach: Dieser Kelch ist der neue Bund in meinem Blut, das für euch vergossen wird!

Die Deutehandlungen von Brot und Wein rahmen das Mahl ein, das Jesus mit seinen Jüngern hält. Es steht im engen Zusammenhang mit den Tischgemeinschaften Jesu, die sich auf das Heil beziehen, das Jesus allen Menschen verheißt.

implizite Christologie:	Jesus gründet seinen Autoritätsanspruch in seiner Lebensform, nicht dadurch, daß er Hoheitstitel für sich in Anspruch nimmt.
explizite Christologie:	Die urchristliche Verkündigung entfaltet den Vollmachtsanspruch des historischen Jesus und beschreibt seine heilsgeschichtliche Bedeutung in zahlreichen Heilsprädikationen (z. B. Christus, Herr, Gottessohn).

Hinter der Verkündigung und dem Handeln Jesu steht sein **Autoritätsanspruch,** die Nähe Gottes zu vermitteln.

3.7 Leiden und Tod Jesu

Die Kreuzigungsstrafe wird im römischen Palästina als Hinrichtungsart für Zeloten, für politische Aufrührer, angewandt. Aus der Kreuzigung Jesu kann jedoch nicht auf ein sozialrevolutionäres Auftreten Jesu geschlossen werden. Die jüdischen Ankläger wandeln die **religiösen Anschuldigungen** vor dem Statthalter Pontius Pilatus in **politische Vorwürfe** um, damit sie die Hinrichtung Jesu durch die Römer (vgl. Lk 23, 2) erreichen. Eine Deutung Jesu als Sozialrevolutionär läßt sich biblisch nicht belegen. Auch die Tempelreinigung (Mk 11, 15–17) kann nicht als Beleg für politisch aufrührerisches Wirken Jesu gelten, da sie sich als prophetische Zeichenhandlung verstehen läßt.

Markus übernimmt eine zusammenhängende ältere Passionsüberlieferung und berichtet über Jesu Kreuzigung und Tod, Mk 15, 25ff. (Vgl. Mk 15, 20b–41):

25 Und es war die dritte Stunde, als sie ihn kreuzigten.
26 Und es stand über ihm geschrieben, welche Schuld man ihm gab, nämlich: Der König der Juden.
27 Und sie kreuzigten mit ihm zwei Räuber, einen zu seiner Rechten und einen zu seiner Linken.
29 Und die vorübergingen, lästerten ihn und schüttelten ihre Köpfe und sprachen: Ha, der du den Tempel abbrichst und baust ihn auf in drei Tagen,
30 hilf dir nun selber und steig herab vom Kreuz!
31 Desgleichen verspotteten ihn auch die Hohenpriester untereinander samt den Schriftgelehrten und sprachen: Er hat andern geholfen und kann sich selber nicht helfen.
32 Ist er der Christus, der König von Israel, so steige er nun vom Kreuz, damit wir sehen und glauben. Und die mit ihm gekreuzigt waren, schmähten ihn auch.
34 Und zu der neunten Stunde rief Jesus laut: Eli, Eli, lama asabtani? das heißt übersetzt: Mein Gott, mein Gott, warum hast du mich verlassen?
35 Und einige, die dabeistanden, als sie das hörten, sprachen sie: Siehe, er ruft den Elia.

36 Da lief einer und füllte einen Schwamm mit Essig, steckte ihn auf ein Rohr, gab ihm zu trinken und sprach: Halt, laßt sehen, ob Elia komme und ihn herabnehme!
37 Aber Jesus schrie laut und verschied.
40 Und es waren auch Frauen da, die von ferne zuschauten, unter ihnen Maria von Magdala und Maria, die Mutter Jakobus' des Kleinen und des Joses, und Salome,
41 die ihm nachgefolgt waren, als er in Galiläa war, und ihm gedient hatten, und viele andere Frauen, die mit ihm hinauf nach Jerusalem gegangen waren.

Jesus betet (V. 34) den 22. Psalm, der vom Leiden des Gerechten handelt und Gott preist, weil er sein Reich errichtet: „Die Elenden sollen essen, daß sie satt werden; und die nach dem HERRN fragen, werden ihn preisen" (V. 27).

Auf Drängen einiger jüdischer Gruppen, die das Auftreten Jesu als **gotteslästerlich** verstehen, läßt der römische Prokurator Pontius Pilatus aus **Staatsräson** Jesus hinrichten.

Eduard Schweizer (geb. 1913), Professor für Neues Testament, setzt sich mit der Bedeutung Jesu und ihrer Vergegenwärtigung auseinander:

Zusammenfassend läßt sich also sagen, daß Jesus höchstwahrscheinlich sich selbst nie als Christus, Gottessohn oder Gottesknecht bezeichnet hat. Aber er lehrte in Gleichnissen, die unglaubliche Märchen geblieben wären, wenn sie nicht in der Vollmacht Gottes selbst gesprochen worden und im gesamten Wirken Jesu wahr geworden wären. Er heilte Menschen und behauptete, daß darin schon Gottes Reich nach denen greife, die Zeugen seines Handelns waren. Endgültige Sündenvergebung wurde denen zuteil, die seine Tischgemeinschaften teilten, und die Schriftgelehrten hatten vollkommen recht, wenn sie fragten: „Wer kann Sünden vergeben außer der *eine* Gott?" (Mk 2, 7). Jesus rief Menschen in seine Nachfolge, weil nichts auf Erden wichtiger war als eben dies. Er erklärte, daß in seiner in Wort und Tat erfolgenden Botschaft Gottes Reich Gegenwart wurde, so wie es das in allen Königen und Propheten, ja in Johannes dem Täufer noch nicht geworden war. Er sprach zu Gott als seinem „Abba", wie es noch kein sterbliches Wesen vor ihm gewagt hatte, soviel wir sehen können. [Er erklärte: „Siehe, hier ist mehr als Salomo ... Und siehe, hier ist mehr als Jona" (Lk 11, 31 f.) und „Hier ist Gößeres als der Tempel" (Mt 12, 6). Gerade weil nur von „mehr" oder „etwas Größerem" gesprochen wird, nicht von Jesus als dem „Größeren", dürften beide Sätze auf Jesus selbst zurückgehen.][3]

[3] Anmerkung des Verfassers.

Wer war er denn, wenn nicht ein König oder Prophet oder Gottesbote? *Entweder* das Opfer religiösen Wahninns *oder* der, in dem Gott einzigartig und endgültig zur Welt kam. So wird die historische Frage, wer Jesus *war*, zur direkten und entscheidenden Frage an uns, wer Jesus *ist*. Wir mögen Schwierigkeiten haben mit allen möglichen traditionellen Formulierungen; wir können vielleicht die alten Glaubensformeln nur in einer neuen Sprache wiederaufnehmen, wenn wir zu Zeitgenossen und vor allem zu uns selbst als heute lebenden Menschen von Jesus reden. Wir können vielleicht zur Zeit überhaupt keine Sprache finden, um das, was er für uns ist, wirklich auszudrücken. Aber wenn wir unser Leben, sein Ziel und seinen Sinn, nicht verlieren wollen, sollten wir diesen *lebenden* Jesus Christus in dieses Leben einlassen, ihn reden, in uns handeln, uns führen lassen, bis wir (nach einem Vers in 1. Joh 3, 2, der für mich in den letzten zehn Jahren immer wichtiger wurde) „ihn sehen werden, wie er ist."

Schweizer, Eduard: Jesus, das Gleichnis Gottes. Was wissen wir wirklich vom Leben Jesu? Göttingen 1995, S. 57.

ZUM WEITERLESEN

Gerd Theißen: Wer war schuld?

Der jüdische Händler Andreas wurde im Zusammenhang mit einer antirömischen Demonstration in Jerusalem festgenommen, verhört und vom römischen Statthalter Pontius Pilatus erpreßt. Monatelang mußte Andreas dem römischen Verbindungsoffizier Metilius Berichte über die politischen und religiösen Strömungen im Lande liefern. Als Andreas in Jerusalem einen Gottesdienst besuchte, traf er dort unerwartet Metilus.

Mir war unheimlich, daß der Leiter der römischen Spionage in einer jüdischen Synagoge am Gottesdienst teilnahm.

Nach dem Gottesdienst begrüßte er mich freundlich. Er lud mich in sein Haus ein – privat, wie er sagte. Er habe vor kurzem erfahren, daß er zur Legio VI Ferrata, der „eisernen Legion", nach Antiochien versetzt worden sei und freue sich, von mir Abschied nehmen zu können.

Ich war noch immer mißtrauisch: All das konnte ein Trick sein, um Vertrauen zu wecken. Natürlich würde jeder geneigt sein, einem Offizier, der bald nicht mehr im Land war, mehr zu erzählen als anderen. Ich nahm mir vor, vorsichtig zu sein, folgte aber gern seiner Einladung, nicht zuletzt in der Hoffnung, Genaueres über die Gründe für die Verurteilung Jesu zu hören.

Das Haus des Metilius lag nicht weit vom Hafen Cäsareas entfernt, den Herodes hatte ausbauen lassen. Wir hatten einen wunderbaren Blick auf Stadt und Meer [...].

Metilius ließ durch seinen Sklaven Früchte bringen. Wir aßen und unterhielten uns. Ich fragte:

„Du besuchst unsere Synagogengottesdienste?"

„Warum nicht? Ich versteh inzwischen etwas Hebräisch und Aramäisch."

„Machst du es, um unsere Religion kennenzulernen – gewissermaßen studienhalber?"

Ich nahm eine Dattel. Sie schmeckte angenehm süß. Metilius nickte.

„So hat es begonnen. Ich mußte mich beruflich mit eurem Glauben beschäftigen. Ich habe die heiligen Schriften gelesen. Manches hat mich stark angesprochen. Vor allem der Glaube an den einen Gott. Er ist uns nicht unbekannt. Einer unserer Philosophen wies mich auf einen Griechen Xenophanes hin, der etwa zur Zeit der etruskischen Königsherrschaft über

Rom gelebt hat; schon der soll gesagt haben: ‚Es ist nur ein Gott, unter Göttern und Menschen der Größte, weder an Gestalt den Sterblichen gleich noch an Gedanken.‘[1] Eure Schriften sind da noch radikaler. So las ich in der letzten Hälfte des Jesajabuches ein Orakel eures Gottes, das sagt: Ich bin der Herr, und keiner sonst, außer mir ist kein Gott.[2] Xenophanes sprach immerhin von Göttern.“

„Willst du Jude werden?“ fragte ich ihn provozierend.

„Das nicht gerade“, antwortete er. „Ich könnte ja kaum noch meinen Soldatenberuf ausüben. Wie soll ich den Sabbat halten, wenn die Truppe am Sabbat Dienst hat? Wie soll ich mich den Opfern entziehen?[3] Ich werde hin und wieder eure Synagogen besuchen und werde nur das von euch übernehmen, was mir einleuchtet: den Glauben an den einen Gott. Aber auch da habe ich Schwierigkeiten!“ Er zögerte und fuhr dann fort: „Darf ich dich etwas fragen? Vielleicht habe ich bald niemanden, mit dem ich mich über eure Religion unterhalten kann!“

„Natürlich“, sagte ich und fügte lächelnd hinzu: „Aber ich bin nicht der beste Gesprächspartner. Ohne theologische Ausbildung [...]!“

„Macht nichts!“ beruhigte Metilius. „Vielleicht verstehst du um so besser mein Problem. Aus der stoischen Philosophie habe ich gelernt, daß alle Dinge von göttlicher Vernunft durchdrungen sind. Sie ist überall zu spüren: in der Ordnung der Natur, in der Wiederkehr von Tag und Nacht, im Kreisen der Gestirne. Wir Stoiker nennen diese Vernunft Gott. Das ist ein Gott, den man erfahren kann. Aber ihr sprecht davon, daß Gott die Welt einmal aus dem Nichts geschaffen hat! Wie soll man das glauben können? Niemand konnte bei der Schöpfung anwesend sein! Niemand kann ihr Zeuge sein! Niemand kann für sie so zeugen wie für die allgegenwärtige Vernunft.“

„Jeden Augenblick bist du Zeuge für die Schöpfung: So allgegenwärtig erfahrbar wie die Vernunft in den Dingen ist auch ihre Schöpfung aus Nichts!“

„Das verstehe ich nicht.“

1 Xenophanes, Fragment Nr. 23. Xenophanes lebte ca. 570 – 475/70 v. Chr. Er gehört zu den sog. „Vorsokratikern“.

2 Jes 45, 5. Die Kapitel 40 – 55 des Jesajabuches stammen nicht von Jesaja, sondern einem unbekannten Propheten aus dem babylonischen Exil (Deuterojesaja = der zweite Jesaja). Erst dieser Prophet formuliert unmißverständlich den Glauben, daß es nur einen einzigen Gott gibt.

3 Die Juden waren vom Kriegsdienst aus diesen Gründen befreit.

„Es ist deshalb so schwer zu beschreiben, weil es so naheliegt – so nahe, daß man es nicht mehr wahrnehmen kann. Denn es umfaßt einen selbst. Das eigene Sehen, Wahrnehmen, Denken, die eigene Existenz."

„Ich verstehe noch immer nichts!"

„Jeden Augenblick geschieht ein Übergang vom Sein ins Nichts. Jeder Augenblick verstreicht, noch ehe wir ihn ganz registriert haben. Jetzt ist er. Aber sobald ich es festgestellt habe, ist er nicht mehr."

„Aber er war einmal."

„Was war, ist nicht mehr. Es ist endgültig vorbei. Alles versinkt ins Nichts. Unsere Vorfahren, die einmal waren, sind nicht mehr! Wir werden vergehen. Selbst die Berge werden einmal nicht mehr sein."

„Aber Schöpfung wäre der umgekehrte Vorgang: Ein Übergang vom Nicht-Sein ins Sein!"

„Auch dafür bist du jeden Augenblick Zeuge: Der zukünftige Augenblick ist noch nicht. Wir selbst sind noch nicht das, was wir sein werden! Jeden Augenblick geschieht ein Übergang vom Nichtsein zum Sein. Das meinen wir, wenn wir sagen: Gott schafft jeden Augenblick aus dem Nichts! Und er erhält es, bis es wieder ins Nichts zurücksinkt!"

„Das klingt, als könnten die Dinge jederzeit anders werden. Aber sie bleiben doch dieselben! Und gerade darin zeigt sich nach stoischer Philosophie die göttliche Vernunft: in allem Regelmäßigen, Geordneten, Gesetzmäßigen, Bleibenden!"

„Nach unserem Glauben hat Gott auch die Ordnung der Welt geschaffen. Und er schafft sie jeden Augenblick neu. Er läßt sie nicht in Chaos versinken."

„Aber er könnte jeden Augenblick etwas ändern?"

„Er könnte! Wir glauben nicht, daß die Ordnung der Welt schon endgültig ist. Es ist Gottes Vernunft, die sich in ihr zeigt. Aber sie muß sich in der ganzen Welt stets neu realisieren. Sie weist über den gegenwärtigen Zustand hinaus!"

Metilius seufzte tief. Er beugte sich zu dem Tisch vor, neben dem wir lagen, und angelte sich eine Hand voll roter Trauben. Nach einer Weile sagte er: „Bei diesen Fragen überkommt mich oft ein schrecklicher Schwindel. Ich kann die Leute gut verstehen, die sagen: Das ist abstrakte Grübelei – ohne Bedeutung für das Leben."

Ich widersprach: „Es bedeutet viel für unser Leben. Ein Stoiker wird sagen: Ich habe in dieser Welt den Auftrag, in Übereinstimmung mit der Natur zu leben. Das heißt: In Übereinstimmung mit der ewigen göttlichen Ordnung, die sich in ihr zeigt. Er akzeptiert die Welt, wie sie ist. Wir aber glauben nicht an eine ewige Ordnung. Jeden Augenblick wird sie neu geschaffen. Jeden Augenblick dem Chaos und Nichts entrissen. Wir glauben an den Auftrag, in Übereinstimmung mit dem wahren Gott zu leben, dessen Schöpfung auf eine neue Ordnung hinzielt."

„Deswegen seid ihr so rebellisch: Der Gott, der aus Nichts alles schafft – der kann auch aus Verlierern Gewinner machen, aus Vertriebenen Eroberer!"

„Ja, so ist es. In einem Lied singen wir:

> Er hat Mächtige von den Thronen gestoßen
> und Niedrige erhöht.
> Hungrige hat er mit Gütern erfüllt
> und Reiche leer hinweggeschickt."[1]

„Verstehst du, daß ein römischer Offizier mit diesem Gott seine Schwierigkeiten hat? Und trotzdem zieht mich etwas an. Ich weiß nicht was. Ich möchte ihm nachgehen, auch in einem anderen Land."

Schließlich kamen Metilius und Andreas auf die Hinrichtung Jesu von Nazareth zu sprechen.

Metilius sagte:

„Ich habe inzwischen mehr über jenen merkwürdigen Vorfall im Tempel erfahren. Jesus hat ein Orakel über den Tempel geäußert: ‚Dies mit Händen gemachte Haus wird zerstört werden und ein anderes, nicht mit Händen gebautes errichtet werden.'[2] Die Vertreibung einiger Geldwechsler und Opfertierverkäufer aus dem Tempel sollte eine Illustration dieser Weissagung sein. Aber mit solchen Orakeln und Provokationen hat er sich keine Freunde in Jerusalem geschaffen. Von der Heiligkeit des Tempels lebt fast die ganze Stadt. Alle Priester und Hohenpriester, die von den Abgaben an den Tempel profitieren. Alle Tempelhandwerker, die an ihm bauen. Alle Gastwirte, die die vielen Besucher beherbergen. Alle Händler mit Opfertieren bis hin zu den Gerbern, welche die Häute der geopferten Tiere weiterverarbeiten. Wer die Heiligkeit des Tempels angreift, tastet die wirtschaftliche Grundlage dieser Handwerker und ihrer Familien in Jerusalem an. Pilatus hat es bitter erfahren müssen, als er Kaiserbilder in Jerusalem einführen und Geld aus der Tempelkasse zu profanen Zwecken verwenden wollte."

1 Aus dem sog. „Magnificat" der Maria (Lk 1, 52 f.).
2 Mk 14, 58

Mir fiel ein, daß auch Jesu Lehre von rein und unrein viele verunsichern konnte: Wenn es keine reinen Speisen mehr gab, keine reinen Geräte, keine reine Ware, keine reinen Menschen – dann konnte alles genausogut von Heiden wie von Juden gekauft werden. Ich dachte an unser einträgliches Geschäft mit reinem Olivenöl in den Diasporagemeinden der syrischen Städte. Aber ich lenkte das Gespräch auf einen anderen Punkt [...]

Ich fragte Metilius: „Hältst du diesen Jesus für schuldig? Hat er zu Recht den Tod erlitten?"

Metilius zögerte: „Ich glaube, er war unschuldig! Er hätte vielleicht Schwierigkeiten bereitet. Aber das ist kein Verbrechen!"

„Und wer ist dann deiner Meinung nach schuld am Tod Jesu?"

Wieder dachte Metilius lange nach: „Es ist falsch, nach Schuldigen zu suchen. Vielleicht ist es überhaupt falsch, nach einer Schuld zu fragen. Sein Tod hat viele Ursachen. Eine Ursache sind die Spannungen zwischen Syrern und Juden. Ohne den Antisemitismus in den römischen Kohorten bis hin zum Präfekten wäre alles anders verlaufen. Ursache sind die Spannungen zwischen Juden und Römern. Ohne die Angst der Römer vor messianischen Unruhen wäre Jesus nicht inhaftiert worden. Ursache sind ferner Spannungen zwischen Stadt- und Landbevölkerung: Vielleicht hätte das Jerusalemer Volk den andern freigebeten, wenn es nicht gegenüber allen Propheten vom Lande mißtrauisch wäre, die ihren heiligen Tempel angreifen. Ursache sind aber auch die Spannungen zwischen Aristokratie und einfachem Volk: Die Aristokratie will ihre Macht aufrechterhalten. Deswegen liefert sie verdächtige Unruhestifter an die Römer aus. Und sie will die Juden beherrschen. Deshalb wacht sie argwöhnisch über dem Gesetz, das ihre Einkünfte und Macht begründet. Alles kommt hier zusammen: Dieser Jesus ist zwischen die Räder geraten. Er wurde von den Spannungen zerrieben, unter denen das ganze Volk leidet."

„Aber hat nicht Pilatus die Hauptverantwortung? Ist er nicht schuld?"

„Wenn man nach einem bestimmten Verantwortlichen sucht, dann ist es Pilatus. Er hat das Urteil gefällt. Er ist im juristischen Sinne verantwortlich."

„Warum hat er ihn verurteilt? Warum hat er ihn nicht als einen Wirrkopf laufen lassen?"

„Ich glaube, Pilatus hatte Angst, daß ihn all diese Spannungen und Konflikte erdrücken würden. Er zog es vor, Jesus sterben zu lassen, um selbst zu überleben."

„Meinst du, daß er erfolgreich sein wird? Daß er jetzt unbesorgt weiterregieren kann?“

Metilius zuckte mit den Achseln: „In diesem Land ist noch viel möglich. Wie oft habe ich meine Einschätzung der Situation ändern müssen! Wie viel mußte ich hinzulernen! Ich wage keine Voraussagen mehr. Ich bin noch nicht einmal sicher, daß die Sache mit Jesus jetzt ausgestanden ist.“

„Was soll denn noch kommen, wo er doch tot ist?“

„Er hat Anhänger. Auch nach dem Tod Johannes des Täufers dachte man zuerst: Jetzt ist die Sache erledigt. Aber dann trat Jesus auf.“

„Weißt du irgend etwas über seine Anhänger?“

„Sie haben sich in Jerusalem versammelt. Sie glauben, Jesus sei nicht tot. Sie wollen ihn in Visionen lebendig gesehen haben!“

„Nach dem Tod des Täufers sagten auch einige: Jesus sei der von den Toten erstandene Täufer.“

„Dann würde das traurige Spiel wieder von vorne beginnen! Aber diese Anhänger glauben nicht, daß er ins Leben zurückgekehrt ist, sondern zu Gott. Gott habe ihn von den Toten erweckt!“

„Aber das ist doch absurd!“

„Warum? Es ist nicht absurder als der Glaube an Gott, der die Welt in jedem Augenblick aus dem Nichts erschafft. Ich muß dir gestehen: Als ich dich nach der Schöpfung aus Nichts fragte, hatte ich schon im Hinterkopf diese Frage nach Jesus. Kann es so etwas geben: Die Neuschaffung eines Menschen aus dem Tod? Gibt es eine Schöpfung in der Gegenwart? Aber vielleicht gehen all diese Gedanken viel zu weit. Vielleicht handelt es sich nur um eine Trotzreaktion der Jünger, die den Tod ihres Meisters nicht akzeptieren können! Oder sonst irgend etwas.“

Das Gespräch mit Metilius brachte ein positives Ergebnis für mich: Ich hoffte, mit der Versetzung des Metilius keine Aufträge mehr von den Römern zu bekommen. Irgendwann würde auch Pilatus abberufen werden. Vielleicht schon bald, wenn er sich in all den kleinen und großen Konflikten nicht behauptete. Dann würde ich endgültig frei sein.

Theißen, Gerd: Der Schatten des Galiläers. Historische Jesusforschung in erzählender Form. München und Gütersloh [13]1993, S. 230–240.

Gerd Theißen (geb. 1943), Professor für Neues Testament an der Universität Heidelberg, rekonstruiert – innerhalb einer fiktiven Rahmenhandlung – Motive, die zur Hinrichtung Jesu geführt haben können und deutet den Osterglauben aus der Vorstellung einer **„Schöpfung aus dem Nichts“.** Im Judentum ist der Gedanke einer Schöpfung aus dem Nichts seit dem 2. Jh. v. Chr. belegt (2. Makk 7, 28; vgl. Röm 4, 17).

4 Gotteserfahrungen in der Begegnung mit Jesus Christus

Der grundlegende Wandel des neutestamentlichen Gottesverständnisses gegenüber dem alttestamentlichen bezieht sich auf den Glauben, daß Gott in Jesus Christus seine Selbstoffenbarung vollendet. Der christliche Glaube sieht das dem Menschen zugewandte Handeln Gottes in Jesus Christus zum Ziel gekommen und erfüllt. Die frühchristlichen Gemeinden müssen daher klären, welche **Bedeutung Jesus Christus für den Glauben an Gott** zukommt und ihr Gottesverständnis gegenüber dem Judentum und der griechischen Welt entfalten. Daneben entsteht bald in der Praxis des Glaubens die Frage, in welcher Beziehung der Glaube an Jesus zum Glauben an Gott steht.

Leitfragen:

- *Aus Jesus, dem Verkünder, wird Jesus Christus, der Verkündigte. Bleibt der Apostel Paulus der Botschaft Jesu verpflichtet oder schafft er eine eigengeprägte Frömmigkeit?*
- *Was verbindet, was unterscheidet jüdischen und christlichen Gottesglauben?*
- *Gerhard Ebeling, Professor für Systematische Theologie, urteilt: „Es darf auch in christologischer Hinsicht nichts über Jesus ausgesagt werden, was nicht im historischen Jesus selbst begründet ist und sich nicht darauf beschränkt, auszusagen, wer der historische Jesus ist.“[1]*

  Überlegen Sie, inwieweit es eine Entfaltung des Glaubens über die Botschaft des historischen Jesus hinaus geben kann, darf und muß!

---

[1] Ebeling, Gerhard: Die Frage nach dem historischen Jesus und das Problem der Christologie. In: Ders.: Wort und Glaube. Tübingen ^{2}1962, S. 311.

Zum Einstieg: Was macht einen Menschen zum Christen?

Irene Nickel: Was sage ich meinem Kind zur Leidensgeschichte Jesu?

Die Autorin glaubt nicht, daß Kinder einen Gott lieben können, der seinen eigenen Sohn geopfert hat. Sie hat zwei Söhne im Alter von zwei und fünf Jahren. Bis zu ihrem 18. Lebensjahr war sie gläubige Christin.

Eines Tages werden mich meine Kinder nach Christus fragen. Dann möchte ich ihnen ausführlich und zutreffend antworten können.

Das Christentum ist eine der Wurzeln unserer Kultur. Um uns herum gibt es genug Christen, die zu verstehen der Mühe wert ist. Und die Fairness gebietet, den Kindern ehrliche Auskunft zu geben.

Mit Weihnachten habe ich keine Probleme. Daß Gottes Kind zu den Menschen kommt, weil Gott die Menschen liebt, ist einleuchtend und schön. Auch Kinder werden es leicht begreifen.

Bei der Leidensgeschichte helfen solche Erklärungen nicht weiter. Hätte Jesus nur das Leben der Menschen teilen wollen, er hätte sich etwas weniger Ausgefallenes aussuchen können als das Schicksal eines Wanderpredigers, Wunderheilers und Märtyrers.

Einen Weg weist uns ein solches Leben nicht. Unsere Wege, unseren Nächsten zu nützen, sind andere.

Auch kann ich mich damit nicht um eine der wichtigsten Aussagen des Christentums herummogeln: daß Jesus leiden und sterben mußte, um die Vergebung der Sünden zu ermöglichen. Ob es uns gefällt oder nicht, ohne diese Aussagen gibt es kein zutreffendes Bild vom Christentum.

Gott hat mit voller Absicht seinen Sohn Folterknechten und Henkern ausgeliefert. Eine entsetzliche Geschichte. Meinen Kindern müßte ich klarmachen, daß ihre Eltern niemals derartiges mit ihnen tun werden. Mit einem älteren, empfindsamen Kind müßte ich wohl lange Gespräche führen, wenn ihm jemand sagt, mit seinen kleinen Missetaten sei es mitschuldig am entsetzlichen Leiden und Sterben Jesu.

Warum eigentlich sollte Jesus leiden? Ist Gott nicht allmächtig, so daß ein Wort genügt hätte, um alles zu vergeben?

Sollte durch die Strafe der Gerechtigkeit genüge getan werden?

Die Bestrafung eines Unschuldigen ist für mich nur neues Unrecht.

Oder mußte ein rachsüchtiger Gott erst mal seinen Zorn kühlen, und sei es am eigenen unschuldigen Sohn? Wie sollte ich einen solchen Gott verehren?
Wollte Gott mit Jesu Leiden den Menschen seine große Liebe zeigen? Bei dieser Art von Liebesbeweis ist mir nicht wohl.
Viele Erklärungen für Jesu Leiden werden gegeben. Vielleicht sind es deshalb so viele, weil jede ihren Haken hat. Keine leuchtet mir wirklich ein. Ich kriege Jesu Leiden und einen „lieben“ Gott nicht auf einen Nenner.
Der christliche Glaube gibt vielen Menschen Kraft, Halt und Geborgenheit. Wie verantworte ist es, meine Kinder nicht dazu zu erziehen?
Ich antworte: Christ sein und sich im Glauben geborgen fühlen kann man nur, wenn man den Gott der Christen lieben kann. Das kann ich nicht, und ich kann es meine Kinder nicht lehren. Wie sollten sie wahre Christen werden?

Nickel, Irene: Mein Kind soll Gott nicht fürchten. In: Spielen und Lernen. Das Monatsheft für Eltern und Kinder. Seelze 4/1985, S. 16.

4.1 Kontinuität und Wandel des biblischen Gottesverständnisses

Die biblischen Schriften reden nicht von einem Gott, den der Mensch aus eigenem Vermögen durch die Vernunft erkennen könnte. Der biblische Gott offenbart sich auch nicht in Erscheinungen der Natur. Der Gott, der in den **Glaubensgestalten der Bibel** begegnet, erschließt sich immer wieder neu in geschichtlichen Begegnungen mit Menschen. Diese sagen Gottes Willen weiter und deuten sein geschichtsbezogenes Handeln. Die Wahrnehmungen Gottes sind daher vielfältig. Die sprachliche Mitteilung der Gotteserfahrungen vollzieht sich nicht unabhängig von der jeweiligen Person oder der politischen Lage. Ängste und Hoffnungen der Menschen werden einbezogen in den Glauben an Gott.

Biblischer Gottesglaube:
- Gott teilt sich **geschichtlich** mit.
- Er läßt sich weder durch die **Vernunft** noch in der **Natur** erkennen.

Das Neue Testament enthält ebenso wie das Alte Testament keine ausformulierte, in sich geschlossene Gotteslehre, sondern erzählt von vielfältigen Gotteserfahrungen, die allerdings gemeinsam an der **Begegnung mit Jesus Christus** orientiert sind. Das neutestamentliche Gottesverständnis wurzelt in der Botschaft Jesu von der Nähe des kommenden Reiches Gottes und im gemeinschaftsstiftenden Verhalten Jesu zu den Menschen. Jesus lebt aus einer vertrauensvollen Verbindung mit Gott und hilft dadurch anderen, ein neues Glaubensverhältnis zu Gott zu finden.

Im neutestamentlichen Gottesverständnis werden wesentliche Charakteristika der **alttestamentlichen Gottesbezeugungen übernommen**, beispielsweise der Ausschließlichkeitsanspruch Gottes (Mt 12, 29 f.; 1. Kor 8, 4. 6), das Verständnis Gottes als Schöpfer „von Himmel und Erde" (Apg 4, 24; vgl. 14, 15. 17; Offb 10, 6). Jesus spricht von der Fürsorge, die Gott der nichtmenschlichen Kreatur zuwendet (Mt 6, 26–30). Die Schöpfung Gottes weist über sich hinaus auf den Schöpfer (Mt 10, 29–31). Auch in der Aussage, daß Gott menschlicher Selbst- und Welterfahrung unerfaßbar bleibt, sich selbst offenbart und mit dem Menschen eine gemeinsame Geschichte eingeht, berührt sich der alttestamentliche mit dem christlichen Gottesglauben.

Aus christlicher Sicht führt **Jahwe** sein dem Menschen zugewandtes Handeln in **Jesus Christus** zum Ziel.

Der Theologe und Publizist Heinz Zahrnt faßt die Besonderheit der Gottesbotschaft Jesu zusammen:

> An Jesus aus Nazareth wird für mich offenbar, was Glaube an Gott heißt. „Aus Glauben – zum Glauben" kann ich daher als Überschrift über seine Person und Botschaft stellen.
> *Aus Glauben:* Die Gesamtverfassung der Existenz Jesu gründet in seiner Gottesbeziehung, in der Erfahrung der unmittelbaren Nähe Gottes in seinem Leben. Diese Gottesgewißheit ist die Quelle, aus der er lebt, lehrt und leidet. Er ist kein Mächtiger, sondern ein Angewiesener. Er hat nichts aus sich selbst – darum spielt das Gebet eine so große Rolle für ihn. Die Zwiesprache mit Gott ist der Ort der Offenbarung Gottes in Jesu Leben.
> *Zum Glauben:* Was er selbst von Gott erkannt hat, das gibt Jesus weiter, damit seine Lebensbeziehung zu ihm auch anderen zur Quelle des Lebens werde und sie gleichfalls zur Gottesgewißheit gelangen. Seine Offenbarung Gottes besteht in nichts anderem, als daß er sein persönliches Gottesverhältnis öffentlich auslebt.

Indem er Menschen – ohne Zwischeninstanz, ohne Titel, Amt und großen Namen – allein durch sein Wort zum Glauben ruft, versetzt er sie in die Gegenwart Gottes, wie er sie selbst erfahren hat. Und schon die Geste der Hilflosigkeit und das Innewerden des Angewiesenseins bezeichnet er als Glauben. Ich bin immer neu erstaunt, was für Leuten Jesus auf den Kopf zusagt, daß sie glauben. Wo immer ein Mensch sich von ihm zum Glauben ermutigen läßt, dort ist seine Verkündigung ans Ziel gelangt; denn der Glaube an Gott ist ihr einziger Inhalt.

Zahrnt, Heinz: Mutmaßungen über Gott. Die theologische Summe meines Lebens. München 1994, S. 76f.

4.2 Auferweckung Jesu Christi durch Gott

Die Hinrichtung Jesu am Kreuz stürzt die Anhänger Jesu in eine tiefe Sinnkrise. Die mit Jesus verbundenen Hoffnungen haben sich zerschlagen; auch seine Verkündigung vom barmherzigen Vater und der Nähe des Reiches Gottes scheint widerlegt. Erst die Botschaft von der Auferstehung Jesu Christi führt die Jünger und Anhänger Jesu wieder zusammen. Zahlreiche Zeugen berichten von „Erscheinungen", in denen ihnen der auferstandene Gekreuzigte begegnet sei. Die **Verkündigung der Auferweckung Jesu Christi durch Gott** bildet die Grundlage und das Zentrum der urchristlichen Botschaft.

Das älteste und wichtigste Zeugnis von der Auferstehung Christi überliefert Paulus, 1. Kor 15, 1–11, (vgl. V. 20–28):

1 Ich erinnere euch aber, liebe Brüder, an das Evangelium, das ich euch verkündigt habe, das ihr auch angenommen habt, in dem ihr auch fest steht,

2 durch das ihr auch selig werdet, wenn ihr's festhaltet in der Gestalt, in der ich es euch verkündigt habe; es sei denn, daß ihr umsonst gläubig geworden wärt.

3 Denn als erstes habe ich euch weitergegeben, was ich auch empfangen habe: Daß Christus gestorben ist für unsre Sünden nach der Schrift;

4 und daß er begraben worden ist; und daß er auferstanden ist am dritten Tage nach der Schrift;

5 und daß er gesehen worden ist von Kephas, danach von den Zwölfen.

6 Danach ist er gesehen worden von mehr als fünfhundert Brüdern auf einmal, von denen die meisten noch heute leben, einige aber sind entschlafen.

7 Danach ist er gesehen worden von Jakobus, danach von allen Aposteln.
8 Zuletzt von allen ist er auch von mir als einer unzeitigen Geburt gesehen worden.
9 Denn ich bin der geringste unter den Aposteln, der ich nicht wert bin, daß ich ein Apostel heiße, weil ich die Gemeinde Gottes verfolgt habe.
10 Aber durch die Gnade Gottes bin ich, was ich bin. Und seine Gnade an mir ist nicht vergeblich gewesen, sondern ich habe viel mehr gearbeitet als sie alle; nicht aber ich, sondern Gottes Gnade, die mit mir ist.
11 Es sei nun ich oder jene: so predigen wir, und so habt ihr geglaubt.

Heute stellt sich das Problem, ob die Erscheinungen psychisch als Ergebnis einer Trauerarbeit oder als Massenhalluzinationen gedeutet werden können. Es müßte dann überprüft werden, ob sich die biblischen Berichte tatsächlich als psychische Erlebnisse verstehen lassen und z. B. ekstatische Elemente enthalten.

Historisch feststellbar bleibt, daß sich die Lebenseinstellung der Jünger, des Paulus, der Frauen um Jesus entscheidend wandelt und eine historisch einzigartige Missionsbewegung auslöst. Die urchristliche Gemeinde sieht in Kreuz und Auferweckung Jesu von Anfang an ihren Ursprung.

Die Erzählungen vom leeren Grab mögen der historischen Absicherung der Auferstehung gedient haben (Mk 16, 1–8).

Die Verkündigung der **Auferweckung Jesu** durch Gott ist **Kern der urchristlichen Verkündigung** und löst eine beispiellose Missionstätigkeit im gesamten Römischen Reich aus.

4.3 Sinngebung des Todes Jesu

Möglicherweise versteht bereits **Jesus** seinen bevorstehenden Tod aus der jüdischen Tradition des **leidenden Gottesknechtes** heraus als stellvertretenden Tod für alle Menschen (Jes 53). Der Gottesknecht trägt das Leiden freiwillig, geduldig und schuldlos. Der Tod des Gottesknechtes hat grenzenlos sühnende Kraft für die gesamte Menschheit.

Vom Glauben an die Auferstehung her erschließt sich der **urchristlichen Gemeinde** der Sinn des Todes Jesu.

Walter Habdank: Emmaus – © VG Bild-Kunst, Bonn 1995.

Die Emmausjünger: Lk 24, 25 ff. (vgl. V. 13–35):

25 Und er sprach zu ihnen: [...]
26 Mußte nicht Christus dies erleiden und in seine Herrlichkeit eingehen?
27 Und er fing an bei Mose und allen Propheten und legte ihnen aus, was in der ganzen Schrift von ihm gesagt war.
33 Und sie [...] kehrten zurück nach Jerusalem und fanden die Elf versammelt und die bei ihnen waren;
34 die sprachen: Der Herr ist wahrhaftig auferstanden und Simon erschienen.
35 Und sie erzählten ihnen, was auf dem Wege geschehen war und wie er von ihnen erkannt wurde, als er das Brot brach.

Urgemeinde

Das von Paulus zitierte Bekenntnis der Urgemeinde: Christus ist „gestorben für unsre Sünden nach der Schrift“ (1. Kor 15, 3) versteht Jesus als **leidenden Gottesknecht**, der stellvertretend für alle Menschen stirbt. Der als Sühnopfer verstandene Tod Jesu versöhnt den Menschen mit Gott und zeigt die Solidarität Gottes mit den Leidenden dieser Welt.

Paulus

Die Briefe des Paulus spiegeln das Ringen um die Sinngebung des Todes Jesu in der Auseinandersetzung mit jüdischen und hellenistischen Einwänden. Immer wieder neu setzt Paulus in **verschiedenen, nicht miteinander verbundenen Gedankenreihen** zu einer religiösen Deutung an. Er greift die Vorstellung des stellvertretenden, gehorsamen Todes auf, vergleicht den Tod Jesu mit „Lösegeld“, mit dem ein Sklave losgekauft wird, oder versteht ihn im kultischen Bild als „Opfer“ (Röm 8, 32). In all diesen Interpretationsvarianten geht es Paulus um die gleiche Feststellung: Der Tod Jesu am Kreuz macht die Liebe Gottes zum Menschen sichtbar.

Paulus argumentiert mit dem strafrechtlichen, aus dem Sklavenwesen übernommenen Vergleich: Christus kauft den Menschen aus der Sklaverei los, 1. Kor 7, 23:

> Ihr seid teuer erkauft; werdet nicht der Menschen Knechte.

Der Tod Jesu bedeutet für den Menschen einen Herrschaftswechsel, Röm 14, 8f.:

> 8 Leben wir, so leben wir dem Herrn; sterben wir, so sterben wir
> dem Herrn. Darum: wir leben oder sterben, so sind wir des Herrn.
> 9 Denn dazu ist Christus gestorben und wieder lebendig geworden,
> daß er über Tote und Lebende Herr sei.

Pastoralbriefe

Die **reflektierte Sinngebungen** des Todes Jesu in den späten Schriften des Neuen Testaments verstehen die Sühnkraft des Todes Jesu als ewig gültig und grenzenlos.

Der Hebräerbrief (entstanden 80/90) gebraucht ein kultisches Bild, um Jesu Tod zu deuten. Im frühen Israel vergibt Gott durch das jährliche Tieropfer des Hohepriesters seinem Volk die Schuld. Jetzt bringt Jesus, der Hohepriester, im himmlischen Heiligtum sein eigenes Blut dar, Hebr 9, 11ff. (vgl. 3. Mose 16, 20–24):

11 Christus aber ist gekommen als ein Hoherpriester der zukünftigen Güter [...].
12 Er ist auch nicht durch das Blut von Böcken oder Kälbern, sondern durch sein eigenes Blut ein für allemal in das Heiligtum eingegangen und hat ewige Erlösung erworben.
13 Denn wenn schon das Blut von Böcken und Stieren und die Asche von der Kuh durch Besprengung die Unreinen heiligt, so daß sie äußerlich rein sind,
14 um wieviel mehr wird dann das Blut Christi, der sich selbst als Opfer ohne Fehl durch den ewigen Geist Gott dargebracht hat, unser Gewissen reinigen von den toten Werken, zu dienen dem lebendigen Gott!
15 Und darum ist er auch der Mittler des neuen Bundes [...].

Der Petrusbrief (entstanden 90/95) verwendet ein mythisches Bild, das die grenzenlose Bedeutung des Todes Jesu ausdrückt. Jesus, der Gottesbote, fährt hinab zur Unterwelt, um den Verdammten die frohe Botschaft zu bringen, 1. Petrus 3, 18–20:

18 Denn auch Christus hat *einmal* für die Sünden gelitten, der Gerechte für die Ungerechten, damit er euch zu Gott führte, und ist getötet nach dem Fleisch, aber lebendig gemacht nach dem Geist.
19 In ihm ist er auch hingegangen und hat gepredigt den Geistern im Gefängnis,
20 die einst ungehorsam waren [...].

Die neutestamentlichen Schriften **deuten den Tod Jesu in verschiedenen Bildern.** Alle Traditionschichten verstehen ihn gemeinsam als ein **stellvertretendes Sterben** „für uns“, für alle Menschen, das die Liebe Gottes zum Menschen sichtbar macht.

4.4 Neutestamentliche Christusbekenntnisse

Um die heilsgeschichtliche Bedeutung Jesu auszudrücken, übernimmt die urchristliche Gemeinde Begriffe aus dem Erfahrungsbereich jüdischer und hellenistischer Heilserwartungen und überträgt sie auf Jesus. Dadurch gewinnen die Heilsnamen einen neuen Inhalt. Sie versuchen, für palästinensische Judenchristen und Menschen im hellenistischen Lebensbereich zu vermitteln, wer der gekreuzigte Jesus wirklich ist. Der Verkündiger wird jetzt zum Verkündigten: „Wir aber predigen den gekreuzigten Christus, den Juden ein Ärgernis und den Griechen eine Torheit" (1. Kor 1, 23). Die auf Jesus angewandten Würdeprädikate tragen deshalb Bekenntnischarakter, die sprachliche und inhaltliche Verstehenshilfen geben wollen. Da im Neuen Testament die verschiedenen Heilsaussagen über Jesus nebeneinanderstehen und nicht systematisch verbunden sind, enthält es dementsprechend mehrere Vorstellungskreise über die Bedeutung Jesu (Christologien).

Die wichtigsten **christologischen Hoheitstitel** sind Christus (Messias), Herr (Kyrios), Gottessohn und Menschensohn. Sie verdrängen im Lauf der Zeit die ebenfalls auf Jesus angewandten Bezeichnungen wie Gottesknecht, Prophet, Davidssohn, König, Heiland oder Wort (Logos).

4.4.1 Messias, Christus – der erwartete endzeitliche Herrscher

Der Titel **Messias** (hebr. Maschiach: „der Gesalbte") und **Christus** (griech. Christos) macht bereits in der jüdischen Tradition einen Bedeutungswandel durch. In nachexilischer Zeit bezieht sich der Messiasgedanke auf die endzeitliche Erwartung eines kommenden idealen Herrschers, von dem das Spätjudentum politische Befreiung erhofft. Das Neue Testament verwendet den Messiastitel (Mk 8, 29; Joh 1, 41) als Schlüsselbegriff, um zu zeigen, daß sich in Jesus die alttestamentlich-jüdische Erwartung einer endzeitlichen Heilsgestalt erfüllt hat.

Bereits das Neue Testament gebraucht „Christus" wie einen zweiten Eigennamen Jesu, der die religiöse Bedeutung Jesu zusammenfaßt.

Jüdischer und christlicher Glaube beziehen sich gemeinsam auf die Prophezeiung Jesajas, Jes 9, 5f.:

> 5 Denn uns ist ein Kind geboren, ein Sohn ist uns gegeben, und die Herrschaft ruht auf seiner Schulter; und er heißt Wunder-Rat, Gott-Held, Ewig-Vater, Friede-Fürst;
> 6 auf daß seine Herrschaft groß werde und des Friedens kein Ende auf dem Thron Davids und in seinem Königreich, daß er's stärke und stütze durch Recht und Gerechtigkeit von nun an bis in Ewigkeit. Solches wird tun der Eifer des HERRN Zebaoth.

4.4.2 Herr, Kyrios – der göttliche Weltherrscher

Der gottesdienstliche Ruf „Jesus ist der Herr!" (Röm 10, 9 a; Phil 2, 11) ist wohl das älteste christliche Glaubensbekenntnis. Die Bezeichnung Jesu als **Herr** (griech. Kyrios) entsteht vermutlich in christlichen Gemeinden des griechischen Lebensraums. Im orientalischen Bereich wird der weltliche Herrscher religiös als

Kyrios verehrt, ein Begriff, der in früherer Zeit den Göttern zukam. Auch der römische Kaiser Caligula ließ sich mit diesem Titel anreden, der ihm göttliche Ehren zuspricht. Das auf Jesus bezogene Prädikat „Herr" bestreitet den religiösen Anspruch der weltlichen Herrscher und besagt, daß allein durch Christus alle Mächte unterworfen sind und ihm dienen müssen. Die Gemeinde unterstellt sich ihrem Herrn und gerät dadurch mit dem Selbstverständnis derjenigen römischen Kaiser in Konflikt, die sich als „Herr und Gott" (Domitian) verstehen.

Der Gebetsruf der aramäisch sprechenden Urgemeinde „Maranata" („Unser Herr kommt!" oder „Unser Herr, komm!", 1. Kor 16, 22) erwartet Christus als kommenden Retter und Richter. Hier geht die Bezeichnung „Herr" auf die jüdische Tradition zurück, die als Höflichkeitsformel die respektvolle Anrede eines Menschen oder auch seine Überordnung ausdrückt.

4.4.3 Sohn Gottes – der von Gott Bevollmächtigte

Das Bekenntnis zu Jesus als **Sohn Gottes** entwickelt sich immer deutlicher zur zentralen Kurzformel der Heilsbedeutung Jesu Christi. Sie drückt die Legitmation Jesu als den von Gott Gesandten aus und führt Jesu Berufung und Vollmacht direkt auf Gott zurück. Bereits das Neue Testament artikuliert diesen Grundgedanken durch zwei verschiedene Vorstellungskreise: das **adoptianische und präexistente Sohnesverständnis.**

Das adoptianische Sohnesprädikat geht auf die jüdische Tradition zurück. Wenn Gott den jüdischen König als Sohn annimmt, setzt Gott ihn in eine besondere Funktion ein. Im Gegensatz zum hellenistischen Sohnes-Verständnis, das den Sohn als eine Manifestation Gottes versteht, meint das jüdische die göttliche Berufung Jesu zu seinem geschichtlichen Auftreten. Gott nimmt Jesus als Sohn an, im Unterschied zur traditionellen jüdischen Anschauung aber im exklusiven Sinn, nicht als einen, sondern als *den* Sohn.

Die Urgemeinde deutet die Taufe Jesu durch Johannes in der Form der Erhöhungschristologie. Gott erwählt Jesus, beruft ihn und beauftragt ihn mit einer bestimmten Aufgabe, Mk 1, 9–11:

9 Und es begab sich zu der Zeit, daß Jesus aus Nazareth in Galiläa kam und ließ sich taufen von Johannes im Jordan.
10 Und alsbald, als er aus dem Wasser stieg, sah er, daß sich der Himmel auftat und der Geist wie eine Taube herabkam auf ihn.
11 Und da geschah eine Stimme vom Himmel: Du bist mein lieber Sohn, an dir habe ich Wohlgefallen.

Jesus soll als der „geliebte", d. h. einzige Sohn wirken.

Das Sohnesprädikat kann neben der Form einer **Erhöhungschristologie** auch im Sinne einer **Präexistenzchristologie** (Deszendenzchristologie) verwandt werden. Jesus überbringt den göttlichen Willen, weil er bereits als der Sohn Gottes in das irdische Dasein hineingeboren wird. Diese Denkweise kommt dem hellenistischen, auf den gesamten Kosmos bezogenen Weltverständnis entgegen.

Das Christuslied, das Paulus aus der Tradition übernimmt, versteht das Kommen Christi als Entäußerung des Präexistenten, Phil 2, 6–11:

6 Er, der in göttlicher Gestalt war, hielt es nicht für einen Raub, Gott gleich zu sein,
7 sondern entäußerte sich selbst und nahm Knechtsgestalt an, ward den Menschen gleich und der Erscheinung nach als Mensch erkannt.
8 Er erniedrigte sich selbst und ward gehorsam bis zum Tode, ja zum Tode am Kreuz.
9 Darum hat ihn auch Gott erhöht und hat ihm den Namen gegeben, der über alle Namen ist,
10 daß in dem Namen Jesu sich beugen sollen aller derer Knie, die im Himmel und auf Erden und unter der Erde sind,
11 und alle Zungen bekennen sollen, daß Jesus Christus der Herr ist, zur Ehre Gottes, des Vaters.

Paulus führt die göttliche Präexistenz spekulativ nicht näher aus. Jesus begibt sich – nicht als Halbgott, sondern als Mensch – unter die im Kosmos waltenden Zwänge und stellt sich der Sendung Gottes zur Verfügung. Die spätere Erhöhung Jesu bestätigt seine Herkunft.

Erhöhungschristologie: (Christologie: Lehre von Christus)	Sie spricht – jüdisches Denken aufgreifend – aus, daß der geschichtliche Jesus von Gott als *der* Sohn eingesetzt und gesandt wird.
Präexistenzchristologie:	Sie bezieht das hellenistische Weltverständnis ein: Von Gott gesandt begibt sich der präexistente Christus als Mensch unter die Bedingungen der Welt und wird schließlich von Gott erhöht.

4.4.4 Menschensohn – der endzeitliche Heilsmittler

Die synoptischen Evangelien überliefern zahlreiche Selbstaussagen Jesu, in denen er vom **„Menschensohn“** spricht. Dieser Begriff kann die alltägliche Bedeutung „ein Mensch“ haben oder als messianischer Titel den endzeitlichen Heilsmittler meinen.

Jesus selbst redet in der dritten Person vom **„kommenden Menschensohn“** als Richter und Retter. Ob Jesus sich selbst mit dem Menschensohn identifiziert hat, bleibt unklar. Die Gemeinde jedenfalls erwartet sein Kommen in königlicher Vollmacht.

Neben der Rede vom kommenden Menschensohn finden sich Aussagen vom **Wirken des Menschensohnes** auf Erden und vom **bevorstehenden Leiden des Menschensohnes.** Auch hier bleibt die Forschungslage uneinheitlich. Einige Neutestamentler führen manche dieser Worte auf Jesus zurück und gehen vom alltäglichen Sinn des Wortes aus.

„Menschensohn“ könnte dann übersetzt werden mit: „ein Mensch wie ich“, Mt 8, 20:

> Jesus sagt zu ihm: Die Füchse haben Gruben, und die Vögel unter dem Himmel haben Nester; aber der Menschensohn hat nichts, wo er sein Haupt hinlege.

Andere Forscher halten es für wahrscheinlicher, daß die Gemeinde in historische Jesusworte den messianischen Menschensohn-Titel nachträglich einfügt.

So könnte ein „ich“ durch den Hoheitsnamen „Menschensohn“ ersetzt worden sein, Mk 2, 28 (vgl. Mk 2, 10f.):

> So ist der Menschensohn ein Herr auch über den Sabbat.

Nicht auszuschließen ist auch, daß die palästinensische Urgemeinde manche Worte, die vom bevorstehenden Leiden, Sterben und Auferstehen des Menschensohnes sprechen, formuliert hat.

4.4.5 Gottesknecht – der Gott Gehorsame

Die Bezeichnung Jesu als **Gottesknecht** erscheint im Neuen Testament an wenigen Stellen (z. B. Mt 12, 18). Diese christologische Formel kann im Sinne von Knecht, Kind Gottes, der Gott Gehorsame verstanden werden. Einige Stellen dürften aber mit dem Bild des leidenden, Gott gehorsamen Gottesknechtes aus Jesaja 53 im Zusammenhang stehen. Manche Neutestamentler nehmen an, daß Jesus selbst seinen bevorstehenden Tod von dieser jüdischen Tradition her als Sühnetod für alle Menschen versteht (vgl. Abendmahl: Lk 22, 19 f.).

4.4.6 Sohn Davids – der David verheißene Friedensherrscher

Das Bekenntnis zu Jesus als dem **Sohn Davids** (z. B. Röm 1, 3) geht auf die alttestamentliche Nathansweisungung (2. Sam 7, 12–16) zurück. Gott verheißt David einen Nachfolger aus seinem Stamm. Einige Propheten verstehen dies messianisch: Der neue Herrscher wird Frieden, Recht und Gerechtigkeit bringen.

4.4.7 Wort – die Gegenwart Gottes in Jesu Person

Das Johannesevangelium versteht Jesus als **Logos** (griech. „Wort“), der die göttliche Offenbarung bringt. Es kann nicht sicher beantwortet werden, an welche religions- oder philosophiegeschichtliche Tradition Johannes anknüpft. Seine Logos-Vorstellung berührt sich stark mit der des hellenistischen Judentums, das dem Logos göttliche Prädikate zuschreibt, weil er zwischen Gott und der Schöpfung vermittelt. Im Johannesprolog bekennt die Gemeinde, daß in Jesus von Nazareth der Logos gegenwärtig wird und Gemeinschaft mit dem Menschen eingehen möchte. Der Hymnus stellt die Alternative zu den Weihnachtserzählungen des Matthäus und Lukas dar und preist die Menschwerdung (Inkarnation) Gottes.

Der Evangelist Johannes versieht einen möglicherweise im Gemeindegottesdienst gesungenen Christushymnus mit erläuternden Bemerkungen, Joh 1, 1ff.:

1 Im Anfang war das Wort, und das Wort war bei Gott, und Gott war das Wort.
2 Dasselbe war im Anfang bei Gott.
3 Alle Dinge sind durch dasselbe gemacht, und ohne dasselbe ist nichts gemacht, was gemacht ist.
4 In ihm war das Leben, und das Leben war das Licht der Menschen.
5 Und das Licht scheint in der Finsternis, und die Finsternis hat's nicht ergriffen.
9 Das war das wahre Licht, das alle Menschen erleuchtet, die in diese Welt kommen.
10 Er war in der Welt, und die Welt ist durch ihn gemacht; aber die Welt erkannte ihn nicht.
11 Er kam in sein Eigentum; und die Seinen nahmen ihn nicht auf.
12 Wie viele ihn aber aufnahmen, denen gab er Macht, Gottes Kinder zu werden, denen, die an seinen Namen glauben,
13 die nicht aus dem Blut noch aus dem Willen des Fleisches noch aus dem Willen eines Mannes, sondern von Gott geboren sind.
14 Und das Wort ward Fleisch und wohnte unter uns, und wir sahen seine Herrlichkeit, eine Herrlichkeit als des eingeborenen Sohnes vom Vater, voller Gnade und Wahrheit.
18 Niemand hat Gott je gesehen; der Eingeborene, der Gott ist und in des Vaters Schoß ist, der hat ihn uns verkündigt.

Der Logos kommt aus der Sphäre Gottes (V. 1) und stellt die Menschen in das Licht der Wirklichkeit Gottes (V. 4). Alle Menschen stehen unter dem Herrschaftsanspruch des Logos (V. 3), der aber nicht von allen anerkannt wird. Der Glaube an den Logos führt zur „Wiedergeburt", zur Gotteskindschaft. Die berichtende Offenbarungsrede endet im persönlichen Bekenntnis (V. 14 b). Hinter der Ohnmacht und dem Sterben des Logos Jesu wird die Barmherzigkeit Gottes sichtbar, die die Glaubenden empfangen.

Die **christologischen Würdetitel** sollen der palästinensisch-jüdisch und der hellenistisch geprägten Bevölkerung die **heilsgeschichtliche Bedeutung Jesu** vermitteln. Im Neuen Testament stehen verschiedene **Christologien** nebeneinander, z. B. Jesus als Anwalt der religiös und sozial Entwurzelten, als Heiland der Welt, als Weltenherrscher und als Offenbarer des Vaters.

4.5 Christliche Glaubensbekenntnisse

4.5.1 Das Apostolische Glaubensbekenntnis

Bereits im Neuen Testament finden sich auch dreigliedrige Bekenntnisaussagen: „Taufet sie auf den Namen des Vaters und des Sohnes und des heiligen Geistes" (Mt 28, 19; vgl. 1. Kor 12, 4–6; 2. Kor 13, 13). In der Mitte des 2. Jhs. entsteht das dreimal dreigliedrige **römische Taufbekenntnis** (Symbolum Romanum): „Ich glaube an Gott, den Vater, den Allmächtigen, und an Jesus Christus, seinen eingeborenen Sohn, den Herrn, den Heiligen Geist, die Kirche und die Auferstehung." Aus diesem anläßlich der Taufe abgelegten persönlichen Bekenntnis entwickelt sich schrittweise das **Apostolische Glaubensbekenntnis** (Apostolikum), das Anfang des 5. Jhs. in seiner heutigen Form schriftlich belegt ist. Es will den christlichen Glauben zusammenfassen und gegen Irrlehren abgrenzen. Relativ spät erscheint es als Bekenntnis der Gemeinde in der Liturgie des sonntäglichen Gottesdienstes.

Die Bezeichnung „Apostolikum" wurzelt in einer Legende. Die zwölf Apostel sollen zu Beginn ihrer Missionstätigkeit dieses Bekenntnis zur gemeinsamen Glaubensgrundlage gemacht haben.

Ich glaube an Gott,
den Vater, den Allmächtigen,
den Schöpfer des Himmels und der Erde.

Und an Jesus Christus,
seinen eingeborenen Sohn, unsern Herrn,
empfangen durch den Heiligen Geist,
geboren von der Jungfrau Maria,
gelitten unter Pontius Pilatus,
gekreuzigt, gestorben und begraben,
hinabgestiegen in das Reich des Todes,
am dritten Tage auferstanden von den Toten,
aufgefahren in den Himmel;
er sitzt zur Rechten Gottes,
des allmächtigen Vaters;
von dort wird er kommen,
zu richten die Lebenden und die Toten.

Ich glaube an den Heiligen Geist,
die heilige christliche/katholische Kirche,
Gemeinschaft der Heiligen,
Vergebung der Sünden,
Auferstehung der Toten
und das ewige Leben.
Amen.

Das aus dem Griechischen stammende Wort „katholisch" im dritten Abschnitt des Urtextes bezeichnet keine Konfession, sondern meint: „auf das Ganze bezogen". Die Botschaft der Kirche gilt den Menschen überall in der Welt.

Von der Form her ist das Apostolikum dreigliedrig und trinitarisch. Der theologische Hauptakzent liegt auf den Aussagen zu Jesus Christus. Es akzentuiert den Ursprung Jesu in Gott. Damit soll die Selbsterniedrigung Gottes, sein Herabsteigen zum Menschen festgehalten werden (Deszendenz). Die Sendung Jesu drückt das Glaubensbekenntnis durch die präexistente Gottessohnschaft und die Vorstellung der Jungfrauengeburt aus.

Das Apostolikum verbindet heute weltweit viele Kirchen, beispielsweise die anglikanische, altkatholische, evangelische und römisch-katholische. Während der Zeit des Kirchenkampfes im Nationalsozialismus legt der Theologe Karl Barth 1935 das Apostolikum aus, um das Zentrum des christlichen Glaubens aufzuzeigen.

Der Weg zum Apostolikum:

1. Jh.	eingliedrige Bekenntnisse: „Jesus ist der Herr“ (1. Kor 12, 3) zweigliedrige Bekenntnisse (1. Kor 8, 6) dreigliedrige Bekenntnisse (Mt 28, 19)
2. Jh.	Taufbekenntnis: → Symbolum Romanum
3. Jh.	Abgrenzung von Irrlehren → Erweiterungen des Symbolum Romanum
ab 4. Jh.	Abgrenzung von Irrlehren, gottesdienstliches Bekenntnis der Gemeinde → Apostolikum

Der Theologe und Publizist Jörg Zink versucht, das Glaubensbekenntnis für die Gegenwart neu zu formulieren:

Wir glauben an Gott.
Wir sind nicht allein.
Wir sind geborgen.
Wir sind frei.

Wir glauben an den göttlichen Geist,
den Geist der Freiheit,
der uns verbindet
zu der einen umfassenden Kirche.
Wir glauben an Jesus Christus,
der Gott zeigt und vertritt,
der das Reich des Friedens verkündete
und aus Liebe zu uns starb.

Wir glauben, daß Jesus lebt.
Er befreit uns von Schuld,
von Angst und Tod.
Er hilft uns leben.

Wir glauben an den Gott,
der die Welt schafft und erhält,
der will, daß wir mit ihm wirken,
der Welt und den Menschen zugute.
Wir glauben an den lebendigen Gott,
der die Welt vollendet und erneuert,
der auch uns bewahrt und neu schafft
zu unvergänglichem Leben.

Zink, Jörg/Röhricht, Rainer: Was Christen glauben. Gütersloh [11]1987, S. 8

Das im 4./5. Jahrhundert entstandene, dreigliedrige **apostolische Glaubensbekenntnis** verbindet heute weltweit viele christliche Kirchen.

4.5.2 Bekenntnis und Schriftverständnis

Da bereits im Neuen Testament mehrere **Christologien** nebeneinanderstehen, die Bedeutung Jesu immer wieder neu ausgelegt und auch gegen Mißverständnisse abgegrenzt sein will, ringt bereits die alte Kirche um das rechte Christusverständnis. Mit dieser Aufgabe verbindet sich das Problem, wie die **biblischen Schriften ausgelegt** werden sollen und in ihren unterschiedlichen Akzentuierungen die Mitte der Schrift „Jesus Christus" knapp formuliert werden kann. Die kirchlichen Bekenntnisse leiten zum rechten Verstehen der biblischen Botschaft an.

Hinsichtlich der **Verbindlichkeit der kirchlichen Bekenntnisse und Lehrsätze** (Dogmen) gibt es zwischen evangelischer und römisch-katholischer Kirche Unterschiede. Im Anspruch, daß die Bekenntnisse und Lehraussagen sachlich verbindlich sind, weil sie mit dem biblischen Zeugnis übereinstimmen, besteht zwischen den beiden Kirchen kein Unterschied. Das Kriterium aber, was als schriftgemäß gelten darf, wird unterschiedlich bestimmt.

Nach **katholischem Verständnis** sind kirchliche Erklärungen über den Glauben an das bischöfliche Lehramt gebunden. Die vom Papst autorisierten Dogmen gelten hinsichtlich ihrer inhaltlichen Substanz unbedingt und unwiderruflich.

Nach **evangelischem Verständnis** dagegen verstehen sich die kirchlichen Bekenntnisse nicht in erster Linie als verbindliche Lehre, sondern als Antworten der Glaubensgemeinschaft auf die Christusbotschaft angesichts konkreter geschichtlicher Herausforderungen. Die Grundentscheidungen der Bekenntnisse sind daher immer wieder an der biblischen Tradition kritisch auf ihre Schriftgemäßheit hin zu überprüfen. Bei dieser Aufgabe will das Schriftverständnis der Bekenntnisse als Leitfaden zum Verständnis der Bibel gelten. Die lutherische Kirche faßt ihre Bekenntnisse im Konkordienbuch zusammen, das u. a. auch die Confessio Augustana enthält.

Die Bibel wird als „norma normans" verstanden; die Bekenntnisse haben als „norma normata" abgeleitete Verbindlichkeit. Wilfried Joest, Professor für Systematische Theologie, beschreibt die Pendelbewegung zwischen Bibel und Bekenntnis:

> Einem uferlosen und subjektiven Pluralismus treten [...] die Bekenntnisse der Kirche gegenüber mit dem Anspruch, Wegweisung zum rechten Schriftverständnis zu geben. Wir haben sie verstanden als den Ausdruck von Erfahrungen und Entscheidungen, zu denen die Kirche in ihrer bisherigen Geschichte durch das aus der Schrift gehörte Wort Gottes geführt wurde. [...]

Aber auch die Bekenntnisse sind, jedenfalls nach ihrem evangelischen Verständnis, keine Norm, die unhinterfragbar *festlegt,* was schriftgemäße Lehre ist. Ihre Grundentscheidungen wollen in eigener Auseinandersetzung mit dem biblischen Zeugnis als diesem entsprechend erkannt und nur insofern nachvollzogen, ihre theologische Begriffssprache will „übersetzt“ werden. Die Frage nach der Schriftgemäßheit kann auch zur Kritik von Elementen kirchlichen Bekenntnisses führen.

Joest, Wilfried: Dogmatik, Bd. 1: Die Wirklichkeit Gottes. Göttingen 1984, S. 87 f.

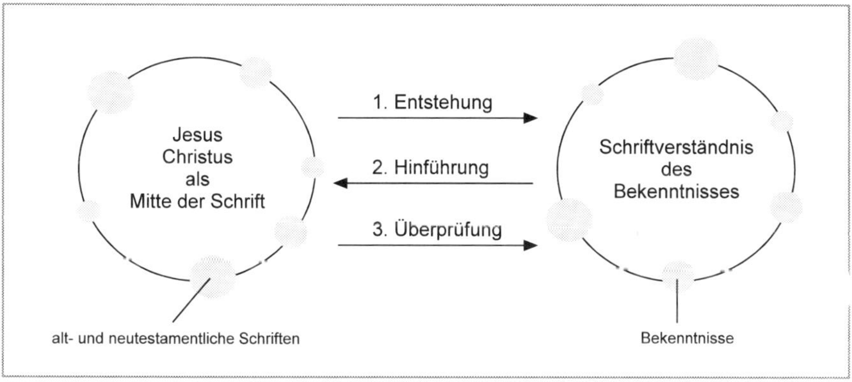

Wechselbeziehung zwischen Bibel und kirchlichem Bekenntnis nach evangelischem Verständnis

Die **kirchlichen Bekenntnisse** versuchen, den **Kern des biblischen Glaubens** knapp zusammenzufassen. Sie grenzen sich dabei zugleich gegenüber Irrlehren ab.

4.6 Altkirchliche Lehraussagen: Trinität

Die geschichtsbezogene **Selbstvergegenwärtigung Gottes in drei Namen** ist Ausgangspunkt der Lehre von der Trinität (lat. „Dreieinigkeit“, „Dreifaltigkeit“).

4.6.1 Gottes Selbstmitteilung als trinitarisches Geschehen: ökonomische Trinität

Die neutestamentlichen Schriften sprechen davon, daß Gott, der Vater, in seiner geschichtlichen Selbsterschließung in der Sendung des Sohnes Jesus Christus und im Wirken des Geistes gegenwärtig ist. Jesus bezeugt **Gott als Vater,** dessen Schöpferwille hinter der Welt steht und dem der Mensch das Leben verdankt. Mit der durch Jesus eröffneten Erkenntnis Gottes als Vater verbindet sich der Glaube, daß **Jesus der Sohn Gottes** ist. In der Sendung des Sohnes setzt Gott seinen Willen zur Gemeinschaft mit den Menschen gegen die menschliche Gottesferne durch. Das Bekenntnis zu **Gott, dem Heiligen Geist,** bezieht sich auf die lebenserneuernde Kraft Gottes im Menschen, die Glauben schafft und es dem Menschen ermöglicht, Gott zu antworten.

Die drei Namen Gottes stehen auch in dem „Missionsbefehl" des Auferstandenen zusammen, Mt 28, 19:

> Darum gehet hin und machet zu Jüngern alle Völker: Taufet sie auf den Namen des Vaters und des Sohnes und des heiligen Geistes.

Die Taufe wird schon in früher Zeit im „Namen des Vaters und des Sohnes und des Heiligen Geistes" vollzogen. Das Taufbekenntnis zeigt bereits in den ältesten bezeugten Formen die dreigliedrige Gestalt des späteren Credo.

Die Dreierformel findet sich ebenfalls im Segenswunsch, 2. Kor 13, 13 (vgl. auch: 1. Kor 12, 4–6; Eph 4, 4–6):

> Die Gnade unseres Herrn Jesus Christus und die Liebe Gottes und die Gemeinschaft des heiligen Geistes sei mit euch allen!

Die Formulierungen, in denen die drei Namen: „Gott, der Vater", „Jesus, der Sohn Gottes" und „Gottes Geist" in hervorgehobener Weise zusammenstehen, haben fast liturgischen Charakter. Sie preisen die Fülle der Selbstzuwendung Gottes oder sprechen sie segnend zu.

In geschichtsbezogener Selbstmitteilung offenbart der eine Gott seine **drei Namen: Vater, Sohn und Geist** (ökonomische Trinität).

4.6.2 Das Problem der inneren Trinität Gottes: Wesenstrinität

Durch die Glaubenspraxis der christlichen Gemeinden entsteht das denkerische Problem, wie die drei **Namen Gottes zusammengehören.** Die Glaubenden beten in der gottesdienstlichen Liturgie zu Gott; sie rufen ihn aber auch im Namen Christi an und erbitten in der Abendmahlsfeier die Gegenwart des Geistes Gottes. Auch die Auseinandersetzung mit polytheistischen Anschauungen und dem philosophischen Monotheismus nötigt zur theologischen Reflexion.

Da das Neue Testament selbst keine Trinitätslehre, d. h. geschlossene Aussagen über das dreieinige Sein Gottes, enthält, muß die altkirchliche Theologie **Erklärungsversuche** erarbeiten, wobei die Dreiheit der Gottgestalten die Einheit Gottes nicht gefährden darf. Die Theologen entwickeln zwei unterschiedliche Denkmodelle, den Subordinatianismus und Modalismus, die zu innerkirchlichen Auseinandersetzungen führen und die Christologie einbeziehen, da sich die Frage ergibt, inwiefern Jesus Mensch und „Gott“ zugleich sein kann.

Subordinatianismus

Christus und der Geist sind Gott **untergeordnet.** Als übergeschöpfliche oder ersterschaffene Wesen haben sie nur in nachgeordneter Weise am einzigartigen, transzendenten göttlichen Wesen teil. Diese Auffassung vertritt im 4. Jahrhundert der Presbyter Arius in Alexandrien, der sich auf eine zahlreiche Anhängerschaft stützt.
Die Schwierigkeit dieser Lehre besteht darin, daß Jesus nicht im Vollsinn Gott und wesensgleich mit dem Vater ist, sondern ein göttlich inspirierter Mensch.

Modalismus

Vater, Sohn und Geist werden als **verschiedene Erscheinungsformen** (modi) verstanden, die der eine, unteilbare Gott im Lauf der Geschichte annimmt. Gott erscheint zunächst in der Gestalt des Vaters, dann in der des Sohnes und des Geistes.
Der Modalismus wahrt zwar die Einheit Gottes; im Sohn und Geist ist Gott ganz gegenwärtig. Das theologische Problem besteht darin, daß Vater, Sohn und Geist als nacheinander ablösende Erscheinungsformen verstanden werden, während die biblische Tradition ihre dreifache Gegenwart bezeugt.

Der alten Kirche stellt sich die **theologische Aufgabe,** zu erklären, **wie sich die drei „Namen“ Gottes zu dem einen Gott verhalten** (Wesenstrinität oder innere Trinität).

4.6.3 Trinitarische und christologische Lehrentscheidungen der alten Kirche

Auf dem von Kaiser Konstantin d. Gr. nach Nizäa einberufenen ersten ökumenischen Konzil (325) setzt der Kaiser diplomatisch durch, daß die Reichssynode die christologische Aussage der **vollen Gottheit des Sohnes** annimmt: Der Sohn ist *eines Wesens* mit dem Vater. Auf dem Konzil von Konstantinopel (381) wird vor allem der dritte Teil des auf der Synode in Nizäa beschlossenen Glaubensbekenntnisses erweitert.

Das Glaubensbekenntnis von Nizäa-Konstantinopel (381) verbindet als ökumenisches Bekenntnis die gesamte Christenheit:

Wir glauben an den einen Gott,
den Vater, den Allmächtigen,
der alles geschaffen hat,
Himmel und Erde,
die sichtbare und die unsichtbare Welt.

Und an den einen Herrn Jesus Christus,
Gottes eingeborenen Sohn,
aus dem Vater geboren vor aller Zeit:
Gott von Gott, Licht vom Licht,
wahrer Gott vom wahren Gott,
gezeugt, nicht geschaffen,
eines Wesens mit dem Vater;
durch ihn ist alles geschaffen.
Für uns Menschen und zu unserm Heil
ist er vom Himmel gekommen,
hat Fleisch angenommen
durch den Heiligen Geist
von der Jungfrau Maria
und ist Mensch geworden.
Er wurde für uns gekreuzigt unter Pontius Pilatus,
hat gelitten und ist begraben worden,
ist am dritten Tage auferstanden nach der Schrift
und aufgefahren in den Himmel.
Er sitzt zur Rechten des Vaters
und wird wiederkommen in Herrlichkeit,
zu richten die Lebenden und die Toten;
seiner Herrschaft wird kein Ende sein.

Wir glauben an den Heiligen Geist,
der Herr ist und lebendig macht,
der aus dem Vater (und dem Sohn) hervorgeht,
der mit dem Vater und dem Sohn
angebetet und verherrlicht wird,

der gesprochen hat durch die Propheten,
und die eine, heilige, allgemeine/katholische und apostolische Kirche.
Wir bekennen die eine Taufe zur Vergebung der Sünden.
Wir erwarten die Auferstehung der Toten
und das Leben der kommenden Welt.
Amen.

Der Begriff „eines Wesens" (griech. homooúsios*) schillert in seiner Bedeutung zwischen „wesenseins" und „wesensgleich" und kann deshalb verschiedene theologische Richtungen auf der Reichssynode vereinen. Das Konzil verurteilt die Lehren des Subordinatianismus und Modalismus. Als Arius und seine Anhänger sich weigern, das Bekenntnis zu unterschreiben, werden die Arianer verbannt.*

In der griechischen Theologie des Ostens einigt man sich auf die trinitarische Formel: Gott ist ein Wesen in drei Einheiten (mia ousia in treis hypostaseis); die westliche Theologie spricht dagegen von einer „Einheit in drei Gestalten" (una substantia, tres personae). Die Trinitätslehre verwendet die umgeformte Begrifflichkeit der antiken Philosophie. Der griechische philosophische Begriff (ousia) meint eine Wesensart, die verschiedenen Einzelpersonen gemeinsam ist. Die trinitarische Formulierung versteht darunter das gemeinsame Gottsein. Gott nimmt jeweils eine besondere Form als Vater, Sohn und Geist an. Die lateinische philosophische Bezeichnung (substantia) bezeichnet ein konkretes Einzelwesen. Nach trinitarischer Lehre tritt also der eine Gott gleichzeitig in verschiedenen Gestalten auf. Durch nähere Bestimmungen will man sich gegen modalistische und subordinatianische Mißverständnisse der Trinitätslehre absichern. Es besteht in Gott ein Gegenüber der Personen. Jede der drei Personen ist gleichwertig (aequalitas).

Das christologische Problem, wie Jesus Christus in gleicher Weise als Mensch und Gott zu denken sei, beantwortet das Konzil von Calcedon (451) mit der sogenannten **Zwei-Naturenlehre.** Christus wird als eine Person in zwei Naturen verstanden; Gottheit und Menschheit sind in der Person Christi weder miteinander vermischt, noch voneinander getrennt. Sie wirken jedoch in der Gemeinschaft mit der je anderen zusammen.

Die auf dem Konzil von Konstantinopel (381) **dogmatisierte Trinitätslehre** hält daran fest, daß Christus eines Wesens mit Gott ist. Die **innere Trinität Gottes** wird unter Benutzung umgeprägter philosophischer Begriffe beschrieben: Gott ist ein Wesen in drei Einheiten bzw. eine Einheit in drei Gestalten.

4.6.4 Das Bekenntnis zu dem Dreieinigen Gott und die Trinitätslehre

Die Trinitätslehre bleibt in ihrer altkirchlichen Gestalt eine im wesentlichen **anerkannte, grundlegende Lehraussage** der Kirche. Protestantische Theologen des 19. und 20. Jahrhunderts interpretieren den Sinngehalt der „Wesenstrinität" neu.

Die Trinitätslehre hält fest, daß Gott ein geschichtlich handelnder ist, der dem Menschen in vielfältiger Weise begegnet, als Vater, Sohn und Geist. In dieser **dreifachen Selbsterweisung** zeigt sich Gott als der, der er in Wahrheit, seinem „Wesen" nach ist.

Die Wurzel der **Trinitätslehre** liegt in der biblisch bezeugten Selbsterschließung Gottes als Vater, in der Sendung des Sohnes und dem Wirken des Geistes. Die dreieinige Erweisung Gottes und das trinitarische Bekenntnis zu Gott geht der Trinitätslehre voraus. Diese ist also kein unmittelbarer Inhalt der Offenbarung. Sie versucht, **das Bekenntnis in Begriffe zu fassen.**

In der Theologie Karl Barths (1886–1968) nimmt die Trinitätslehre eine zentrale Stellung ein. Der biblische Begriff Offenbarung besagt, „daß Gott selbst in unzerstörter Einheit, aber auch in unzerstörter Verschiedenheit der Offenbarer, die Offenbarung und das Offenbarsein ist"[1]*. Die Lehre von der immanentem Trinität ist für Karl Barth die Vorbedingung dafür, daß überhaupt von seiner Offenbarung gesprochen werden kann. In seiner Selbstoffenbarung für uns in der Zeit „entspricht" Gott seinem ewig dreifachen Gegenüber in sich selbst.*

> Die Trinitätslehre sagt – und das ist das Positive, das sie auf ihren polemischen Fronten verteidigt –, daß und inwiefern der, der sich nach dem Zeugnis der Schrift Menschen offenbart, unser *Gott*, daß und inwiefern er *unser* Gott sein kann. Er kann unser *Gott* sein, weil er in allen seinen Seinsweisen sich selbst gleich, ein und derselbe Herr ist. Erkenntnis der Offenbarung, wie sie am Zeugnis der Schrift aufgehen kann, heißt im Sinn der Trinitätslehre in allen Momenten des Ereignisses, auf das uns dieses Zeugnis hinweist: Erkenntnis des Herrn als dessen, der uns begegnet und sich uns verbindet. Und dieser Herr kann *unser* Gott sein, er kann uns begegnen und sich uns verbinden, weil er Gott ist in diesen drei Seinsweisen als Vater, Sohn und Geist, weil die Schöpfung, die Versöhnung, die Erlösung, das ganze Sein, Reden und Handeln,

[1] Barth, Karl: Die kirchliche Dogmatik, Bd. I/1: Die Lehre vom Wort Gottes. Prolegomena zur kirchlichen Dogmatik. Zürich ^{8}1964, S. 311.

in dem er unser Gott sein will, begründet und vorgebildet ist in seinem eigenen Wesen, in seinem Gottsein selber. Als Vater, Sohn und Geist ist Gott sozusagen im voraus der unsrige. [...] Die Schrift, in der das Problem der Trinitätslehre gestellt ist, ist und bleibt das Maß und der Richter der Lösung dieses Problems. Sie steht über dem Dogma der Kirche und also über der kritischen Besinnung, zu der wir uns durch das Dogma der Kirche anleiten lassen. Aber Alles wohl erwogen wagen wir es, diese Anleitung bis auf bessere Belehrung für eine angemessene zu halten.

Barth, Karl: Die kirchliche Dogmatik, Bd. I/1: Die Lehre vom Wort Gottes. Prolegomena zur kirchlichen Dogmatik. Zürich ⁸1964, S. 403 f.

4.7 Luthers Reden von Gott

Lukas Cranach: Luther als Augustinermönch (um 1523)

Martin Luther wird 1483 als Sohn eines Bergmanns in Eisleben geboren. 1505 bricht er nach dem glänzend bestandenen Magisterexamen das Studium der Jurisprudenz ab und tritt – gegen den Willen des Vaters – in das Augustiner-Eremiten-Kloster in Erfurt ein. Bestimmt von der Frage: „Wie bekomme ich einen gnädigen Gott?“ versucht der gewissenhafte Mönch, den Forderungen Gottes zu genügen, und erfährt, daß der Mensch nicht aus eigener Kraft vor Gott bestehen kann.
Zum Schlüsselerlebnis wird für ihn die aus der Bibel (Röm 1, 17) gewonnene Erkenntnis, daß nicht Leistungen des Menschen die Gerechtigkeit Gottes bewirken können, sondern daß Gott den Menschen allein aus Gnade durch den Glauben rechtfertigt. Diese Entdeckung bestimmt das weitere Denken und Handeln Luthers. Aus seiner Kritik an der Ablaßpraxis entwickelt sich ein Konflikt mit dem Papsttum, der schließlich dazu führt,

daß über Luther der Kirchenbann und die Reichsacht verhängt werden. Auf der Wartburg von seinem Landesherrn Friedrich dem Weisen in Sicherheit gebracht, übersetzt Luther das Neue Testament ins Deutsche. Er orientiert seine bildhafte und kraftvolle Sprache an der Lebenswirklichkeit des einfachen Volkes. Durch seine Flugschriften, Bibelübersetzung, Bibelauslegungen, den Katechismus und die Liederdichtungen wird Luther bald zum meistgelesenen deutschen Autor.
1525 heiratet er die ehemalige Nonne Katharina von Bora. In der Rückschau sagt er (1532): „Es gibt keine süßere Verbindung als die einer guten Ehe, und es gibt keine herbere Trennung als die einer guten Ehe. Dem kommt nur das Sterben von Kindern gleich; wie weh das tut, habe ich selbst erfahren.“[1]
Die reformatorische Neugestaltung führt im Bund mit den evangelischen Obrigkeiten zur Gründung einer eigenen Kirche, was Luther ursprünglich nicht beabsichtigt hat. Im Zusammenhang mit dem gewaltsamen Versuch Thomas Müntzers, das Reich Gottes aufzurichten, sowie mit Lehrstreitigkeiten (Abendmahl, Kindertaufe, freier Wille) kommt es zu innerevangelischen Auseinandersetzungen. In den Spätschriften polemisiert Luther gegen das Judentum.
1546 reist Luther – gesundheitlich schwer angeschlagen – nach Eisleben, um einen Streit in der gräflichen Familie von Mansfeld zu schlichten. Er stirbt dort in der Nacht vom 17. zum 18. Februar im Beisein seines alten Studienfreundes Justus Jonas und des Ortspfarrers. Seine letzte Aufzeichnung auf einem Zettel schließt: „Wir sind Bettler, das ist wahr.“

Persönliche Zweifel, ob der Mensch mit seiner Schuld vor Gott bestehen könne, führen Luther von der mittelalterlichen theologischen Denkweise **zum biblischen Gottesverständnis zurück.**

Der verborgene Gott

Luther bestreitet nicht, daß es dem Menschen möglich ist, Gott durch die Vernunft aus seinen Schöpfungswerken zu erfassen. Allerdings kann diese zwar die Existenz Gottes, nicht aber sein eigentliches Wesen und Wirken erkennen. Auf diesem Weg zeigt sich **Gott als der verborgene.** Die natürliche Vernunft weiß nicht, wer Gott ist: In seiner Weisheit und Allmacht steht Gott dem Menschen fern. Die Gerechtigkeit Gottes fordert den Gehorsam des Menschen und klagt seine Verfehlungen an.

Gott und das Vertrauen

Für Luther stellt sich in seinen drückenden Zweifeln an der Heilsgewißheit die Frage, worauf der Mensch sich letztlich verlassen und sein Vertrauen gründen könne. Aus dieser Grundsituation ergibt sich für Luther die **Frage nach Gott.** Immer verläßt sich der Mensch auf etwas für sein Leben Letztgültiges, hängt also

[1] Tischreden, 1, 250 (1532). Am 3.8.1528 stirbt Luthers Töchterchen Elisabeth im Alter von acht Monaten, am 20.9. 1542 die dreizehnjährige Magdalene in den Armen des Vaters.

sein Herz an einen „Gott“, sei es materielle Absicherung, Ansehen oder ein transzendenter Bezug. Der Glaube an den wahren Gott steht immer in der Auseinandersetzung mit dem Widergöttlichen, dem Aberglauben.

Luther geht im Großen Katechismus davon aus, daß die Lebensausrichtung jedes Menschen vom Vertrauen auf etwas für ihn besonders Wesentliches geprägt 7wird:

> Was heißt „einen Gott haben“ bzw. was ist „Gott“? Antwort: Ein „Gott“ heißt das, von dem man alles Gute erhoffen und zu dem man in allen Nöten seine Zuflucht nehmen soll. „Einen Gott haben“ heißt also nichts anderes, als ihm von Herzen vertrauen und glauben; in diesem Sinn habe ich schon oft gesagt, daß allein das Vertrauen und Glauben des Herzens einem etwas sowohl zu Gott als zu einem Abgott macht. Ist der Glaube und das Vertrauen recht, so ist auch dein Gott der rechte Gott, und umgekehrt, wo das Vertrauen falsch und unrecht ist, da ist auch der rechte Gott nicht. Denn die zwei gehören zusammen, Glaube und Gott. Das nun, sage ich, woran du dein Herz hängst und worauf du dich verlässest, das ist eigentlich dein Gott.
> Jam in quacunque re animi tui fiduciam et cor fixum habueris, haec haud dubie Deus tuus est.
>
> *Luther, Martin: WA 30/I, 132 f. Calwer Luther-Ausgabe, Bd. 1. München und Hamburg ^{2}1977, S. 22.*

Luther spricht von der Zuflucht in den Nöten, nicht von einer Flucht aus der Bedrängnis. Recht zu glauben heißt, sich vertrauend in die Hand Gottes begeben.

Der offenbare Gott der Liebe

Wahrer Glaube erwächst aus der Antwort auf Gottes Wort. Bei der Auslegung des Römerbriefes überwindet Luther seine existentielle Not, weil er Gott von seinem Heilswillen her verstehen lernt. Hinter der Ohnmacht und dem Leiden Jesu **wirkt Gott verborgen** und **offenbart** zugleich sein eigentliches Wesen. Im Kreuz Christi zeigt Gott seine Liebe zu den Menschen, rechtfertigt den Sünder und nimmt ihn an (vgl. Kapitel 8.2: Rechtfertigung des Sünders). Nur der Glaube allerdings vermag zu erkennen, daß Gott sich schöpferisch wirkend in Jesus Christus offenbart als „ein glühender Backofen voller Liebe“[1].

Luther unterscheidet zwischen dem allmächtigen Gott und dem gekreuzigten Gott, dem verborgenen (Deus absconditus) und dem offenbaren Gott. Der Glaube sieht hier keine Alternative, sondern ein spannnungsvolles Aufeinanderbezogensein:

---

[1] WA 36, 425.

Der Widerspruch zwischen den beiden Aussagereihen, daß einmal der offenbare Gott selbst der verborgene ist und das andere Mal der offenbare Gott unterschieden wird vom verborgenen Gott – dieser Widerspruch löst sich darin, daß Luther um des Gottseins Gottes willen den Widerspruch zwischen dem Gott in Jesus Christus und dem Gott der Allmacht und Allwissenheit, zwischen dem Glauben und der Welterfahrung, bis zum äußersten festhält und aushält. [...]
Jesus, der Gekreuzigte, gibt uns Gott als den allmächtigen in der Ohnmacht zu glauben und macht uns so überhaupt erst Gott zu Gott.

Ebeling, Gerhard: Luther. Einführung in sein Denken. Tübingen 1964, S. 277f.

Luther überwindet die mittelalterliche theologische Denkweise und führt zum biblischen Gottesverständnis zurück. Gott **offenbart** sich dem Glauben aus seinem Heilswirken in Jesus Christus. Im **Kreuz Christi** zeigt Gott seine **Liebe** und spricht um Christi willen den Sünder frei, der glaubend auf Gott vertraut.

Der Theologe Paul Tillich (1886–1965) führt aus, wie Christus den Menschen das versöhnende Handeln Gottes vermittelt:

Im Kreuz des Christus wird die göttliche Teilnahme an der existentiellen Entfremdung manifest. [...] Manifestationen sind *wirksame* Äußerungen, nicht nur Mitteilungen. Es ereignet sich etwas in einer Manifestation, etwas, das Wirkungen und Folgen hat. Das Kreuz des Christus ist eine Manifestation in diesem Sinne. Es ist Offenbarung durch Verwirklichung. Es ist nicht die einzige, aber die zentrale Verwirklichung und das Kriterium für alle anderen Manifestationen von Gottes Teilnahme am Leiden der Welt. Das schuldige Gewissen, das auf das Kreuz blickt, sieht Gottes versöhnendes Handeln im Kreuz und durch das Kreuz; es sieht, daß Gott die zerstörerischen Konsequenzen auf sich nimmt. Die liturgische Sprache gewinnt Trost in Schuld und Tod durch das „Verdienst Christi", durch sein „kostbares Blut" und sein „unschuldiges Leiden" und deutet damit auf den hin, in dem Gottes versöhnendes Handeln manifest wird. Aber weder die liturgische Sprache noch das schlechte Gewissen unterscheidet im Akt des Glaubens zwischen den Ausdrücken „*durch* das Kreuz" und „*im* Kreuz". Die Theologie jedoch *muß* eine Unterscheidung zwischen beiden machen. Das Kreuz ist nicht die Ursache, sondern die wirksame Manifestation davon, daß Gott die Folgen der menschlichen Schuld auf sich nimmt.

Tillich, Paul: Systematische Theologie, Bd. 2. Stuttgart ³1958, S. 188f.

5 Herausforderungen des christlichen Gottesglaubens

Die Thematik **„Glaube, Denken und Vernunft“** beschäftigt bereits die Theologen der Alten Kirche in der Auseinandersetzung mit der hellenistischen Philosophie. In seiner neueren Geschichte muß sich das Christentum vor allem mit drei Bereichen dieser Gesamtproblematik auseinandersetzen:

Vernunft und Offenbarung
Inwieweit läßt sich christlicher Gottesglaube rational artikulieren?

Theodizee-Problem
Wie verhält sich Gott gegenüber dem Übel und Bösen in der Welt?

Religionskritik
Kann der Gottesglaube auf menschliche Wünsche zurückgeführt werden, die der religiöse Mensch in eine göttliche „Wirklichkeit“ projiziert?

Leitfragen:

- *Ist „Gott“ Ausdruck einer verkehrten Welt?*
- *Muß der Glaube an Gott einen Nutzeffekt haben?*
- *Kann Gott ganzheitlich erfahren werden als das Leben des Menschen bestimmende Wirklichkeit?*
- *Überlegen Sie, welche Grundfragen den heutigen Menschen beschäftigen und welche Lebenshilfen er sucht!*

Zum Einstieg: Was bedeutet mir Gott?

Maler, etwa 18 Jahre: Woran denke ich beim Wort „Gott“?

An die Dritte Welt. Die Ungerechtigkeit. An die Angst, nicht an ihn zu glauben. Erfindung der Menschheit. Alle Sorgen und Hoffnungen zu einem Gott zusammenfügen. Irgend ein Fluchtweg. Notausgang. An seine ungerechte Strafe, die er uns auferlegt hat. Sein seltsamer Weg zum Frieden.
Glauben Ohne tödliche Thesen.
Gott statt Religion. War Gott ein Rassist?
Einmal im Traum ihn sprechen hören.
Wissen wie's wirklich war.
Trotz allem ist Gott eine schöne Einbildung, an dem [sic!] man sich hält.
Die Angst nicht an ihn zu glauben!

Schülerin, 19 Jahre: Gott ist für mich mehr als ein Freund

Ich glaube an Gott. Es ist schön, beruhigend, wenn man weiß, da ist noch jemand, mit dem man sprechen kann, der Hoffnung für einen ist. Ich weiß auch, wenn ich niemanden mehr habe, keine Eltern, Geschwister, Freunde, also ganz verlassen auf der Welt wäre, da ist noch jemand, der mir nahe steht, mir beisteht, bei dem ich mich bedanken kann für alles, was mir in meinem 20jährigen Leben an Gutem widerfahren ist. Es ist wirklich alles so eingetroffen, wie ich es erhofft habe, auch wenn manchmal wirklich alles ausweglos erschien. Ich wußte, er gibt mir die Kraft, den Willen, dies alles durchzustehen, und mich [sic!] nie der Mut verlassen hat. Er ist für mich mehr als ein Freund, ihm kann ich alles anvertrauen.

Nipkow, Karl Ernst: Erwachsenwerden ohne Gott? Gotteserfahrung im Lebenslauf. München 1987, S. 69f., 81.

Friedrich Nietzsche: Der tolle Mensch

Habt ihr nicht von jenem tollen Menschen gehört, der am hellen Vormittage eine Laterne anzündete, auf den Markt lief und unaufhörlich schrie: „Ich suche Gott! Ich suche Gott!“ – Da dort gerade viele von denen zusammen standen, welche nicht an Gott glaubten, so erregte er ein großes Gelächter. Ist er denn verloren gegangen? sagte der eine. Hat er sich verlaufen wie ein Kind? sagte der andere. Oder hält er sich versteckt? Fürchtet er sich vor uns? Ist er zu Schiff gegangen? ausgewandert? so schrieen und lachten sie durcheinander. Der tolle Mensch sprang mitten unter sie und durchbohrte sie mit seinen Blicken. „Wohin ist Gott?" rief er, „Ich will es euch sagen! *Wir haben ihn getötet* – ihr und ich. Wir alle sind seine Mörder! Aber wie haben wir das gemacht? Wie vermochten wir das Meer auszutrinken? Wer gab uns den Schwamm, um den ganzen Horizont wegzuwischen? Was taten wir, als wir diese Erde von ihrer Sonne losketteten? Wohin bewegt sie sich nun? Wohin bewegen wir uns? Fort von allen Sonnen? Stürzen wir nicht fortwährend? Und rückwärts, seitwärts, vorwärts, nach allen Seiten? Gibt es noch ein Oben und ein Unten? Irren wir nicht wie durch ein unendliches Nichts? Haucht uns nicht der leere Raum an? Ist es nicht kälter geworden? Kommt nicht immerfort die Nacht und mehr Nacht? [...] Ist nicht die Größe dieser Tat zu groß für uns? Müssen wir nicht selber zu Göttern werden, um nur ihrer würdig zu erscheinen?"

Nietzsche, Friedrich: Die fröhliche Wissenschaft, 3. Buch, Nr. 125. In: Ders.: Werke. Kritische Gesamtausgabe. Hrsg. von Giorgio Colli und Mazzino Montinari, V/2. 1973, S. 158f

A. Paul Weber: Post Christum, 1963 – © VG Bild-Kunst, Bonn 1995.

5.1 Vernunft und Offenbarung

5.1.1 Gottesbeweise

Die abendländische Philosophie und Theologie entwickelt zahlreiche Versuche, den **Glauben an Gott** als **denkerisch vernünftig** darzustellen. Schon zur Zeit, als die Gottesbeweise entstehen, sind manche heftig umstritten oder werden inhaltlich umgeformt. Der ursprünglichen Absicht nach wollen sie nicht Ungläubige von der Existenz Gottes rational überzeugen. Die Annahme einer göttlichen Macht gilt bis zur Neuzeit im wesentlichen als eine selbstverständliche Denk- und Lebensvoraussetzung. Die Gottesbeweise setzen vielmehr den existentiellen Glauben an Gott voraus und versuchen, Dasein und Wesen Gottes methodisch und rational einsichtig zu machen. Später versteht man den Gottesbeweis allerdings auch in dem Sinne einer angeblich zwingenden Beweisführung für die Existenz Gottes.

Die **Wurzeln der Gottesbeweise** liegen in der griechischen Philosophie. Bereits die vorsokratischen Naturphilosophen suchen nach den letzten Gründen der irdischen Wirklichkeit und sehen den „Urstoff" als das Göttliche an. Die Annahme eines inneren Bedingungszusammenhanges der empirisch erfahrbaren und der transzendenten Welt ermöglichen die Gottesbeweise. Vor allem die mittelalterliche scholastische Philosophie ergänzt sie und arbeitet sie schärfer heraus.

Teleologischer und kosmologischer Gottesbeweis

Die religiöse Erfahrung einer gesetzmäßig, zweckmäßig und sinnvoll geordneten Welt, das Staunen über die Schönheit der Natur weist auf eine ordnende göttliche Intelligenz, auf vollkommene geistige Ideen, auf eine vernunftgemäß schaffende Gottheit hin.

Diese Argumentationsstruktur steht hinter dem **teleologischen Gottesbeweis** (griech. Telos „Ziel", „Zweck"), der sich beispielsweise bei Sokrates (470 – 399), Platon (427 – 347), Aristoteles (384 – 322) und in der Stoa (300 v. Chr. – 200 n. Chr.) findet.

Aristoteles schließt aus der Planmäßigkeit der Hafeneinfahrt eines Schiffes auf eine steuernde Intelligenz, entsprechend aus der Ordnung der Welt auf einen überweltlichen Ordner:

> Wenn ein Seemann von weitem ein Schiff in den Hafen einlaufen sieht, vermutet er einen Steuermann auf ihm. So haben die, welche zuerst zum Himmel aufschauten und die Sonne sahen und den wohlgeordneten Reigen der Sterne einen Meister dieser herrlichen Weltordnung gesucht.
>
> *Aristoteles: Fragment, 11.*

Eine Sonderform des teleologischen Gottesbeweises stellt der Bewegungsbeweis dar, der später auch **kosmologischer Gottesbeweis** genannt wird.

Vom Verständnis der Welt als wohlgeordnetem Kosmos ausgehend versucht Aristoteles im logischen Schlußverfahren die Existenz Gottes und sein Wesen rational verständlich zu machen: Die Veränderung der welthaften Wirklichkeit setzt den reinen Akt (actus purus), den unbewegten Beweger als Erklärungsgrund voraus.

Obersatz: Alles, was sich bewegt, wird notwendig von einem anderen bewegt.
Untersatz: Die Reihe der Bewegung kann nicht bis ins Unendliche fortgehen.
Schluß: Es muß also einen ersten Beweger geben, der selbst unbewegt ist: Gott. Dieser ist der Welt transzendent, steht außerhalb von Raum und Zeit, besitzt Vernunft, Unveränderlichkeit und Leben.

Ethnologischer oder historischer Gottesbeweis

Der ethnologische oder historische Gottesbeweis schließt von dem Vorhandensein des Gottesglaubens in allen Völkern auf die Existenz Gottes.

Noetischer Gottesbeweis

Augustin (354–430) trägt zu den Gottesbeweisen den noetischen bei, wenn er von der zeitlosen Geltung der Werte und Normen auf einen zeitlosen, göttlichen Garanten des Wahren und Guten zurückschließt.

Ontologischer Gottesbeweis

Anselm von Canterbury (1033–1109) leitet in seiner Schrift „Proslogium“ das Dasein Gottes nicht aus Fakten der Welterfahrung, sondern aus dem Gottesgedanken selbst ab. Die erst in späterer Zeit als ontologischer Gottesbeweis bezeichnete Arugumentationsform geht von der gedanklichen Vorstellung Gottes als eines vollkommensten Wesens aus. Der Begriff Gottes bezieht sich auf ein Wesen, über das hinaus nichts Größeres gedacht werden kann (id quo maius cogitari nequit). Dann aber muß Gott nicht nur als Gedanke (esse in intellectu), sondern als reale Wirklichkeit existieren (esse in re), da zur Vollkommenheit Gottes seine Existenz unbedingt dazugehört: „Es gibt also wahrhaft etwas, über das hinaus Größeres nicht gedacht werden kann, derart, daß nicht einmal der Gedanke an dessen Nicht-sein möglich ist. Und das bist Du, Herr, unser Gott."[1]

Die fünf Wege des Thomas von Aquin

Thomas von Aquin (ca. 1225 – 1275) stellt fünf Wege (quinque viae) auf, um Gott rational zu erschließen und Charakteristika aufzuzeigen, wie sie den biblischen Gott kennzeichnen. Er bindet die überlieferten, teilweise umgeformten Gottesbeweise in eine aufsteigende Beweiskette ein.

Thomas geht vom aristotelischen Bewegungs- und Kausalbeweis aus, wobei er Bewegung nicht im physikalischen Sinn, sondern als Seinsentwicklung versteht, und schließt auf Gott als Wirkursächlichkeit. Der dritte Weg, der Kontingenzbeweis, folgert, daß die entstehenden und vergehenden Dinge nicht nur Schein sind, sondern daß tatsächlich ein von sich aus Notwendiges existiert. Der Stufenbeweis schließt aus den verschieden hochstehenden Seinsstufen auf ein vollkommenes, erstes Ordnungsprinzip. Daran fügt Thomas den teleologischen Gottesbeweis an. Vom ersten Beweger, der Erstursache her, folgt abschließend ein absolut notwendiges und vollkommenes Wesen als Ziel der Weltordnung.

5.1.2 Kants Postulat Gottes

Immanuel Kant

[1] Anselm von Canterbury: Leben, Lehre, Werke. Übersetzt, eingeleitet und erläutert von Rudolf Allers. Wien 1936, S. 358 (Proslogion, 3. Kapitel).

Als viertes von neun Kindern eines Sattlermeisters wird Immanuel Kant 1724 in Königsberg (Ostpreußen) geboren. Nach dem Besuch des pietistisch geprägten Collegium Fridericianum studiert Kant Theologie, Mathematik, Naturwissenschaft und Philosophie. Zehn Jahre lang verdient Kant seinen Lebensunterhalt als Hauslehrer bei adligen Familien. 1755 habilitiert er sich, wird Privatdozent, erhält 1765 eine Stelle als Unterbibliothekar und 1770 schließlich eine ordentliche Professur. Der preußische König Friedrich der Große beruft ihn „wegen desselben Uns alleruntertänigst angerühmten Fleißes und Geschicklichkeit". Kant soll „die studierende Jugend [...] ohnermüdet unterrichten und davon tüchtige und geschickte Subjekta zu machen sich bemühen".
Im Alter von 58 Jahren gibt Kant nach über zehnjähriger Publikationspause sein Hauptwerk, „Kritik der reinen Vernunft" (1781), heraus, das ihn über Deutschland hinaus berühmt macht. Da Kant seit Geburt kränklich ist, muß er sich seine enormen Kenntnisse durch Selbstdisziplin, Willenskraft und exakter Zeiteinteilung aneignen. Er unterwirft sich auch einer strengen Selbstdiät. Die nähere Umgebung Königsbergs verläßt er kaum. Berufungen nach auswärts lehnt er mehrmals ab. Am gesellschaftlichen Leben der Stadt nimmt Kant als humorvoller, geistreicher Unterhalter teil. 1794 verbietet ihm eine Kabinettsanordnung jede Religionskritik. Kant gibt nach: „Wenn alles, was man sagt, wahr sein muß, so ist damit nicht auch Pflicht, alle Wahrheit öffentlich zu sagen." Bald darauf beendet Kant 73jährig seine zeitlich reduzierte Lehrtätigkeit und stirbt 1804 nach Erschöpfung der Kräfte an Altersschwäche. Seine letzten Worte lauten: „Es ist gut."

In der „Kritik der reinen Vernunft" lehnt Kant alle traditionellen Gottesbeweise als spekulativ ab, weil sie über den Erfahrungsbereich der theoretischen Vernunft hinausführen. Die theoretische Vernunft kann weder das Wesen noch das Dasein des Unbedingten erkennen. Weil Kant die Gottesbeweise als rein subjektive Ideen versteht, führt er alle Gottesbeweise auf den ontologischen Gottesbeweis Anselms zurück. Auch ihn weist Kant als unwissenschaftlich zurück, da eine gedachte Existenz stets nur eine gedachte bleibt und keine wirkliche sein muß.

Die praktische Vernunft dagegen muß – neben der Freiheit des Willens und der Unsterblichkeit der Seele – das Dasein Gottes notwendigerweise als Prinzip für den sittlich handelnden Menschen voraussetzen. Kant bezeichnet dieses Postulat als **moralischen oder praktischen Vernunftsglauben,** der einzige philosophisch akzeptable Aufweis der Realität Gottes im Sinne einer subjektiven Gewißheit. Wenn der sittlich handelnde Mensch seiner Pflicht nachkommt, das höchste Gut zu verwirklichen, darf er sich sicher sein, Anteil an der Glückseligkeit zu erlangen. Gott als weltüberlegenes, ethisches Wesen garantiert die Erfüllung dieses Sollensanspruchs.

Immanuel Kant verbindet die Anerkennung eines unbedingt verpflichtenden moralischen Sittengesetzes mit der Notwendigkeit, das Sein Gottes zu postulieren:

> Also ist das höchste Gut in der Welt nur möglich, so fern eine oberste Ursache der Natur angenommen wird, die eine der moralischen Gesinnung gemäße Kausalität hat. Nun ist ein Wesen, das

der Handlungen nach der Vorstellung von Gesetzen fähig ist, eine *Intelligenz* (vernünftig Wesen) und die Kausalität eines solchen Wesens nach dieser Vorstellung der Gesetze ein *Wille* desselben. Also ist die oberste Ursache der Natur, so fern sie zum höchsten Gute vorausgesetzt werden muß, ein Wesen, das durch *Verstand* und *Willen* die Ursache (folglich der Urheber) der Natur ist, *d. i. Gott.* Folglich ist das Postulat der Möglichkeit des *höchsten abgeleiteten Guts* (der besten Welt) zugleich das Postulat der Wirklichkeit eines *höchsten ursprünglichen Guts*, nämlich der Existenz Gottes.

Kant, Immanuel: Kritik der praktischen Vernunft. In: Ders.: Werkausgabe (Hrsg. W. Weischedel), Bd. 7. Frankfurt a. M. 1974, S. 256 (A 225 f.).

5.1.3 Kritik der Gottesbeweise

Paulus greift manchmal in seinen Missionspredigten hellenistische Vorstellungen von der natürlichen Erkennbarkeit Gottes auf. Der Mensch kann Gott aus der Ordnung der Schöpfung erkennen (Röm 1, 18 – 22) und weiß im Gewissen auch um die moralischen Forderungen (Röm 2, 14 – 16). Die neutestamentlichen Schriften betonen aber, daß nur durch Jesus Christus Gott sich vollends zu erkennen gibt.

Nach **römisch-katholischer Lehre** dringt die menschliche Vernunft teilweise zur Erkenntnis Gottes vor. Das 1. Vatikanische Konzil bestätigt im Sinne der „Natürlichen Theologie" die generelle Möglichkeit des Menschen, die Existenz Gottes und verschiedene Eigenschaften Gottes zu erfassen, ihn als Schöpfer der Welt und Urheber des natürlichen Sittengesetzes wahrzunehmen. Zur vollen Erkenntnis Gottes kommt es allerdings nur durch die Gnade des sich offenbarenden Gottes selbst.

Die heutige **evangelische Theologie** verhält sich den Gottesbeweisen gegenüber kritisch. Da die Wirklichkeit Gottes in dieser Welt nicht unmittelbar gegeben ist, kann Gott kein Gegenstand natürlicher Erkenntnis sein. Hinzu kommt, daß die Verwendung philosophisch-aristotelischer Begrifflichkeit und Vorstellungen (z. B. Akt Potenz-Lehre, Kausalitätsprinzip) zeigt, daß der Gott der Philosophen nicht der Gott der biblischen Offenbarung sein kann. Der Theologe **Karl Barth** greift das berechtigte Anliegen des ontologischen Gottesbeweises wieder auf. Das theologische Denken muß von der Wirklichkeit Gottes ausgehen, nicht von der erfahrenen Wirklichkeit von Mensch und Welt, da nicht der Verstand, sondern Gott den Menschen zum Glauben führt.

Hans Küng, Professor für ökumenische Theologie in Tübingen, möchte einen Weg zwischen dem 1. Vatikanum und der Dialektischen Theologie Karl Barths beschreiten. Der Glaube soll sich im Erfahrungshorizont des heutigen Menschen artikulieren und nicht durch autoritative Berufung auf die Bibel oder persönliche Erfahrung Gottes behauptet werden. Dabei geht es darum, die Wirklichkeit Gottes aufzuweisen, mit der es der Mensch täglich zu tun hat.

Hans Küng sieht in der transzendentalen Verwiesenheit des Menschen einen deutlichen Hinweis auf die Existenz eines Schöpfers. Der Glaube an Gott verleiht – angesichts der Sinnfrage und der ethischen Verantwortung für die Mitmenschen und der Natur gegenüber – die Gewißheit in die Sinnhaftigkeit des Daseins.

Der Beweischarakter der Gottesbeweise ist heute erledigt. Nicht aber ihr Gehalt: und gerade um den nicht beweisbaren Gehalt der Gottesbeweise geht es! Was ist damit gemeint?

Nicht unmöglich erscheint *eine induktive Anleitung,* welche die einem jeden zugängliche Erfahrung der fraglichen Wirklichkeit auszuleuchten versucht. So wird der Mensch – gleichsam auf der Linie der „praktischen Vernunft", des „Sollens" (Kant) – vor eine rational verantwortbare Entscheidung gestellt, die über die reine Vernunft hinaus den ganzen Menschen beansprucht. Also keine rein theoretische, sondern eine durchaus praktische, „existentielle", ganzheitliche Aufgabe der Vernunft, des vernünftigen Menschen: eine die konkrete Erfahrung der Wirklichkeit begleitende, aufschlüsselnde, ausleuchtende, nachdenkliche Reflexion mit praktischer Absicht. [...]

Auch wer nicht glaubt, *daß* Gott existiert, könnte zumindest der *Hypothese* zustimmen, die noch keineswegs über Existenz oder Nicht-Existenz Gottes entscheidet: [...]

- Wenn Gott existierte, dann wäre die gründende Wirklichkeit selbst nicht mehr letztlich unbegründet. Warum? Gott wäre dann der Ur-Grund aller Wirklichkeit.
- Wenn Gott existierte, dann wäre die sich haltende Wirklichkeit nicht mehr selbst letztlich haltlos. Warum? Gott wäre dann der Ur-Halt aller Wirklichkeit.
- Wenn Gott existierte, dann wäre die sich entwickelnde Wirklichkeit nicht mehr letztlich ziellos. Warum? Gott wäre dann das Ur-Ziel aller Wirklichkeit.
- Wenn Gott existierte, dann wäre also die zwischen Sein und Nichtsein schwebende Wirklichkeit nicht mehr letztlich der Nichtigkeit verdächtig. Warum? Gott wäre dann das Sein-Selbst aller Wirklichkeit.

Küng, Hans: 24 Thesen zur Gottesfrage. München [4]1986, S. 52, 54 f.

5.2 Die Frage nach dem Leiden in der Welt: Das Problem der Theodizee

5.2.1 Übel und Leiden in der Welt

Die menschliche Geschichte zeigt vielerlei Elend, das der Mensch als ungerechtfertigtes Leiden, als nicht sein sollend erlebt. Neben dem natürlichen, physischen Übel (Naturkatastrophen, Töten von Lebewesen als Struktur der biologischen Welt, unabwendbare Seuchen) steht das moralisch-schuldhaft Böse. Es bezieht sich auf psychisches sowie soziales Leiden und umfaßt Phänomene wie Neid, Grausamkeit, Mord, Kriege oder Umweltzerstörung. Diese Wirklichkeitserfahrungen des Unglücks rufen die Fragen hervor, warum und wozu dies geschieht. Wie kann der Mensch das Leiden bewältigen? Angesichts des Glaubens an die unbedingte Güte und Allmacht Gottes führen die **leidvollen Erfahrungen** zum Theodizeeproblem. Der Schöpfergott wird angeklagt oder soll sich rechtfertigen.

Das **Theodizee-Problem** gründet in dem denkerischen, vor allem aber **existentiell erfahrenen Widerspruch** zwischen dem Glauben an Gott und dem Sinn-Verlust, der mit dem Leiden verbunden ist. Wie kann ein allmächtiger und gütiger Gott die Übel und das Böse in der Welt verantworten? Warum läßt er fühlende Kreaturen leiden?

5.2.2 Philosophische Deutungen

Das Theodizeeproblem hat schon immer die Philosophen und Theologen beschäftigt. Über eine denkerische „Lösung“ des Problems hinaus erwartet der vom Leiden gequälte Mensch Antworten, die ihm in seiner Situation existentiell helfen.

Bereits der griechische Philosoph **Epikur** (341 – 270) formuliert klassisch das Dilemma der Theodizeefrage: Wie kann Gottes Güte und Macht angesichts des Übels in der Welt gerechtfertigt werden? Oder: Woher kommen die Übel, wenn es Gott gibt?

Epikur argumentiert mit dem Hinweis auf Gottes Macht und Liebe, um die Existenz einer ordnenden gütigen Weltinstanz zu widerlegen:

> Entweder will Gott die Übel beseitigen und kann es nicht:
> dann ist Gott schwach, was auf ihn nicht zutrifft,
> oder er kann es und will es nicht:
> dann ist Gott mißgünstig, was ihm fremd ist,
> oder er will es nicht und kann es nicht:
> dann ist er schwach und mißgünstig zugleich, also nicht Gott,
> oder er will es und kann es, was allein für Gott ziemt:
> Woher kommen dann die Übel und warum nimmt er sie nicht weg?
>
> *Laktanz, Vom Zorne Gottes, 3f.*

Die Philosophie der Aufklärung versucht im Rückgriff auf die griechische Kosmosvorstellung den Glauben an den Schöpfergott mit der Erfahrung der weltlichen Übel auszugleichen. Die Vernunft erkennt, daß das Böse im Zusammenhang des harmonischen Weltganzen eine notwendige Funktion einnimmt. G. W. **Leibnitz** (1646–1716) beschäftigt sich immer wieder mit dem Theodizee-Problem und gibt die wohl bekannteste philosophische Antwort. Der allmächtige und gütige Gott schafft eine **lebendige, harmonische Welt**, die in sich abgestufte Grade der Vollkommenheit enthält. Ein gewisses Maß an Übel (malum naturale) ist unvermeidlich. Das Böse (malum morale) entsteht, wenn die von Gott geschaffenen freien Geschöpfe ihre Freiheit mißbrauchen. Aber auch diese Verfehlungen macht Gott dem Ganzen dienstbar.

G. W. Leibniz geht davon aus, daß der göttliche Wille auf das vollkommene ausgerichtet ist:

> Da die Güte Gottes, die sich an den Geschöpfen überhaupt zeigt, von der Weisheit geleitet wird, so folgt, daß die göttliche Vorsehung sich in der ganzen Folge des Universums offenbart, und man muß sagen, Gott habe aus den unzähligen möglichen Ordnungen der Dinge die beste erwählt, und das sei eben gerade die, die wirklich besteht.
> [...] dicendumque Deus ex infinitis possibilibus seriebus rerum elegisse optimam, eamque adeo ese hanc ipsam quae actu existit.
>
> *Leibniz, Gottfried Wilhelm: Die Theodizee von der Güte Gottes, der Freiheit des Menschen und dem Ursprung des Übels. 3. Teil: Abriß der Sreitfrage. Die Sache Gottes. In: Ders.: Philosophische Schriften, Bd. 2/2. Herausgegeben und übersetzt von Herbert Herring. Darmstadt 1985, S. 330ff.*

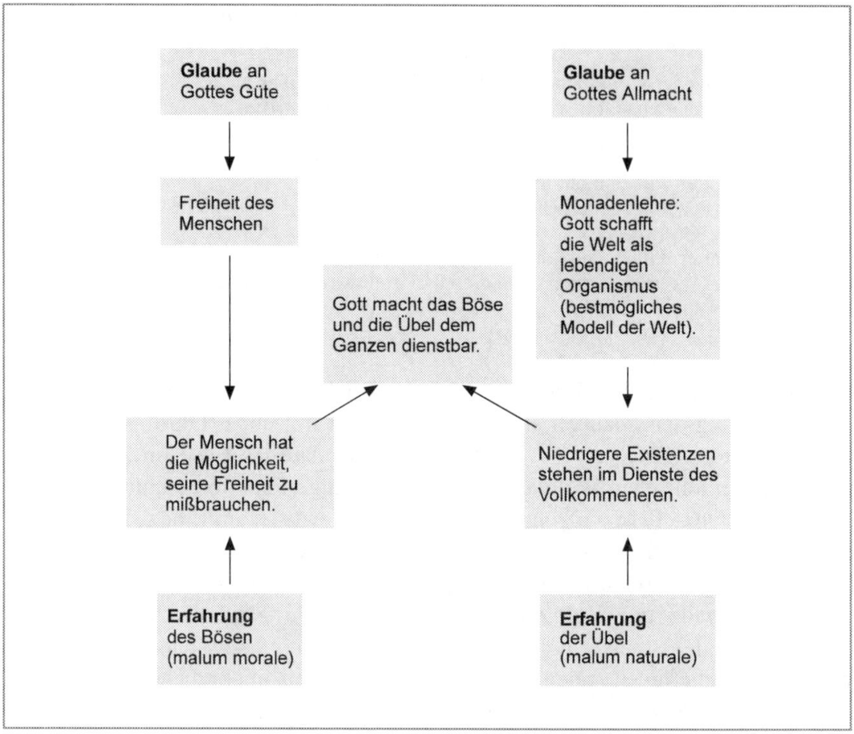

Theodizee-Verständnis des Philosophen Leibniz

In der Philosophie der Aufklärung findet Leibniz zunächst große Zustimmung. Die gewaltigen Ausmaße des Erdbebens von Lissabon (1755) stellen allerdings nach Ansicht des Schriftstellers und Philosophen Voltaires die Theorie in Frage.

Unter dem Eindruck des Erdbebens von Lissabon mit vermutlich 60 000 Toten drängt sich die Frage nach der Herkunft und nach dem Sinn menschlichen Leidens erneut auf.

Durch ein außerordentliches Weltereignis wurde jedoch die Gemütsruhe des Knaben zum ersten Mal im Tiefsten erschüttert. Am ersten November 1755 ereignete sich das Erdbeben von Lissabon und verbreitete über die in Frieden und Ruhe schon eingewohnte Welt einen ungeheuren Schrecken. Eine große prächtige Residenz, zugleich Handels- und Hafenstadt, wird ungewarnt von dem furchtbarsten Unglück betroffen. Die Erde bebt und schwankt, das

Meer braust auf, die Schiffe schlagen zusammen, die Häuser stürzen ein, Kirchen und Türme darüber her, der königliche Palast zum Teil wird vom Meere verschlungen, die geborstene Erde scheint Flammen zu speien: denn überall meldet sich Rauch und Brand in den Ruinen. Sechzigtausend Menschen, einen Augenblick zuvor noch ruhig und behaglich, gehen miteinander zugrunde, und der Glücklichste darunter ist der zu nennen, dem keine Empfindung, keine Besinnung über das Unglück mehr gestattet ist. [...]
Hierauf ließen es die Gottesfürchtigen nicht an Betrachtungen, die Philosophen nicht an Trostgründen, an Strafpredigten die Geistlichkeit nicht fehlen. [...]
Der Knabe, der alles dieses wiederholt vernehmen mußte, war nicht wenig betroffen. Gott, der Schöpfer und Erhalter Himmels und der Erden, den ihm die Erklärung des ersten Glaubens-Artikels so weise und gnädig vorstellte, hatte sich, indem er die Gerechten mit den Ungerechten gleichem Verderben preisgab, keineswegs väterlich bewiesen.

Goethe, Johann Wolfgang von: Aus meinem Leben. Dichtung und Wahrheit (1. Teil, 1. Buch). Hrsg. von Klaus-Detlef Müller. Frankfurt a. M. 1986 (Ders.: Sämtliche Werke. Briefe, Tagebücher und Gespräche. 1. Abteilung, Bd. 14), S. 36 f.

Die bedeutendste philosophische Antwort auf die Theodizeefrage gibt **Leibniz.** Gott schafft die **„beste aller Welten“.** Sie enthält ein gewisses Maß an **Übel.** Das **Böse** geht auf die Möglichkeit des Menschen zurück, seine Freiheit zu mißbrauchen.

5.2.3 Hiob

Das alttestamentliche Hiob-Buch thematisiert die Fragen und Reaktionen eines Menschen, der fest an Gott glaubt und zahlreiche schwere Schicksalsschläge erleidet. Der gegenwärtigen, im 5. – 3. Jh. v. Chr. entstandenen Gestalt der Dichtung geht eine lange und im einzelnen schwierig zu erhellende Überlieferungsgeschichte voraus. Verschiedene literarische Stoffe und traditionelle Deutungen der Leidensproblematik werden aufgegriffen, verschmolzen, überarbeitet und teilweise verändert. Das Hiob-Buch enthält deshalb **mehrere, voneinander abweichende Erklärungen,** welchen Sinn das Unglück haben könnte, das den Menschen trifft.

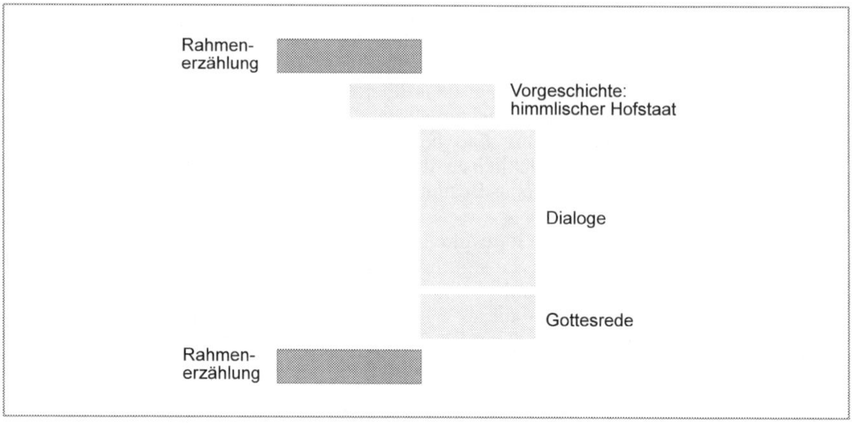

Überlieferungsschichten der Hiob-Dichtung

Im Vertrauen auf Gott geduldig ertragenes Leid

Die älteste Überlieferungsschicht der Hiob-Dichtung geht auf eine ursprünglich selbständige, vorisraelitische Legende zurück. Hiob, ein wohlhabender und gottgläubiger Nomadenscheich, nimmt die schrecklichen Schicksalsschläge hin, ohne sich in seinem Glauben an Gott beirren zu lassen. Stumm ergibt er sich in **Gottes Ratschluß.** Alle Güter, die Gott gegeben hat, kann er auch wieder nehmen. Die Erzählung ruft dazu auf, auch unschuldig widerfahrenes Leiden geduldig und im Vertrauen auf Gott zu ertragen.

Die Rahmenerzählung des Hiob-Buches (Hiob 1, 1–5. 13–22; 2, 7b–10; 42, 10b–17) enthält eine vorisraelische Legende. Den aus der östlichen Steppe Palästinas stammenden reichen Nomadenscheich Hiob trifft völlig unerwartet ein Unglück nach dem anderen. Er verliert seinen Besitz, dann die Kinder. Schließlich kommt schweres körperliches Leiden über ihn. Doch Hiob weiß sich anfechtungslos in seinem Glauben an Gott geborgen (vgl. Hiob 1, 20–22). Deshalb stellt Gott Hiobs Gesundheit wieder her und schenkt ihm noch größeren Segen. Die Erzählung verfolgt eine lehrhaft-ermahnende Absicht. Wenn ein Mensch trotz hereinbrechender Katastrophen an seinem Gottesglauben festhält, wird Gott die Lebenssituation des Glaubenden wieder zum Guten führen.

1,1 Es war ein Mann im Lande Uz, der hieß Hiob. Der war fromm und rechtschaffen, gottesfürchtig und mied das Böse.
2 Und er zeugte sieben Söhne und drei Töchter,
3 und er besaß siebentausend Schafe, dreitausend Kamele, fünfhundert Joch Rinder und fünfhundert Eselinnen und sehr viel Gesinde, und er war reicher als alle, die im Osten wohnten.

2,7 Hiob [wurde] mit bösen Geschwüren [geschlagen] von der Fußsohle an bis auf seinen Scheitel.
8 Und er nahm eine Scherbe und schabte sich und saß in der Asche.
9 Und seine Frau sprach zu ihm: Hältst du noch fest an deiner Frömmigkeit? Sage Gott ab und stirb!
10 Er aber sprach zu ihr: Du redest, wie die törichten Weiber reden. Haben wir Gutes empfangen von Gott und sollten das Böse nicht auch annehmen? In diesem allen versündigte sich Hiob nicht mit seinen Lippen.
42,12 Und der HERR segnete Hiob fortan mehr als einst, so daß er vierzehntausend Schafe kriegte und sechstausend Kamele und tausend Joch Rinder und tausend Eselinnen.
13 Und er bekam sieben Söhne und drei Töchter.
15 Und es gab keine so schönen Frauen im ganzen Lande wie die Töchter Hiobs.
17 Und Hiob starb alt und lebenssatt.

Hiobs (hebr. Ijjôb, *lat.* Iob*) Unglück bezieht sich auf drei Dimensionen menschlichen Leidens: auf die physische (Gesundheit), psychische (Trauer über den Tod der Kinder) und soziale (Verlust von Vermögen, gesellschaftliche Isolation durch die aus der Gemeinschaft ausstoßende Hautkrankheit).*

Das Leiden als Prüfung Gottes

Hiob kann nicht wissen, warum ihm das Unglück zustößt. Sein vielfältiges Unglück hat nämlich eine Vorgeschichte, die sich im himmlischen Hofstaat abspielt. Gott verbürgt sich für Hiobs Glauben und läßt es zu, das **Motiv der Frömmigkeit** Hiobs zu prüfen. Der Satan schickt dem Hiob vielfältiges Leid, doch Hiob zeigt: Er vertraut selbstlos auf Gott, denn sein Glaube ist nicht darauf ausgerichtet, mit möglichst vielen irdischen Gütern belohnt zu werden. Der unschuldig Leidende wird so zum Zeugen für Gott.

Die Satansszene (Hiob 1, 6–12; 2, 1–7 a) wird vermutlich später in die Rahmenerzählung eingefügt. Unter Jahwes Vorsitz kommen die himmlischen Ratgeber zusammen. Auch der Satan erscheint vor dem Thron Gottes. Diese Vorstellungswelt zeigt babylonischen oder persischen Einfluß. Bei einem Audienztag im Himmel meint der Verkläger, Hiob sei nur deshalb Gott ergeben, weil der ihn reich gesegnet habe. Fällt Hiobs Reichtum weg, verhielte auch er sich wie ein Egoist und lasse Gott fallen, Hiob 1, 6–12; 2,6:

1,6 Es begab sich aber eines Tages, da die Gottessöhne kamen und vor den HERRN traten, kam auch der Satan unter ihnen.
7 Der HERR aber sprach zu dem Satan: Wo kommst du her? Der Satan antwortete dem HERRN und sprach: Ich habe die Erde hin und her durchzogen.

8 Der HERR sprach zum Satan: Hast du achtgehabt auf meinen Knecht Hiob? Denn es ist seinesgleichen nicht auf Erden, fromm und rechtschaffen, gottesfürchtig und meidet das Böse.
9 Der Satan antwortete dem HERRN und sprach: Meinst du, daß Hiob Gott umsonst fürchtet?
10 Hast du doch ihn, sein Haus und alles, was er hat, ringsumher beschützt. Du hast das Werk seiner Hände gesegnet, und sein Besitz hat sich ausgebreitet im Lande.
11 Aber strecke deine Hand aus und taste alles an, was er hat: was gilt 's, er wird dir ins Angesicht absagen!
12 Der HERR sprach zum Satan: Siehe, alles, was er hat, sei in deiner Hand; [...]
2,6 [...] doch schone sein Leben!

„Gottessöhne" (1, 6) sind himmlische Wesen, die das Gefolge Gottes bilden und vor seinem Thron erscheinen. Zu ihnen gehört auch der Satan. Der Widersacher Gottes nimmt Gott gegenüber eine untergeordnete Stellung ein. In den folgenden Kapiteln der Hiobdichtung taucht der Satan nicht wieder auf.

Hiob klagt Gott sein Leid

In die Prosaerzählungen wird später der Block mit den Dialogen und der Gottesrede eingefügt. Hiob ist nicht mehr als der das Leiden geduldig ertragende dargestellt. Vielmehr klagt er Gott an, weil dieser seine Qualen verursacht. Als die drei Freunde Hiobs von den schweren Schicksalsschlägen erfahren, besuchen sie ihn. In Form der **dichterisch gestalteten Klage** fragt Hiob danach, warum er leiden muß.

Der Hauptteil des Buches Hiob entsteht (von wenigen Zusätzen aus noch späterer Zeit abgesehen, z. B. Elihureden Hiob 32ff.) während des 5.–3. Jhs. v. Chr., also in persischer oder sogar erst in hellenistischer Zeit. Im geistigen und politischen Umbruch der späten Königszeit wird Jahwes Handeln hinsichtlich der individuellen Lebensführung manchmal undurchschaubar, Hiob 2, 11–13; 3, 1ff.; 16, 11–17:

2,11 Als aber die drei Freunde Hiobs all das Unglück hörten, das über ihn gekommen war, kamen sie, ein jeder aus seinem Ort: Elifas von Teman, Bildad von Schuach und Zofar von Naama. Denn sie waren eins geworden hinzugehen, um ihn zu beklagen und zu trösten.
12 Und als sie ihre Augen aufhoben von ferne, erkannten sie ihn nicht und erhoben ihre Stimme und weinten, und ein jeder zerriß sein Kleid, und sie warfen Staub gen Himmel auf ihr Haupt
13 und saßen mit ihm auf der Erde sieben Tage und sieben Nächte und redeten nichts mit ihm; denn sie sahen, daß der Schmerz sehr groß war.
3,1 Danach tat Hiob seinen Mund auf und verfluchte seinen Tag.

2 Und Hiob sprach:
3 Ausgelöscht sei der Tag, an dem ich geboren bin, und die Nacht, da man sprach: Ein Knabe kam zur Welt!
11 Warum bin ich nicht gestorben bei meiner Geburt? Warum bin ich nicht umgekommen, als ich aus dem Mutterleib kam?
13 Dann läge ich da und wäre still, dann schliefe ich und hätte Ruhe.
16 Wie eine Fehlgeburt, die man verscharrt hat [...].

16,11 Gott hat mich übergeben dem Ungerechten und hat mich in die Hände der Gottlosen kommen lassen.
12 Ich war in Frieden, aber er hat mich zunichte gemacht; er hat mich beim Genick genommen und zerschmettert. Er hat mich als seine Zielscheibe aufgerichtet;
13 seine Pfeile schwirren um mich her. [...]
14 Er schlägt in mich eine Bresche nach der andern; er läuft gegen mich an wie ein Kriegsmann.
15 Ich habe einen Sack um meinen Leib gelegt und mein Haupt in den Staub gebeugt.
16 Mein Antlitz ist gerötet vom Weinen, auf meinen Wimpern liegt Dunkelheit,
17 obwohl kein Frevel in meiner Hand und mein Gebet rein ist.

Der Maßlosigkeit der Klage Hiobs entspricht die Unermeßlichkeit seiner Leiden. Er weiß, daß Gott ihm das furchtbare Unglück geschickt hat, aber er versteht die Beweggründe des Handelns Gottes nicht.

Das Leiden als Strafe Gottes

Die Freunde versuchen, Hiob zu trösten und den Grund seines Leidens zu erklären. Einig sind sich alle darin, daß Jahwe das Leiden geschickt hat. Im Gegensatz zu Hiob aber erklären sie seine unglückliche Lebenssituation aus der herkömmlichen **Vergeltungslehre**, die sie als göttliche Grundordnung verstehen. Das Tun des Menschen und sein Ergehen stehen in einem inneren Entsprechungszusammenhang. Kein Mensch ist vor Gott ohne Sünde. Gott straft die Sünder und belohnt die Guten. Hiob muß Schuld auf sich geladen haben. Die Freunde raten ihm, Buße zu tun, die Sünden zu bekennen, um in den Segen Gottes zurückkehren zu können.

Die Dialoge zwischen Hiob und seinen Freunden wollen in erster Linie als seelsorgerlicher Zuspruch verstanden werden. Der vierte Freund (Hiob 32–37) dürfte nachträglich hinzugefügt sein. Die Problematik umkreisend gehen die Gespräche langsam voran, Hiob 4, 1ff; 5, 17f. (vgl. 4, 8–27):

4,1 Da hob Elifas von Teman an und sprach:
2 Du hast's vielleicht nicht gern, wenn man versucht, mit dir zu reden; aber Worte zurückhalten, wer kann's?

3 Siehe, du hast viele unterwiesen und matte Hände gestärkt;
4 deine Rede hat die Strauchelnden aufgerichtet, und die bebenden Knie hast du gekräftigt.
5 Nun es aber an dich kommt, wirst du weich, und nun es dich trifft, erschrickst du!
6 Ist nicht deine Gottesfurcht dein Trost, und die Unsträflichkeit deiner Wege deine Hoffnung?
7 Bedenke doch: Wo ist ein Unschuldiger umgekommen? Oder wo wurden die Gerechten je vertilgt?
8 Wohl aber habe ich gesehen: Die da Frevel pflügten und Unheil säten, ernteten es auch ein.
9 Durch den Odem Gottes sind sie umgekommen und vom Schnauben seines Zorns vertilgt.
17 Wie kann ein Mensch gerecht sein vor Gott oder ein Mann rein sein vor dem, der ihn gemacht hat?
5,17 Siehe, selig ist der Mensch, den Gott zurechtweist; darum widersetze dich der Zucht des Allmächtigen nicht.
18 Denn er verletzt und verbindet; er zerschlägt, und seine Hand heilt.

Hiobs Rechtsstreit mit Gott

Hiob findet im traditionellen religiösen Kult und im weisheitlichen Vergeltungsdogma der Freunde keine existentiell überzeugenden Antworten. Er kann den Widerspruch zwischen seinem Handeln und seinem Ergehen nicht verstehen. Weder in seiner Lebenssituation noch im allgemeinen geschichtlichen Verlauf stimmt die sittliche Weltordnung Gottes. Hiob will Gerechtigkeit von Gott, dem Erlöser (Hiob 19, 25 ff.), und wirft Gott vor, gegen einen Unschuldigen zu kämpfen. Ein **Rechtsverfahren** will Hiob erzwingen, in dem Gott sein Schweigen brechen und sein Handeln rechtfertigen soll. Hiob ist sich sicher, daß der den Glaubenden schützende Gott die Sache Hiobs als Anwalt und Freund siegreich vertreten wird gegen den Gott, der sich Hiob gegenüber als Feind erwiesen hat.

Hiob fordert ein Gottesurteilsverfahren, Hiob 13, 18–21; 16, 19–21; 19, 25:

13,18 Siehe, ich bin zum Rechtsstreit gerüstet; ich weiß, daß ich recht behalten werde.
22 [... Rufe], ich will dir antworten, oder ich will reden, dann antworte du mir!

16,19 Siehe, auch jetzt noch ist mein Zeuge im Himmel, und mein Fürsprecher ist in der Höhe.
20 Meine Freunde verspotten mich; unter Tränen blickt mein Auge zu Gott auf,
21 daß er Recht verschaffe dem Mann bei Gott, dem Menschen vor seinem Freund.

19,25 [... Ich] weiß, daß mein Erlöser [Anwalt] lebt.

Zur Beglaubigung seiner Unschuld legt Hiob einen Reinigungseid ab und appelliert an Gott, Hiob 31, 5ff.:

5 Bin ich gewandelt in Falschheit, oder ist mein Fuß geeilt zum Betrug?
9 Hat sich mein Herz betören lassen um eines Weibes willen [... ?]
13 Hab ich mißachtet das Recht meines Knechts oder meiner Magd, wenn sie eine Sache wider mich hatten?
16 Hab ich den Bedürftigen ihr Begehren versagt und die Augen der Witwe verschmachten lassen?
17 Hab ich meinen Bissen allein gegessen, und hat nicht die Waise auch davon gegessen?
19 Hab ich zugesehen, wie jemand ohne Kleid verkommen ist, und den Armen ohne Decke gehen lassen?
20 Hat er mich nicht gesegnet, wenn er von der Wolle meiner Lämmer erwärmt wurde?
29 Hab ich mich gefreut, wenn's meinem Feinde übel ging [...]?
35 [...] Der Allmächtige antworte mir! [...]

Gott antwortet Hiob

Gott tritt aus seinem Schweigen heraus und antwortet Hiob aus dem Wettersturm. In dieser Erscheinung (Theophanie) zeigt Gott, daß es in der geschaffenen Welt widerstreitende Interessen gibt und er die Welt gegen alle Mächte des Chaos erhält. Gott gibt Hiob recht gegen die weisheitlichen Belehrungen seiner Freunde, weist aber Hiobs Recht zur Anklage und seine anthropozentrische Weltsicht zurück. Hiob erhält keine direkte Antwort auf seine Frage nach dem Sinn des Leidens in der Welt. Gott weist ihn vielmehr auf seine Fürsorge hin, die alles Geschaffene begleitet. Unerwarteterweise wandelt sich Hiobs empörte Klage in die **Einsicht**, daß er „unweise geredet" hat. Er gibt Gott recht und bekennt sich schuldig (Hiob 42, 1–6).

Aus dem Wettersturm heraus fragt der allmächtige Weltschöpfer, Hiob 40, 2; 38, 4f. (vgl. 38, 1–41, 26):

40,2 [...] Wer Gott zurechtweist, der antworte!

38,4 Wo warst du, als ich die Erde gründete? Sage mir's, wenn du so klug bist!
5 Weißt du, wer ihr das Maß gesetzt hat oder wer über sie die Richtschnur gezogen hat?
16 Bist du zu den Quellen des Meeres gekommen und auf dem Grund der Tiefe gewandelt?
18 Hast du erkannt, wie breit die Erde ist? Sage an, weißt du das alles!

19 Welches ist der Weg dahin, wo das Licht wohnt, und welches ist die Stätte der Finsternis,
20 daß du sie zu ihrem Gebiet bringen könntest und kennen die Pfade zu ihrem Hause?

Hiobs letzte Antwort an den Herrn, Hiob 42, 1–6:

1 Und Hiob antwortete dem HERRN und sprach:
2 Ich erkenne, daß du alles vermagst und nichts, das du dir vorgenommen, ist dir zu schwer.
3 „Wer ist der, der den Ratschluß verhüllt mit Worten ohne Verstand?“ Darum hab ich unweise geredet, was mir zu hoch ist und ich nicht verstehe.
4 „So höre nun, laß mich reden; ich will dich fragen, lehre mich!“
5 Ich hatte von dir nur vom Hörensagen vernommen; aber nun hat mein Auge dich gesehen.
6 Darum spreche ich mich schuldig und tue Buße in Staub und Asche.

Hiob fragt Gott nach dem Sinn seines Unglücks. Die Antwort seiner Freunde, im Leiden eine Strafe Gottes zu sehen, weist Hiob zurück. **Gott antwortet Hiob indirekt**, indem er auf seine Fürsorge hinweist, mit der er seine Schöpfung begleitet.

5.2.4 Theologische Antworten

Es gibt keine rationale Erklärung auf die Frage, warum Gott in die von ihm geschaffene Welt das Leid einbrechen läßt. Während Gott sich durch Jesus Christus in seiner liebevollen Zuwendung zum Menschen erschließt, verbirgt sich hinter dem Elend der menschlichen Geschichte Gott als der unbegreifliche und ohnmächtige. Das Geschick Jesu Christi macht allerdings deutlich, daß **Gott heilend gegen das Leid kämpft** und die Mächte der Lebenszerstörung überwindet.

Gott will Leben und nicht die Sünde, in deren Machtbereich Menschen durch ihr Verhalten selbst Leben zerstören. Im Betroffensein von diesem Leiden kann der Mensch im Glauben seine Situation als schmerzlichen Prozeß des Gerichts oder der zukunftsweisenden Besinnung wahrnehmen und deuten. Diese **Möglichkeit einer persönlichen Sinngebung**, daß im Leiden für sich selbst und für andere Menschen gemeinsame Hoffnung entstehen kann, darf aber nicht im Sinne einer philosophischen und theologischen Erklärungsmöglichkeit des Leidens mißverstanden werden.

Matthias Klemm: Überlaufen (Leipzig 1990)

Hermann Häring, Professor für Systematische Theologie an der Katholischen Universität Nijmegen (Niederlande), vertritt die Ansicht, daß im Vertrauen auf die Stärke eines scheinbar machtlosen, aber liebenden Gottes das Theodizee-Problem praktisch bewältigt werden kann:

Gottes und unsere alleinige konsequente Macht gegen das Böse liegt in unserer Praxis der Liebe, die sich treu bleibt, eindeutig gemacht als Solidarität mit den Verlorenen, als deren Vater Gott zu begreifen ist. Und diese Liebe hat ihre eigene Vernunft, aus der sich – gegen die Logik einer von Macht und Tod bestimmten Welt – die Gegen-Logik des Lebens aufbaut. Obwohl es oft ohnmächtiges Leiden provoziert, ist *solidarisches Handeln, das aus*

Liebe geschieht, wahr, absolut unwiderlegbar und deshalb unter Lebenden nicht auszurotten. Seine Macht liegt darin, daß wir Prozesse der Hoffnung in Gang setzen, die alles Gegenwärtige überschreiten und dennoch hier und jetzt beginnen. Die bessere Zukunft wird wach, auch wenn das Reich noch nicht angebrochen ist. [...]

Sollten wir uns aber auf eine Solidarität einlassen, die *mit unserem Tod nicht zu Ende*, noch durch ihn widerlegbar ist, dann ist Gott im Spiel. Gott ist dann derjenige, der in und nach dem Tod bleibt, und von dem aus erst die Liebe als die letzte Definition des Lebens sinnvoll wird. So gesehen glaubt christlich an Gott, wer auf die endgültige Zukunft trotz (und dann auch: wegen) des Todes Jesu und der Ungezählten in aller Vorläufigkeit vertraut.

Was den solidarisch Liebenden als Frage und mögliche, vielleicht sogar gewisse Hoffnung erscheint, bezeugt die christliche Botschaft als – hier und jetzt schon wirksame – *Auferweckung*. Denn wenn der Sieg über den Tod erhofft werden kann, dann wird es möglich, solidarisches Handeln, das mitgegebene Leiden und den Tod als Beginn der Befreiung zu verstehen. Erst von diesem langen Atem her und im Blick auf eine Zukunft, die den Tod mit einbezieht, wird eine christliche Interpretation des Bösen plausibel: Sie nimmt es wahr, als schreckliche, doch in Gott besiegbare Macht.

Häring, Hermann: Das Problem des Bösen in der Theologie. Darmstadt 1985, S. 182f.

ZUM WEITERLESEN

Joseph Roth: Hiob

Der Doktor kam, zog Mendel in eine Ecke und sagte leise: „Fassen Sie sich, Ihre Tochter ist sehr krank. Es gibt jetzt viele solcher Fälle, der Krieg, verstehn Sie, und das Unglück in der Welt, es ist eine schlimme Zeit. Die Medizin weiß noch nicht, wie man die Krankheit heilt. Einer Ihrer Söhne ist Epileptiker, wie ich höre, entschuldigen Sie, so was ist in der Familie. Wir Ärzte nennen das degenerative Psychose. Es kann sich geben. Es kann sich aber auch als eine Krankheit erweisen, die wir Ärzte Dementia nennen, Dementia praecox, aber sogar die Namen sind unsicher. Das ist einer von den seltenen Fällen, die wir nicht heilen können. Sie sind doch ein frommer Mann, Mister Singer? Der liebe Gott kann helfen. Beten Sie nur fleißig zum lieben Gott. Übrigens, wollen Sie noch einmal Ihre Tochter sehen? Kommen Sie!"

Ein Schlüsselbund rasselte, eine Tür fiel mit hartem Knall zu, und Mendel ging durch einen langen Korridor, vorbei an weißen Türen mit schwarzen Nummern, wie an vertikal aufgestellten Särgen. Noch einmal rasselte der Schlüsselbund der Wärterin, und einer der Särge ward aufgetan, drin lag Mirjam und schlief, Mac und Vega standen neben ihr.

„Jetzt müssen wir gehn", sagte der Doktor.

„Führ mich direkt nach Hause, in meine Gasse", befahl Mendel.

Seine Stimme klang so hart, daß alle erschraken. Sie sahen ihn an. Sein Aussehen schien sich nicht verändert zu haben. Dennoch war es ein anderer Mendel. [...] Seine Majestät, der Schmerz, dachte der Doktor, ist in den alten Juden gefahren.

„Einmal", begann Mendel im Wagen, „hat mir Sam gesagt, daß die Medizin in Amerika die beste der Welt ist. Jetzt kann sie nicht helfen. Gott kann helfen! sagt der Doktor. Sag, Vega, hast du schon gesehn, daß Gott einem Mendel Singer geholfen hätte? Gott kann helfen!"

„Du wirst jetzt bei uns wohnen", sagte Vega schluchzend.

„Ich werde nicht bei euch wohnen, mein Kind", antwortete Mendel, „du wirst einen Mann nehmen, du sollst nicht ohne Mann sein, dein Kind soll nicht ohne Vater sein. Ich bin ein alter Jude, Vega, bald werde ich sterben.

Hör zu, Vega! Mac war Schemarjahs Freund, Mirjam hat er geliebt, ich weiß, er ist kein Jude, aber ihn sollst du heiraten, nicht den Mister Glück! Hörst du, Vega? Wundert es dich, daß ich so rede, Vega? Wundere dich nicht, ich bin nicht verrückt. Alt bin ich geworden, ein paar Welten habe ich zugrunde gehn sehn, endlich bin ich klug geworden. Alle die Jahre war ich ein törichter Lehrer. Nun weiß ich, was ich sage."

Sie kamen an, sie luden Mendel ab, führten ihn ins Zimmer, Mac und Vega standen noch eine Weile und wußten nicht, was tun.

Mendel setzte sich auf den Schemel neben den Schrank und sagte zu Vega: „Vergiß nicht, was ich dir gesagt habe. Jetzt geht, meine Kinder." Sie verließen ihn. Mendel trat ans Fenster und sah zu, wie sie in den Wagen stiegen. Es schien ihm, daß er sie segnen müsse, wie Kinder, die einen sehr schweren oder einen sehr glücklichen Weg antreten. Ich werde sie nie mehr sehen, dachte er dann, ich werde sie auch nicht segnen. Mein Segen könnte ihnen zum Fluch werden, ihre Begegnung mit mir ein Nachteil. Er fühlte sich leicht, ja, leichter als jemals in all seinen Jahren. Er hatte alle Beziehungen gelöst. Es fiel ihm ein, daß er schon seit Jahren einsam war. Einsam war er seit dem Augenblick gewesen, an dem die Lust zwischen seinem Weib und ihm aufgehört hatte. Allein war er, allein. Frau und Kinder waren um ihn gewesen und hatten ihn verhindert, seinen Schmerz zu tragen. Wie unnütze Pflaster, die nicht heilen, waren sie auf seinen Wunden gelegen und hatten sie nur verdeckt. Jetzt, endlich, genoß er sein Weh mit Triumph. Es galt, nur noch eine Beziehung zu kündigen. Er machte sich an die Arbeit.

Er ging in die Küche, raffte Zeitungspapier und Kienspäne zusammen und machte ein Feuer auf der offenen Herdplatte. Als das Feuer eine ansehnliche Höhe und Weite erreichte, ging Mendel mit starken Schritten zum Schrank und entnahm ihm das rotsamtene Säckchen, in dem seine Gebetriemen lagen, sein Gebetmantel und seine Gebetbücher. Er stellte sich vor, wie diese Gegenstände brennen würden. Die Flammen werden den gelblich getönten Stoff des Mantels aus reiner Schafwolle ergreifen und mit spitzen, bläulichen, gefräßigen Zungen vernichten. Der glitzernde Rand aus silbernen Fäden wird langsam verkohlen, in kleinen rotglühenden Spiralen. Das Feuer wird die Blätter der Bücher sachte zusammenrollen, in silbergraue Asche verwandeln, und die schwarzen Buchstaben für ein paar Augenblicke blutig färben. Die ledernen Ecken der Einbände werden emporgerollt, stellen sich auf wie seltsame Ohren, mit denen die Bücher zuhören, was ihnen Mendel in den heißen Tod nachruft. Ein schreckliches Lied ruft er ihnen nach. „Aus, aus, aus ist es mit Mendel Singer", ruft er, und mit den Stiefeln stampft er den Takt dazu, daß die Dielenbretter dröhnen und die Töpfe an der Wand zu klappern beginnen. „Er hat keinen Sohn, er keine Tochter, er hat kein Weib, er hat keine Heimat, er hat kein Geld. Gott sagt: ich habe Mendel Singer gestraft; wofür straft er, Gott? Warum nicht Lemmel, den Fleischer? Warum straft er nicht Skowronnek? Warum straft er nicht Menkes? Nur Mendel straft er! Mendel hat den Tod, Mendel hat den Wahnsinn, Mendel hat den Hunger, alle Gaben Gottes hat Mendel. Aus, aus, aus ist es mit Mendel Singer."

So stand Mendel vor dem offenen Feuer und brüllte und stampfte mit den Füßen. Er hielt das rotsamtene Säckchen in den Armen, aber er warf es nicht hinein. Ein paarmal hob er es in die Höhe, aber seine Arme ließen es wieder sinken. Sein Herz war böse auf Gott, aber in seinen Muskeln wohnte noch die Furcht vor Gott. Fünfzig Jahre, Tag für Tag, hatten diese Hände den Gebetmantel ausgebreitet und wieder zusammengefaltet, die Gebetriemen aufgerollt und um den Kopf geschlungen und um den linken Arm, dieses Gebetbuch aufgeschlagen, um und um geblättert und wieder zugeklappt. Nun weigerten sich die Hände, Mendels Zorn zu gehorchen. Nur der Mund, der so oft gebetet hatte, weigerte sich nicht. Nur die Füße, die oft zu Ehren Gottes beim Halleluja gehüpft hatten, stampften den Takt zu Mendels Zorngesang.

Roth, Joseph: Hiob. Roman eines einfachen Mannes. Reinbek bei Hamburg 1976, S. 112 – 115.

Joseph Roth (1894 – 1939), Sohn jüdischer Eltern, studiert in Wien Philosophie und Germanistik. Er nimmt als Freiwilliger am Ersten Weltkrieg teil und arbeitet später als Auslandskorrespondent verschiedener Zeitungen, darunter der „Frankfurter Zeitung". 1933 emigriert er nach Frankreich und engagiert sich in österreichisch-monarchistischen Gruppen gegen Faschismus und Nationalsozialismus. Knapp 45jährig verstirbt er in einem Pariser Armenhospital an den Folgen seiner Trunksucht.

Der fromme, russische Rabbiner Mendel Singer wird – wie Hiob – von harten Schicksalsschlägen getroffen, die er zunächst als Prüfung Gottes versteht. Als im New Yorker Exil erneut schweres Leid über ihn kommt, gerät er in eine **Existenzkrise** und will mit Gott brechen. Er überwindet seine tiefe Verzweiflung an Gott, als er seinem von der Epilepsie geheilten, tot geglaubten Sohn Menuchim begegnet, der als berühmter Komponist und Dirigent Amerika bereist.

5.3 Religionskritik und christlicher Glaube

Der neuzeitliche Atheismus will mit rationalen Argumenten bestreiten, daß eine transzendente göttliche Wirklichkeit existiert. Er versteht die **Religiosität als ein menschliches Sekundärbedürfnis**, das sich auf ein grundlegendes, säkular zu verstehendes Primärbedürfnis zurückführen läßt. Das innerweltliche Transzendenzvermögen des Menschen ermöglicht es, Vorstellungen und Wünsche in eine angeblich objektiv vorhandene göttliche Wirklichkeit zu projizieren. Die Überwindung der Religion soll zu einem atheistischen Humanismus führen, der dem Menschen und der Gesellschaft bessere und realitätsgerechtere Lebensperspektiven verspricht.

In der Gegenwart verliert der existentielle, kämpferische Atheismus an Bedeutung. Religiöse Gleichgültigkeit und Agnostizismus lösen ihn ab.

Formen des Atheismus

methodischer Atheismus:	Der Glaube an Gott wird aus dem Forschungs- und Handlungsprozeß ausgeklammert, weil von rational begründbaren Vorgaben ausgegangen werden soll.
existentieller Atheismus:	Die bewußt durchgeführte, überlegte Entscheidung zur atheistischen Grundeinstellung prägt die persönliche Lebensführung.
pragmatischer Atheismus:	Der Mensch verhält sich Fragen der Religion gegenüber gleichgültig und orientiert sich an der Meinung, man könne auch ohne Gott ein gelungenes Leben führen.
kämpferischer Atheismus:	Er greift alle Religionsformen an, um die religionslose Gesellschaft aktiv durchzusetzen.
Agnostizismus:	Er leugnet das Transzendente nicht, beschränkt sich aber auf das erfahrungsmäßig feststellbare Wissen und verhält sich daher in der Lebensführung dem Göttlichen gegenüber indifferent.

5.3.1 Ludwig Feuerbach: Religion als Entzweiung des Menschen von sich selbst

Ludwig Feuerbach

Als vierter Sohn des Hofrats Anselm Feuerbach wird Ludwig 1804 in Landshut geboren. Er nimmt ein Studium der evangelischen Theologie in Heidelberg auf, bricht dieses jedoch nach einem Jahr ab. Danach studiert er für zwei Jahre in Berlin Philosophie, hauptsächlich bei Hegel, in Erlangen schließlich Botanik, Anatomie und Physiologie. Nach der Promotion bekleidet Feuerbach drei Jahre lang eine Privatdozentur für Philosophie in Erlangen. Als bekannt wird, daß er das anonym erschienene Werk „Gedanken über Tod und Unsterblichkeit" verfaßt hat, das sich gegen die persönliche Unsterblichkeit wendet, gibt Feuerbach 1832 die ihm ohnehin schwerfallende Lehrtätigkeit auf. Sämtliche seiner Pläne, als Gymnasiallehrer, Hofmeister, Bibliothekar oder Redakteur Fuß zu fassen, scheitern.

1837 heiratet er die Mitinhaberin einer Porzellanfabrik, Bertha Löw, und lebt ohne offizielle Verpflichtungen finanziell sorglos in Bruckberg bei Ansbach. 1841 erscheint die grundlegende Schrift „Das Wesen des Christentums". 1848 nimmt Feuerbach an der revolutionären Bewegung in Leipzig, Frankfurt und Heidelberg teil. 1848/49 wird er Abgeordneter des Kreises Ansbach in der Paulskirche, sieht aber die Zeit für politische Aktionen noch nicht gekommen und beendet diese resigniert. Auf Einladung von Heidelberger Studenten hält er außerhalb des Lehrplans im Rathaussaal Vorlesungen, die er 1851 veröffentlicht („Das Wesen der Religion"). Da die Porzellanfabrik in Konkurs geht, muß Feuerbach mittellos, auf öffentliche Stiftungen angewiesen nach Rechenberg bei Nürnberg übersiedeln, wo ihn auch Freunde unterstützen. Nach mehreren Schlaganfällen stirbt er 1872 und wird auf dem Johannisfriedhof in Nürnberg beigesetzt.

Ursprung der Religion ist für Feuerbach das Wesen des Menschen. Im Gegensatz zum philosophischen Idealismus, den auch sein Lehrer Hegel vertritt, interpretiert Feuerbach den Menschen als Teil der Natur und im Zusammenhang mit seiner Gattung, der Menschheit. Die Gottesvorstellung geht darauf zurück, daß der Mensch sich zum Gegenstand seines Nachdenkens macht. Der Einzelne erfährt sich in seinen Möglichkeiten und Fähigkeiten biologisch und gesellschaftlich begrenzt. Die Wunschvorstellung, vollkommen zu sein, führt den Menschen dazu, Gott zu erfinden. Der religiöse Mensch versteht sein **Selbstbewußtsein** als eine von ihm fremde, selbständige, real existierende Wirklichkeit: Gott. Religion entzweit den Menschen mit sich selbst, da sie das menschliche Vermögen und seine Begrenztheit auseinanderreißt. Gott stellt das menschliche Ideal-Ich dar, wie Allmacht, unbegrenzte Freiheit, unendliche Liebe, Gerechtigkeit, Unsterblichkeit. Sich selbst versteht der religiöse Mensch angesichts des übermächtigen „Gottes" als radikalen Sünder, ohnmächtig und unfähig zur uneigennützigen Liebe den Mitmenschen gegenüber. „Gott und Mensch sind Extreme: Gott das schlechthin Positive, der Inbegriff aller Realitäten, der Mensch das schlechtweg Negative, der Inbegriff aller Nichtigkeiten."[1]

Feuerbach gibt eine **psychologische Erklärung**, wie es zu der Gottesvorstellung kommt. Der Projektionsvorgang, der die Religion erzeugt, gründet letztlich in der menschlichen **Einbildungskraft**. Sie entwirft die Vorstellungen über Gott. Der religiöse Mensch glaubt, daß seine gesellschaftlich allenfalls bruchstückhaft erfüllten Wünsche durch die Allmacht Gottes voll verwirklicht werden. Neben der Einbildungskraft des Menschen sind Abhängigkeitsgefühl, Glückseligkeits- und Selbsterhaltungstrieb die psychischen Wurzeln des Gottesglaubens, also immanente anthropologische Gegebenheiten und subjektive Vorgänge.

In seiner philosophisch-psychologischen Entlarvung der Religion als menschliche Illusion sieht Feuerbach eine **weltgeschichtliche Zäsur:** „*Homo homini Deus est* – dies ist der oberste praktische Grundsatz – dies der Wendepunkt der Weltgeschichte."[2] Wenn der Mensch begreift, daß die Religion als objektive Wirklichkeit ausgibt, was lediglich anthropologische Vorgänge widerspiegelt, kann er die religiöse Projektion überwinden.

---

[1] Feuerbach, Ludwig: Das Wesen der Religion. Hrsg. und eingeleitet von Albert Esser. Heidelberg ^{3}1983, S. 98.

[2] Feuerbach, Ludwig: Das Wesen des Christentums. Stuttgart 1969, S. 401.

Projektion	Der religiöse Mensch projiziert sein Selbstbewußtsein nach außen und versteht den allmächtigen Gott als real existierendes Wesen.
↑	
Einbildungskraft	Angesichts des Ohnmachtgefühls des einzelnen Menschen, sein Glück zu erreichen, stellt sich die menschliche Phantasie „Gott" als Erfüllung aller Wunschvorstellungen vor.
↑	
Selbsterhaltungstrieb („Egoismus")	Der Selbstbehauptungswille, die Liebe des Menschen zu sich selbst, sucht das Glücksideal zu verwirklichen.
↑	
Wünsche des Menschen und Glückseligkeitstrieb	Die verschiedenen Sehnsüchte des Menschen (z. B. Freiheit, Liebe, Gerechtigkeit, Unsterblichkeit) treffen sich in der Wunschvorstellung, glücklich zu sein.
↑	
Abhängigkeitsgefühl	Der von Natur und Gesellschaft abhängige Mensch weiß um seine körperlichen und geistigen Begrenztheiten und fühlt seine Ohnmacht.

Die Entwicklung der Gottesvorstellung aus dem psychischen Vermögen nach L Feuerbach

Religiöse Glaubensinhalte und Rituale, wie das Abendmahl, lassen sich nach Feuerbach in humane Aussagen und Grundhaltungen überführen.

Wein und Brot gehören zu den ältesten Erfindungen. Wein und Brot vergegenwärtigen, versinnlichen uns die Wahrheit, daß der Mensch des Menschen Gott und Heiland ist.
Essen und *Trinken* ist das Mysterium des Abendmahls – Essen und Trinken ist in der Tat an und für sich selbst ein *religiöser Akt*; *soll* es wenigstens sein. Denke daher bei jedem Bissen Brot, der dich von der Qual des Hungers erlöst, bei jedem Schlucke Wein, der dein Herz erfreut, *an den* Gott, der dir diese wohltätigen Gaben gespendet – *an den Menschen*! Aber vergiß nicht über der Dankbarkeit gegen den Menschen die Dankbarkeit gegen die Natur! Vergiß nicht, daß der Wein das Blut der Pflanze und das Mehl das Fleisch der Pflanze ist, welches dem Wohle deiner Existenz eopfert wird! [...] Vergiß also nicht den Dank, den du der *natürlichen Qualität* des Brotes und Weines schuldest! [...]

So braucht man nur den gewöhnlichen gemeinen Lauf der Dinge zu unterbrechen, um dem Gemeinen *ungemeine* Bedeutung, dem *Leben als solchem* überhaupt *religiöse Bedeutung* abzugewinnen. *Heilig* sei uns darum das Brot, *heilig* der Wein, aber auch *heilig* das Wasser! Amen.[1]

Feuerbach, Ludwig: Das Wesen des Christentums. Stuttgart 1969, S. 409–411.

Feuerbach zieht die Konsequenzen für die ethische Verantwortung des Menschen. Der bewußte Atheist verwirft den religiösen Glauben, angesichts des übermächtigen „Gottes" lediglich ein radikaler Sünder zu sein, der zum guten Handeln, aus eigener Kraft nicht fähig ist. Die Religion hindert den Menschen daran, seine schöpferischen Fähigkeiten einzusetzen. Wird der Gottesglaube überwunden, steht der Mensch dem Mitmenschen zur Seite und handelt dabei aus primärer Motivation heraus, aus unmittelbarer Liebe zum Nächsten, nicht aber in der Absicht auf eine Belohnung durch eine erfundene Gottheit. In kollektiver Zusammenarbeit verwirklichen die Atheisten eine **humane Gesellschaft**, in der die Sehnsüchte des Menschen schrittweise realisiert werden. Damit schafft schließlich die Menschheit ein Reich der Freiheit und Gerechtigkeit. Sie macht sich unsterblich.

Die religionskritische Projektionstheorie Feuerbachs prägt wirkungsgeschichtlich die künftigen atheistischen Entwürfe (vgl. Abb. nächste Seite).

Der religiöse Glaube an einen eingebildeten, fälschlich für real existierend verstandenen Gott führt nach Feuerbach zur Zerrissenheit des Menschen mit sich selbst und zu einer **unrealistischen Daseinsorientierung.** Religion muß **anthropologisch interpretiert** werden: Der bewußte Atheismus überführt die Gottesvorstellung in Aussagen über das menschliche Wesen. Dadurch soll dem Menschen ein Weg zur **kollektiven Selbstverwirklichung** und zur Gestaltung einer humanen Gesellschaft eröffnet werden.

[1] Feuerbach (a. a. O., S. 409 f.) zitiert Luther: Essen und Trinken ist das *allerleichteste* Werk, da die Menschen nichts lieberes tun: Ja das *allerfröhlichste* Werk in der ganzen Welt ist Essen und Trinken [...]. Summa: Essen und Trinken ist ein lieblich nötig Werk, das hat man bald gelernet und die Leute dahin geweiset. Dasselbe liebliche nötige Werk nimmt unser lieber Herr Christus und spricht: Ich habe eine fröhliche süße und liebliche Mahlzeit zubereitet, euch will ich kein hart, schwer Werk auflegen [...] ein Abendmahl setze ich ein.

1. Verständnis des Menschen

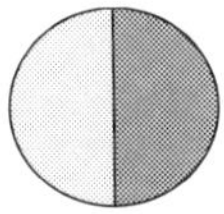

Der Mensch ist in seinen Möglichkeiten biologisch und gesellschaftlich begrenzt.

2. Projektion der Gottesvorstellung

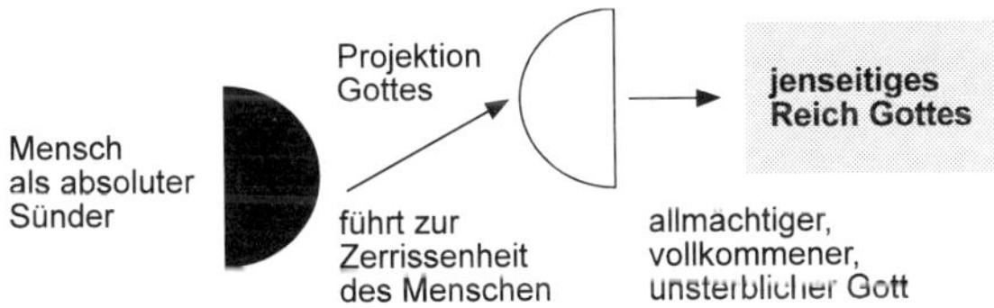

Mit der illusionären Vorstellung eines real existierenden Gottes projiziert der Mensch seine positiven Fähigkeiten in Gott hinein und übersteigert sie.
Zurück bleibt der Glaubende in seiner Begrenztheit, die er nun religiös als totale Ohnmacht, als Sünde, deutet.

3. Auflösung der Projektion und die Folgen

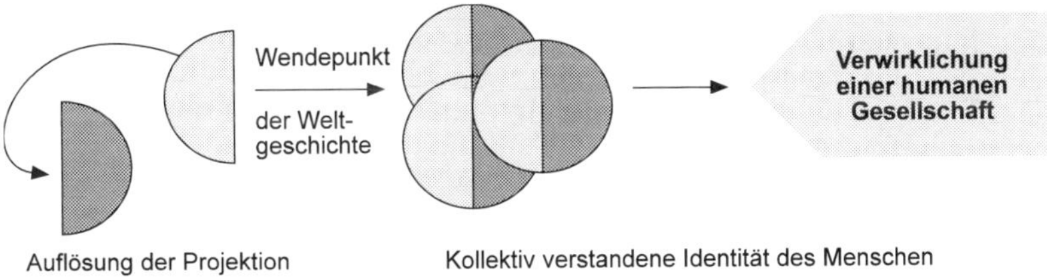

Indem der Mensch die „Realität" Gottes als menschliches Phantasieprodukt erkennt, löst er die Gottesprojektion und die mit ihr verbundene krankhafte Daseinsorientierung auf. Der Atheist findet zur kollektiv verstandenen Selbstidentität und arbeitet an der Verwirklichung einer vollendeten humanen Gesellschaft mit.

Entstehung der Religion und ihre Überwindung nach L. Feuerbach

5.3.2 Sigmund Freud: Religion als psychische Erkrankung

Sigmund Freud

Sigmund Freud wird 1856 in Freiberg (Mähren) als Sohn eines jüdischen Wollkaufmanns geboren. Freud selbst hat seit seiner Kindheit zur jüdischen Religion nur ein lockeres Verhältnis. Die Familie zieht nach Wien, wo sie antisemitischen Verleumdungen ausgesetzt ist. Nach dem Abitur studiert Freud ab dem 17. Lebensjahr acht Jahre Medizin, wobei er später nicht als Arzt arbeiten, sondern die wissenschaftliche Laufbahn einschlagen will. 1885 reicht er eine Abhandlung über die Anatomie des Rückenmarks ein und wird Privatdozent für Neuropathologie. In Wien eröffnet er eine eigene Praxis für psychoanalytische Behandlungen. Finanziell abgesichert heiratet er nun nach vierjähriger Wartezeit 1886 Martha Bernays, der er über 900 Brautbriefe geschrieben hat. 1902 wird er außerordentlicher Professor in Wien. Da 1938 die Nationalsozialisten in Österreich einmarschieren, emigriert Freud nach London. Er erkrankt an Gaumenkrebs, den er 16 Jahre durchsteht und der ihn zu über dreißig Operationen zwingt. Trotz aller Leiden arbeitet Freud bis zu seinem Lebensende wissenschaftlich weiter. Er stirbt 83jährig, am 23. September 1939, 3 Uhr morgens, nachdem ihm der Arzt verabredungsgemäß eine Injektion Morphium verabreicht hat.
Seine Tochter Anna führt die wissenschaftliche Arbeit des Vaters fort.

Die zahlreichen, unterschiedlichen Analysen Freuds zur Religion lassen sich nicht zu einer einheitlichen religionskritischen Darstellung harmonisieren. Freud bezieht unbewußte psychische Vorgänge auf religiöse Phänomene und deutet die Religion psychoanalytisch und ethnologisch (völkerkundlich).

Aus **psychoanalytischer Sicht** leitet Freud die Religion aus der sinnlich-triebhaften Sehnsucht des Kindes nach Geborgenheit ab. Vom Vater erhofft das Kind Schutz und Trost in den Belastungen des Lebens, andererseits hat es zugleich Angst vor dem Vater-Über-Ich. Der Erwachsene flüchtet in seiner Hilflosigkeit gegenüber der realen Welt in diese frühere Stufe des Entwicklungsstadiums und sucht **Zuflucht bei einem zum Gott erhöhten Vater.** Gott soll helfen und ist doch zugleich zu fürchten. Der Glaube an einen persönlichen, allmächtigen Gott (und eine gütige Mutter) ist somit psychoanalytisch als Überhöhung (Sublimierung) der frühkindlichen Beziehung zum Vater (und zur Mutter) zu verstehen. „Religion ist ein Versuch, die Sinneswelt, in die wir gestellt sind, mittels der Wunschwelt zu bewältigen, die wir infolge biologischer und psychologischer Notwendigkeiten in uns entwickelt haben."[1] Besonders die frühe Kindheit prägt das spätere Verhalten des Menschen und legt auch die Grundlagen zu religiös bedingten psychischen Erkrankungen.

Freud beschreibt, wie sich die religiösen Vorstellungen in den verschiedenen Phasen der Kultur weiterentwickeln:

> Die Götter behalten ihre dreifache Aufgabe, die Schrecken der Natur zu bannen, mit der Grausamkeit des Schicksals, besonders wie es sich im Tode zeigt, zu versöhnen und für die Leiden und Entbehrungen zu entschädigen, die dem Menschen durch das kulturelle Zusammenleben auferlegt werden.
> Aber allmählich verschiebt sich innerhalb dieser Leistungen der Akzent. Man merkt, daß die Naturerscheinungen sich nach inneren Notwendigkeiten von selbst abwickeln [...]. Was die Austeilung der Schicksale betrifft, so bleibt eine unbehagliche Ahnung bestehen, daß der Rat- und Hilflosigkeit des Menschengeschlechts nicht abgeholfen werden kann. Hier versagen die Götter am ehesten [...]. Und je mehr die Natur selbständig wird, die Götter sich von ihr zurückziehen, desto ernsthafter drängen alle Erwartungen auf die dritte Leistung, die ihnen zugewiesen ist, desto mehr wird das Moralische ihre eigentliche Domäne. Göttliche Aufgabe wird es nun, die Mängel und Schäden der Kultur auszugleichen, die Leiden in acht zu nehmen, die die Menschen im Zusammenleben einander zufügen, über die Ausführung der Kulturvorschriften zu wachen, die die Menschen so schlecht befolgen. Den Kulturvorschriften selbst wird göttlicher Ursprung zugesprochen, sie werden über die menschliche Gesellschaft hinausgehoben, auf Natur und Weltgeschehen ausgedehnt.
>
> *Freud, Sigmund: Die Zukunft einer Illusion. In: Freud-Studienausgabe, Bd. 9. Frankfurt a. M. 1974, S. 152.*

---

[1] Freud, Sigmund: Neue Folge der Vorlesungen zur Einführung in die Pychoanalyse. In: Freud-Studienausgabe, Bd. 1. Frankfurt a. M., 1974, S. 608.

Daneben gibt Freud eine **ethnologische Erklärung** der Religion. Methodisch geht er von der erkenntnistheorischen Annahme aus, daß sich in der biologischen und geistigen Entwicklung des Individuums (Ontogenese) wesentliche Phasen der menschheitsgeschichtlichen Evolution (Phylogenese) wiederholen. Um den historischen Ursprungsort der Religion rekonstruieren zu können, bezieht Freud frühkindliche, psychoanalytisch gedeutete Vorgänge der individuellen Entwicklung auf allgemeine religiöse Phänome der Menschheitsentwicklung. Beispielsweise interpretieren sich infantile Tierphobie und religiöse Verehrung des Totemtiers gegenseitig. Die kindlichen Tierphobien (nächtliche, meistens mit einem Tier verbundene Alpträume) drücken die Angst des Kindes vor dem Vater aus, die das Kind auf ein Ersatzobjekt (z. B. ein furchterregendes Tier) verschiebt und nach außen projiziert. Auch hinter der Verehrung des Totemtiers steht die Angst vor dem Vater-Über-Ich, die Erinnerung an die Ermordung des Ur-Vaters.

In Anlehnung an Darwin übernimmt Freud die Urmenschenhorden-Theorie. Da der Urvater als unumschränkter Despot alle Frauen für sich in Anspruch nimmt und die erwachsenen Söhne vertreiben will, erschlagen und verzehren die Söhne den egoistischen Vater. Als Folge der Aggression entsteht das Schuldbewußtsein der Söhne. Sie verehrten den Vater aus Angst vor Strafe als Totemtier und überhöhen zunehmend das Vater-Über-Ich als Gottheit. Tieropfer und Totemmahlzeiten – sublimiert im christlichen Abendmahl – versteht Freud als rituelle Zwangshandlungen. Sie sind als Sühneopfer gegenüber dem **ermordeten Ur-Vater-Gott** zu erklären und geben zugleich Anteil an der göttlichen Machtfülle. Im Unterschied zum Judentum bekennt der christliche Glaube den Mord. Der Sohn gibt sein Leben hin und nimmt die Sühne auf sich. Aus der jüdischen Vaterreligion entsteht die christliche Sohnesreligion.

Unter psychoanalytischem und ethnologischem Deutungsaspekt stellt Religion ein Ergebnis menschlicher Angst und Hilflosigkeit dar. Religion ist für Freud eine krankhaft verzerrte, durch Wirklichkeitsverlust geprägte Form der **Lebensorientierung.** Sie verlängert das infantile Stadium der Unmündigkeit, verhindert die Selbstannahme des Menschen, beinhaltet übersteigerte ethische Ansprüche und führt schließlich zu religiös-kirchlichen Neurosen. Als Beispiel christlichen Wunschdenkens führt Freud den übersteigerten Anspruch des Liebesgebots an. Er hält die Forderung „Liebe deinen Nächsten wie dich selbst" aus psychoanalytischer Sicht für unrealistisch, weil es die seelische Konstitution des Menschen, einschließlich der Belange des Ichs, nicht ernstnimmt. „Das Gebot ist undurchführbar; eine so großartige Inflation der Liebe kann nur deren Wert herabsetzen, nicht die Not beseitigen. [...] Die Ethik, die sich an die Religion anlehnt, läßt hier ihre Versprechungen eines besseren Jenseits eingreifen. Ich meine, solange sich die Tugend nicht schon auf Erden lohnt, wird die Ethik vergeblich predigen."[1] Wer das Liebesgebot nicht ermäßigt, sondern tatsächlich durchführen will, gerät in die Gefahr neurotischer Selbstzerstörung oder in den Einfluß aggressiver Gemeinschaftsneurosen (z. B. Glaubenskriege).

Im Gegensatz zum religiösen Wunschprinzip muß das menschliche Handeln vom **Realitätsprinzip** der „individuellen Libidoökonomie“ ausgehen. Jeder soll individuell die persönliche Konstitution, die gesellschaftlichen Gegebenheiten und die umgebende Natur im Handeln pragmatisch aufeinander beziehen, um ein Maximum an Glück zu erreichen.

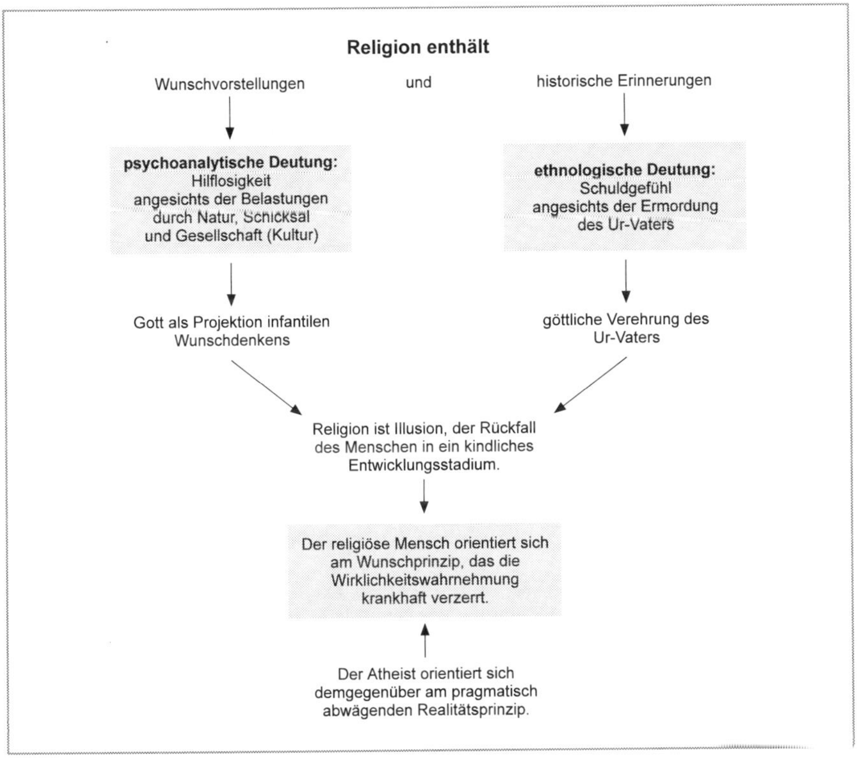

S. Freuds Verständnis der Religion und ihre Überwindung

[1] Freud, Sigmund: Das Unbehagen in der Kultur. In: Freud-Studienausgabe, Bd. 9. Frankfurt a. M. 1974, S. 268

Freud deutet die Religion als **psychische Erkrankung** des Menschen. In seiner Hilflosigkeit gegenüber den Belastungen durch die reale Wirklichkeit fällt der religiöse Mensch in **kindliches Wunschdenken** zurück. Er projiziert seine Sehnsucht nach elterlichem Schutz in einen überhöhten Vater-Gott.

5.3.3 Auseinandersetzung mit dem Atheismus

Die Auseinandersetzung und der Dialog mit dem Atheismus läßt sich nur **differenziert** führen. Manche Vorwürfe des Atheismus muß der religiöse Glaube zurückweisen. An bestimmten historischen Formen der Religiosität übt der Atheismus sicher berechtigte Kritik. Verschiedene Anfragen der Religionskritik sollten zur Besinnung der Gläubigen auf die eigene Gottesvorstellung und zum Nachdenken über die christliche Lebensorientierung führen.

Verständnis der Gottesvorstellung als totale Projektion

Der atheistische Haupteinwand gegen die Religion besagt, daß der Gottesgedanke nichts anderes sei als eine **Projektion der menschlichen Vorstellungskraft**. Wenn Atheisten wie Feuerbach glauben, sie könnten ihre Annahme wissenschaftlich beweisen, verfallen sie zunächst der philosophischen Kritik selbst, da sie von einer logisch nicht überzeugenden erkenntnistheoretischen Vorgabe ausgehen. Eine psychologische Beschreibung oder Erklärung der Gotteserfahrung besagt nicht rational zwingend, daß ein realer, transpersonaler Gott nicht existiert.

Diesen Einwand erhebt bereits der Philosoph Eduard von Hartmann gegen Feuerbach:

> Sein [Feuerbachs] einzig origineller Gedanke ist der, daß die Götter hinausprojizierte Wünsche des Menschen sind. Nun ist es ganz richtig, daß darum etwas noch nicht existiert, weil man es wünscht, aber es ist nicht richtig, daß darum etwas nicht existieren könne, weil man es wünscht. Sein [Feuerbachs] ganze Religionskritik und der ganze Beweis für seinen Atheismus beruhen jedoch auf diesem einzigen Schluß, d. h. auf einem logischen Fehlschluß. Wenn die Götter Wunschwesen sind, so folgt daraus für ihre Existenz oder Nichtexistenz gar nichts.
>
> *Hartmann, Eduard von: Geschichte der Metaphysik, 2. Teil. In: Ders.: Ausgewählte Werke, Bd. 12, Leipzig 1900, S. 444..*

Umgekehrt ist seit Kant der Religion aber auch endgültig die Möglichkeit genommen, die Existenz Gottes rational beweisen zu wollen. Die atheistische Behauptung, daß die Gottesvorstellung auf eine Projektion innerweltlicher Vorgänge zurückzuführen sei und damit ein Phantasieprodukt des Menschen darstelle, läßt sich wissenschaftlich nicht widerlegen. Die Entscheidung für den Atheismus oder die Religion vollzieht sich, trotz vernünftiger Argumente für die eine oder andere Möglichkeit, letztlich rational nicht zwingend begründbar, sondern setzt eine **persönliche existentielle Grundentscheidung** voraus.

Verständnis der Gottesvorstellung als partielle Projektion

Wenn der Mensch von Gott redet, bezieht er Vorgänge seines Erfahrungsbereichs ein. Ohne **partielle Projektion innerweltlicher Bildelemente** auf Gott ist Reden von Gott nicht möglich. Der Einwand, das Verständnis Gottes sei nichts anderes als eine Übertragung menschlicher Lebenswirklichkeit auf Gott, übersieht, daß Gottes Nähe in Jesus Christus christliche Rede von Gott ermöglicht. Gott entzieht sich anthropomorpher Rede, die aus menschlicher Selbst- und Welterfahrung heraus versucht, Gott zu beschreiben. In Jesus Christus dagegen macht Gott sich erkennbar und aussagbar. Diese göttliche Selbstmitteilung vermittelt das biblische Zeugnis durch menschliche Worte, die auf Gott im analogen Sinn (z. B. Vater, Liebe, Wahrheit) angewandt werden. Jesus selbst veranschaulicht in den Gleichnissen das Hereinbrechen der Gottesherrschaft und das Handeln Gottes. Menschliche Vorstellungen treten in den Dienst der Selbstmitteilung Gottes und werden dem Glauben **transparent für die Wirklichkeit Gottes**.

Beitrag der Religionskritik: Enthüllung von Zerrbildern des Gottesglaubens

Bei der Übersetzung und Aktualisierung der biblischen Botschaft entsteht ständig das Problem, inwieweit die Wirklichkeit Gottes tatsächlich möglichst adäquat zur Sprache gebracht oder im Gegenteil verkürzt und verzerrt wird. Die atheistische Kritik läßt sich kritisch auf die Geschichte der Religion und die gegenwärtige Gestalt des Christentums anwenden und kann dazu beitragen, den christlichen Glauben zu reinigen und menschliche Interessen entlarven, die sich in fragwürdiger Weise der göttlichen Legitimation bedienen, z. B. die religiöse Begründung ethischen Verhaltens, pädagogischer Maßnahmen oder politischer Ordnungsstrukturen. Die **kritische Selbstreflexion des Glaubens** geschieht letztlich im Interesse des Glaubens an Gott selbst und schärft den Sinn, Gott nicht erneut zur Legitimierung menschlicher Interessen zu benutzen.

Atheistische Entwürfe als Herausforderung zur religiösen Existenzdeutung

Die Vorwürfe des Atheismus an die Religion führen teilweise zu existentiellen Problemstellungen, die der christliche Glaube aufnehmen muß, z. B. die Frage nach dem Zusammenhang zwischen Angst und Gottvertrauen. Unabhängig von der Wahrheit atheistischer Theorien werden dem religiösen Glauben Anfragen zugetragen, auf die er die Existenzdeutung beziehen kann, wenn er seine **Chance zu schöpferischen Antworten** wahrnimmt.

Der christliche Glaube weist die atheistische Behauptung, das Gottesverständnis sei eine **totale Projektion** menschlicher Selbst- und Welterfahrung als unbegründet zurück. Die **partielle Projektion** menschlicher Bildelemente kann die Glaubenswirklichkeit Gottes aussagbar machen, weil Jesus das Gleichnis Gottes ist.

5.3.4 Problematik der Religionskritik Ludwig Feuerbachs

Psychologische Erklärung des Projektionsvorgangs

Feuerbachs Projektionstheorie, die den Gottesgedanken als psychologisch begründete Illusion menschlicher Vorstellungskraft versteht, setzt sich neben der **erkenntnistheoretischen Kritik** der Philosophie vor allem theologischen Einwänden aus. Sie gehen von der Annahme aus, daß Gott menschliche Erfahrungsbereiche in den Dienst seiner Offenbarung nimmt und für seine Wirklichkeit transparent macht.

Ethische Motivation zur Weltgestaltung

Die Vermutung, daß christliches Handeln vom Lohngedanken motiviert sei, kann sich auf alt- und neutestamentliche Aussagen stützen. Jesus knüpft an den Verdienstgedanken des antiken Judentums an und spricht vor allem in Auseinandersetzungen mit Gegnern auch vom Lohn und Verdienst des Tuns. Feuerbach verkennt jedoch den Gesamtbezug der biblischen Ethik. In der Gottesherrschaft gilt ein neues Motiv des Handelns, der Indikativ der Dankbarkeit, der Freude über die Güte Gottes. Gerade aus der **erfahrenen Zuwendung Gottes** heraus wird der Christ frei zur uneigennützigen, sachorientierten Weltgestaltung.

Innere Priorität der Theologie vor der Anthropologie

Feuerbachs Atheismus beruht teilweise auf Schwächen der protestantischen Theologie zur Gotteslehre im 18./19. Jahrhundert. Die Feuerbachsche Religionskritik fordert deshalb den christlichen Glauben heraus, die **göttliche Wirklichkeit** angemessen zur Sprache zu bringen. Die innere Priorität der Theologie vor der Anthropologie muß festgehalten und einseitig anthropomorphes oder philosophisch-spekulatives Reden von Gott vermieden werden.

Identität des Menschen

Feuerbachs philosophische Grundlegung der Anthropologie geht von der konkreten Wirklichkeit, vom Vorrang der sinnlichen Realität aus. Der christliche Glaube bezieht sich demgegenüber auf die biblisch bezeugte Geschichte der Selbsterweisung Gottes, die im Christusgeschehen zum Ziel kommt. Die in Jesus Christus den Menschen begegnende Gotteswirklichkeit deckt Feuerbachs ideologisch verzerrtes, fiktives Bild vom Wesen des Menschen auf. Feuerbach nimmt weder die Totalität der Sünde noch die **entlastende Befreiung des Menschen** wahr, der auf Gott vertraut.

Feuerbachs humanistischer Atheismus stellt theologisch gesehen eine **ideologische Verzerrung der Wirklichkeit** dar und fordert den christlichen Glauben heraus, um des Menschen willen die **Wirklichkeit Gottes** angemessen zur Sprache zu bringen.

5.3.5 Problematik der Religionskritik Sigmund Freuds

Wissenschaftlich fragwürdige Annahmen Freuds

Der christliche Glaube kann sich in der Auseinandersetzung mit Freud auf Forschungsergebnisse der Psychoanalyse, der Ethnologie und der Religionswissenschaft berufen, die zahlreiche **Grundüberzeugungen Freuds** als Hypothesen qualifizieren, modifizieren, in Frage stellen oder widerlegen.

- Die Analogie von Ontogenese und Phylogenese ist eine erkenntnistheoretisch umstrittene Theorie, auf die Freuds Deutung der Religion als kollektiver Zwangsneurose zwingend zurückgreift.

- Die psychoanalytischen Schulen bestreiten bzw. modifizieren Freuds Deutungen des Ödipuskomplexes. Die psychologische Ableitung des Schuldbewußtseins aus der Aggression gegen den Urvater ist fragwürdig, da Schuldgefühl und Angst vor Strafe unterschieden werden müssen.
- Auch Freuds Entwicklungsgedanke, der den monotheistischen Gottesglauben auf die Urreligion des Animismus und Totemismus zurückführt, wird religionsgeschichtlich als zu undifferenziert bestritten.
- Die Vatermord-Theorie widerspricht ethnologischem Material. Berichte über brasilianische Indianerstämme belegen ein friedliches Zusammenleben, obwohl alle Frauen dem Häuptling gehören und die Frauen sich in der Minderheit befinden.

Wunschprojektion

Freuds psychoanalytische Projektionstheorie, die den Gottesgedanken als tiefenpsychologisch begründete Illusion kindlichen Wunschdenkens versteht, beruht auf einer logisch nicht überzeugenden **erkenntnistheoretischen Vorgabe.** Nun betont Freud zwar, daß er sich nur mit dem tiefenpsychologischen Hintergrund religiöser Phänomene beschäftigt, nicht mit dem Wahrheitsgehalt der Gottesvorstellung. Die psychoanalytische und ethnologische Erklärung der Religion verbindet Freud jedoch mit einer umfassenden Deutung der Religion, die ihren Wahrheitswert faktisch verneint.

Auch Freuds **methodisches Vorgehen,** die Religiosität des Erwachsenen, neurotische Formen religiöser Praxis und frühkindliches Wunschdenken analog aufeinander zu beziehen und zu deuten, ist fragwürdig, da die Ergebnisse nicht generalisierbar sind.

Verzerrte Gottesvorstellung

Freuds Religionskritik geht von einem **verzerrten jüdisch-christlichen Gottesbild** aus, das von einem patriarchalischen Vatergott und der Entmündigung des Glaubenden geprägt ist, der sich dem despotischen Gott unterwerfen muß. Gegenüber diesem Mißverstehen, an dem Theologie und Kirche mitbeteiligt sind, ist der christliche Glaube aufgerufen, die **Wirklichkeit Gottes** angemessen zur Sprache zu bringen.

Liebesgebot

Freuds Annahme, das Liebesgebot stelle eine Überforderung des Menschen dar und sei unerfüllbar, verkennt den Gesamtbezug der biblischen Begründung ethischen Handeln. Gerade aus der **erfahrenen Zuwendung Gottes** heraus wird der

Christ zur humanen Weltgestaltung frei. Da angesichts der ausstehenden Vollendung der Gottesherrschaft sich die christliche Ethik auf den Bereich des Vorläufigen bezieht, braucht sie weder verabsolutierten Zielvorstellungen noch Freuds pragmatischem Realitätsprinzip zu verfallen.

Mündigkeit des Menschen

Freuds religionskritische Erwägungen können zur **Reinigung des christlichen Glaubens** beitragen. Die religiöse Praxis mag manchmal von unbewußten religiösen Wunschbildern oder durch die Flucht aus der Realität bestimmt sein und somit neurotisierend und persönlichkeitsverzerrend wirken. An der Aufarbeitung solcher religiösen Verkürzungen ist dem mündigen Christen selbst gelegen.

Andererseits deckt die in Jesus Christus den Menschen begegnende Gotteswirklichkeit Freuds **verkürztes Bild vom Menschen** auf. Person und Verkündigung Jesu verdeutlichen die unheilvolle Gesamtsituation des Menschen im Gegenüber zu Gott, dem Mitmenschen und der Umwelt. Diese Grundsünde kann der Mensch nicht individuell durch einen Akt der Selbstbefreiung überwinden. Gott selbst löst den Glaubenden aus der verkehrten Grundeinstellung seines Lebens heraus.

Freuds Grundentscheidung zum existentiellen Atheismus

Da Freud sich bereits in seiner Studentenzeit für den Atheismus entscheidet, ist seine persönliche weltanschauliche Haltung nicht als Folge seiner Religionskritik zu verstehen. Die ethnologische Erklärung der Religion vollzieht er in einem bereits vorher festgelegten Deutungsrahmen. In Freuds ablehnender Haltung gegenüber der Religion kommt eine **Grundüberzeugung neuzeitlicher Selbstbehauptung** zum Tragen, die sich durch das Klären entstellter christlicher Vorstellungen kaum berühren lassen dürfte.

Freuds psychoanalytischer Atheismus geht von zahlreichen wissenschaftlich **fragwürdigen Voraussetzungen** aus.
Die Konzeption Freuds fordert den christlichen Glauben heraus, kritisch die religiösen Vorstellungen auf ihren tiefenpsychologischen Zusammenhang mit **Trieb- und Autoritätskonflikten** zu bedenken.

ZUM WEITERLESEN

André Gide: Das Zwiegespräch mit dem jüngeren Bruder

Ich habe hier, wie man es bei den alten Altartafeln tat,
zu meiner verschwiegenen Freude, das Gleichnis gemalt,
das unser Herr Jesus Christus uns erzählt hat. [...]
Wenn aber der Leser einige Frömmigkeit von mir fordert,
es möchte sein, daß er sie gleichwohl in meinem Bilde fände,
da ich mich, gleich einem Stifter in der Ecke des Gemäldes,
darin angebracht habe, auf den Knieen,
ein Gegenstück zum verlorenen Sohn,
wie er zugleich lächelnd und mit von Tränen tiefendem Antlitz.

Es ist die Kammer neben der des Verlorenen, nicht gerade klein, mit leeren Wänden. Eine Lampe in der Hand, nähert sich der Verlorene dem Bett, wo sein jüngerer Bruder ruht, das Gesicht gegen die Wand gekehrt. Er beginnt mit leiser Stimme, um das Kind, wenn es schläft, nicht in seinem Schlummer zu stören.

„Ich möchte mit dir sprechen, mein Bruder."

„Was hindert dich daran?"

„Ich glaubte, du schliefst."

„Man braucht nicht zu schlafen, um zu träumen. [...] Am Abend, da du heimkehrtest, war es mir nicht möglich zu schlafen. Die ganze Nacht dachte ich: Ich hatte noch einen Bruder, und ich wußte es nicht ... Deshalb hat mir das Herz so stark geklopft, als ich dich hereinkommen sah, in den Hof des Hauses, ruhmbedeckt."

„Ach! bedeckt mit Lumpen, wie ich war."

„Ja, ich habe dich gesehen, und doch schon ruhmvoll. Und ich habe gesehen, was unser Vater tat: er hat an deinen Finger einen Ring gesteckt, einen solchen, wie ihn unser Bruder nicht besitzt. Ich wollte niemanden über dich befragen. Ich wußte nur, daß du von sehr weit kamst, und dein Blick, bei Tisch ..."

„Warst du denn dabei?"

„Oh, ich weiß wohl, daß du mich nicht gesehen hast. Während des ganzen Essens war dein Blick in der Ferne, ohne etwas zu sehen. Auch, daß du am zweiten Abend mit dem Vater gesprochen hast, war gut – aber am dritten ..."

„Sprich ...“

„Ach, wenn es nur *ein* liebes Wort gewesen wäre, du hättest wohl kommen können und es mir sagen.“

„Hast du mich denn erwartet?“

„Und wie! Glaubst du, ich würde unseren Bruder so hassen, wenn du nicht an jenem Abend so endlos mit ihm gesprochen hättest. Was könnt ihr euch denn zu sagen gehabt haben? Du weißt wohl, wenn du Ähnlichkeit mit mir hast, so kannst du mit ihm nichts gemein haben.“

„Ich hatte schweres Unrecht gegen ihn begangen.“

„Ist es möglich?“

„Wenigstens gegen unseren Vater und unsere Mutter. Du weißt, daß ich aus dem Haus geflohen war.“

„Ja, ich weiß. Es ist lange her, nicht wahr?“

„Ungefähr als ich so alt war wie du.“

„So. Und das nennst du dein Unrecht.“

„Ja, das war mein Unrecht, meine Sünde.“

„Als du weggingst, fühltest du da, daß du schlecht handeltest?“

„Nein; ich fühlte in mir etwas wie eine Verpflichtung, fortzugehen.“

„Und was ist denn seither geschehen, daß aus deiner Wahrheit von damals Irrtum wurde?“

„Ich habe gelitten.“

„Und deshalb sagst du: ich hatte unrecht?“

„Nein, nicht gerade deshalb; aber das mich zur Besinnung gebracht. [...] Die Freiheit, die ich suchte, ging mir verloren; einmal in Gefangenschaft, mußte ich dienen.“

„Ich bin hier in Gefangenschaft.“

„Ja, aber schlimmen Herren dienen. Hier dienst du deinen Eltern.“

„Ach, dienen ist dienen; hat man nicht wenigstens die Freiheit, sich seine Knechtschaft zu wählen?“

„Das hoffte ich. So weit meine Füße mich trugen, wanderte ich, auf der Suche nach meiner Sehnsucht, wie Saul auf der Suche nach seinen Eselinnen. Aber dort, wo ein Königreich auf ihn wartete, dort hab ich das Elend gefunden. Und dennoch ...“

„Hast du auch nicht den Weg verfehlt?“

„Mein Ich ging vor mir her.“

„Bist du sicher? Und doch gibt es andere Königreiche und Länder ohne König, die noch zu entdecken sind.“

„Wer hat dir das gesagt?“

„Ich weiß es. Ich fühle es. Ich seh mich schon dort herrschen."

„Hochmütiger!"

„Sieh, da ist das Wort, das dir unser Bruder gesagt hat. Wie kommst du jetzt dazu, es mir zu sagen? Hättest du dir nur diesen Hochmut bewahrt! Du wärst nicht zurückgekehrt."

„Dann hätte ich dich nie gekannt."

„Doch, doch, dort draußen, wohin ich dir nachgekommen wäre, dort würdest du mich schon erkannt haben als deinen Bruder. Ja, mir ist doch jetzt zumut, als wärs, um dich wiederzufinden, daß ich fortgehe."

„Daß du fortgehst?"

„Hast du es nicht begriffen? Ermutigst du mich nicht selbst, fortzugehen?"

„Ich möchte dir die Rückkehr sparen ... aber dadurch, daß ich dir den Aufbruch erspare."

„Nein, nein, sag mir das nicht; nein, das willst du ja gar nicht sagen. Du bist doch auch – nicht wahr? – du bist wie ein Eroberer ausgezogen?"

„Darum empfand ich meine Knechtschaft nur um so härter."

„Warum hast du dich dann unterworfen? Warst du schon müde?"

„Nein, noch nicht; aber ich war im Zweifel."

„Was meinst du damit?"

„Im Zweifel an allem, an mir selbst. Ich wollte bleiben, mich irgendwo anschließen. Der Halt, den mir dieser Meister versprach, war eine Versuchung für mich. Ja, jetzt sehe ich es wohl ein: ich bin schwach gewesen."

Der Verlorene neigt das Haupt und verbirgt den Blick in seinen Händen. [...]

„Sieh auf den Tisch dort hinter meinem Kissen, bei dem altmodischen Buch."

„Ich seh einen offenen Granatapfel."

„Den hat mir der Schweinehirt gebracht neulich abends; drei Tage war er nicht nach Haus gekommen."

„Ja, das ist ein wilder Granatapfel."

„Ich weiß. Er ist von einer Bitterkeit, beinah furchtbar; und doch, ich fühle, wenn ich nur genügend Durst hätte, ich würde hineinbeißen."

„Ah, so kann ich es dir jetzt sagen: Was ich suchte in der Wüste, war dieser Durst."

„Ein Durst, den nur diese Frucht löscht, die ohne Süße ist ..."

„Nein, aber man liebt diesen Durst um ihretwillen." [...]

„Hör zu. Weißt du, warum ich dich heute abend erwartete? Eh die Nacht um ist, geh ich. Diese Nacht; diese Nacht, sowie sie anfängt zu verblassen ... Mein Gürtel ist geschnallt, ich habe die Sandalen anbehalten."

„Was! Du willst tun, was ich nicht konnte?"

„Du hast mir den Weg aufgetan. Der Gedanke an dich wird mir beistehn."

„Ich kann dich nur bewundern. Du dagegen mußt mich vergessen. Was nimmst du mit?"

„Du weißt wohl, ich, als der Jüngere, habe keinen Anteil am Erbe. Ich gehe ohne alles."

„Besser so."

„Was siehst du denn nach dem Fenster?"

„Den Garten seh ich, wo unsere Toten ruhen."

„Mein Bruder ... (und das Kind, das vom Bett aufgestanden ist, schmiegt den Arm um den Hals des Verlorenen, und es legt dieselbe Zärtlichkeit in diese Gebärde und in seine Stimme) ... komm mit mir!"

„Laß mich, laß mich; ich will bleiben und unsere Mutter trösten. Ohne mich wirst du tapferer sein. Es ist Zeit jetzt. Der Himmel bleicht. Geh, ohne Lärm. Komm! Küß mich, mein junger Bruder. Du nimmst alle meine Hoffnungen mit dir. Sei stark. Vergiß uns, vergiß mich. Mögst du nicht wiederkommen ... Steig leise hinab. Ich halte die Lampe."

„Gib mir wenigstens noch die Hand bis an die Tür."

„Achtung bei den Stufen auf dem Vorplatz ..."

Gide, André: Die Rückkehr des verlorenen Sohnes. Übertragen von Rainer Maria Rilke. Frankfurt a. M. 1961, S. 5, 30–39.

André Gide (1869–1951 in Paris), calvinistisch erzogen, lehnt sich in seinem literarischen Werk gegen soziale und religiöse Konventionen auf, wenn sie der individuellen Freiheit und Selbstfindung des Menschen widersprechen. Er erhält 1947 den Nobelpreis für Literatur.

Das biblische Gleichnis wird um den Dialog des verlorenen Sohnes mit dem jüngsten Mitglied der Familie erweitert. Im Gegensatz zu dem heimgekehrten, resignierenden Bruder ist der jüngere fest entschlossen, das eigene **Leben in Freiheit** zu gestalten, und hofft, der engen, traditionellen Familienordnung zu entrinnen. Der wilde Granatapfel ist Symbol dieser Sehnsucht, die auch André Gide verspürt, wie sein persönliches Bekenntnis in der Vorrede zeigt.

Die Frage nach dem Menschen

6 Humanwissenschaftliche Einsichten

Die Vielfalt und die teilweise gegensätzlichen **Sichtweisen des Menschen** gehen auf verschiedene Ursachen zurück. Manchmal bestimmen vorgegebene weltanschauliche Aspekte die angeblich objektive wissenschaftliche Beschreibung und Deutung des Menschen. So versteht der Marxismus das menschliche Bewußtsein als Widerspiegelung der jeweiligen gesellschaftlich-ökonomischen Verhältnisse. Die Versuche, das vieldimensionale Wesen des Menschen zu erfassen, stehen ferner in der Gefahr, Teilaspekte zu verabsolutieren. Das idealistische Menschenbild sieht den Menschen als Geistwesen, das vitalistische Menschenverständnis stellt ihn in engsten Zusammenhang mit der Natur. Es fällt außerdem schwer, die anthropologischen Teilergebnisse der verschiedenen Humanwissenschaften, beispielsweise der Verhaltensforschung, der Kulturanthropologie oder der Psychoanalyse, in ein Gesamtbild zu integrieren.

Fragt man nach den Besonderheiten menschlichen Daseins im Vergleich zu den übrigen Lebewesen, werden im allgemeinen genannt: die Sprachfähigkeit des Menschen; sein Verständnis als geschichtlich handelndes Wesen; das durch Instinktentbundenheit, durch ein offenes Lebensmodell gekennzeichnete Lernwesen; die Verantwortung für sich und sein Handeln, die er wahrnehmen oder ablehnen kann; sein Entwurf einer Wertordnung, die in der Funktion des Gewissens gipfelt.

Leitfragen:

- *Unter welchen Gesichtspunkten läßt sich das Besondere der menschlichen Lebensweise entfalten?*
- *Ist der Mensch ein religiöses Wesen?*
- *Inwieweit stellt „Freiheit" eine ständige Aufgabe des Menschen dar?*
- *Überlegen Sie, welche Befürchtungen, Ängste und Hoffnungen den Menschen heute bewegen!*

Tomi Ungerer: Karikatur. In: Adam & Eva. Zürich 1974.

Zum Einstieg: Was ist der Mensch? – Quid est homo? (Seneca)

Menschenbilder

Der Mensch – ein kleiner Kosmos.
Demokrit

Der Mensch ist von Natur aus ein staatenbildendes Wesen.
Sprache und Vernunft besitzt der Mensch als einziges Lebewesen.
Als einziges von den Lebewesen lacht der Mensch.
Aristoteles

Im Erfolg gibt es für den Menschen keine Sättigung.
Erkenne, daß die Umstände über die Menschen herrschen
und nicht die Menschen über die Umstände.
Herodot

Wie liebenswert ist der Mensch, wenn er ein Mensch ist!
Meander

Lupus est homo homini.
Plautus

Homo homini Deus est.
Ludwig Feuerbach

Homo absconditus.
Helmuth Pleßner

Quintus T. Cicero: Wahlkampfempfehlungen für meinen Bruder Marcus

Es ist unerläßlich, den Wählern zu schmeicheln. Mag im übrigen Leben die Schmeichelei ein Fehler sein, noch dazu ein verächtlicher: im Wahlkampf ist sie nötig. [...]

Die Menschen lassen sich nämlich durch liebenswürdige Gesten und Worte eher gewinnen als durch tatsächlich erwiesene Dienste. Alle Menschen sind so geartet, daß sie lieber eine Lüge als eine Absage hören wollen. [...]

Achte darauf, den gesamten Wahlkampf mit großem Aufwand zu führen, ihn großartig, stilvoll und wirkungsvoll aufzuziehen, damit er das Volk anspricht. Und sorge dafür, wenn es sich auf irgendeine Weise erreichen läßt, daß übles Gerede über deine Gegenkandidaten aufkommt, beispielsweise wegen einer Rechtsverletzung, einer Liebesaffäre oder einer Wählerbestechung. Nimm den Vorwurf, der am besten zu ihrem Charakter paßt!

Cicero, Quintus Tullius: Commentariolum petitionis, 1, 42 ff.

Johannes Bobrowski: Das Wort Mensch

Das Wort Mensch, als Vokabel
eingeordnet, wohin sie gehört,
im Duden:
zwischen Mensa und Menschengedenken.

Die Stadt
alt und neu,
schön belebt, mit Bäumen
auch
und Fahrzeugen, hier

hör ich das Wort, die Vokabel
hör ich hier häufig, ich kann
aufzählen von wem, ich kann
anfangen damit.

Wo Liebe nicht ist,
sprich das Wort nicht aus.

Bobrowski, Johannes: Wetterzeichen. Berlin 1966, S. 83.

6.1 Ergebnisse der philosophischen Anthropologie

Die Anthropologie erforscht als systematische Disziplin der neueren Philosophie die Grundfrage nach der Sonderstellung der Menschen im Gesamtzusammenhang der Natur. Als Begründer der philosophischen Anthropologie gilt Max Scheler; Helmuth Pleßner und Arnold Gehlen entwickeln sie eigenständig weiter. **Max Scheler** stellt den Menschen wegen dessen Geistbegabtheit („Geistwesen“)

auf die höchste Stufe des Lebendigen. **Helmuth Pleßner** weist Schelers metaphysich verstandenen Geistbegriff zurück. Der Mensch hebt sich vielmehr von der Daseinsform der höheren Tiere durch seine Fähigkeit zur „Selbstdarstellung" ab. Sie macht die „exzentrische Positionalität" des Menschen aus. Der natürliche Mangel an Umweltgebundenheit und die Instinktschwäche des Menschen, d. h. seine weitgehende Weltoffenheit, bilden die Voraussetzungen der menschlichen Vielseitigkeit, sein Vermögen zur Selbstreflexion, zur Transzendenz und kulturellen Selbstbestimmung. Der Mensch gestaltet seine Umwelt produktiv und schöpferisch als Kultur aus. Im Vergleich zum neugeborenen Tier definiert **Arnold Gehlen** den Menschen als unspezialisiertes biologisches „Mängelwesen", was er auf eine „Entwicklungshemmung" der menschlichen Gattung zurückführt. Der Mensch als „handelndes Wesen" kompensiert durch Sprache, Kultur und Technik die Nachteile seiner biologischen Ausgangssituation. Institutionen schaffen dem Menschen Entlastung und mindern die Lebensrisiken.

Das Anthropologe Arnold Gehlen geht vom Menschen als biologischem „Mängelwesen" aus, der zur Verhaltenssicherheit Entlastungsinstitutionen benötigt.

Die Resultate der neueren Biologie geben uns die Möglichkeit, die exponierte und riskierte Konstitution des Menschen in einen weiteren Zusammenhang zu stellen. Die „Umwelt" der meisten Tiere, und gerade der höheren Säuger ist das nicht auswechselbare Milieu, an das der spezialisierte Organbau des Tieres angepaßt ist, innerhalb dessen wieder die ebenso artspezifischen, angeborenen Instinktbewegungen arbeiten. Spezialisierter Organbau und Umwelt sind also Begriffe, die sich gegenseitig voraussetzen. Wenn nun der Mensch *Welt* hat, nämlich eine deutliche Nichteingegrenztheit des Wahrnehmbaren auf die Bedingungen des biologischen Sichhaltens, so bedeutet auch dies zunächst eine negative Tatsache. Der Mensch ist weltoffen heißt: er *entbehrt* der tierischen Einpassung in ein Ausschnitt-Milieu. Die ungemeine Reiz- oder Eindrucksoffenheit gegenüber Wahrnehmungen, die keine angeborene Signalfunktion haben, stellt zweifellos eine erhebliche Belastung dar, die in sehr besonderen Akten bewältigt werden muß. Die physische Unspezialisiertheit des Menschen, seine organische Mittellosigkeit sowie der erstaunliche Mangel an echten Instinkten bilden also unter sich einen Zusammenhang, zu dem die „Weltoffenheit" (M. Scheler) oder, was dasselbe ist, die Umweltenthebung den Gegenbegriff bilden. Umgekehrt entsprechen beim Tier die Organspezialisierung, das Instinktrepertoire und die Umweltfesselung einander. Es ist das anthropologisch entscheidend wichtig. Wir haben damit einen Strukturbegriff des Menschen, der *nicht* auf dem Merkmal des Verstandes, Geistes usw. allein beruht [...]. Wir haben jetzt [...] den „Entwurf" eines organisch mangelhaften, *deswegen* weltoffenen, d. h. in keinem *bestimmten* Ausschnitt-Milieu *natürlich* lebensfähigen Wesens, und verstehen jetzt auch, was es mit den Bestimmungen auf sich hat, der Mensch sei „nicht festgestellt" oder „sich selbst noch Aufgabe": [...] aus eigenen Mitteln und eigentätig muß der Mensch *sich entlasten, d. h. die Mängelbedingungen seiner Existenz eigentätig in Chancen seiner Lebensfristung umarbeiten.*

Gehlen, Arnold: Der Mensch. Seine Natur und seine Stellung in der Welt. Frankfurt a. M. [8]1966, S. 35 f.

Die **philosophische Anthropologie** geht von einer Sonderstellung des Menschen im Gesamtzusammenhang der Natur aus und versteht ihn als **Sozialkulturwesen.**

6.2 Grundbefindlichkeiten menschlichen Daseins

Es macht das Besondere des menschlichen Daseins aus, daß der **Mensch als Beziehungswesen** bewußt in verschiedenen Bezügen lebt. Er begegnet den Mitmenschen in der Form interpersonaler Beziehungen, trägt Verantwortung für die Welt und steht sich selbst transzendierend einer religiösen Dimension gegenüber.

Exzentrisches Gegenübersein

Das entscheidende Kennzeichen der menschlichen Weltoffenheit besteht darin, daß der Mensch das Zentrum seiner Lebensäußerungen nicht nur in sich, sondern zugleich außerhalb seiner hat. Die **Selbstreflexion** des Menschen drückt sich darin aus, daß er sich in all seinen Weltbezügen zu sich selber verhalten muß: zu seinem Leib, seinem Denken, Fühlen und Handeln. Der Mensch steht den Mitmenschen und der Umwelt gegenüber, sucht einen Standort und schafft aus seiner exzentrischen Konstitution heraus als handelndes Wesen eine kulturelle Sinngebung. **Zeit** erfährt der Mensch in der Zusammengehörigkeit von Vergangenheit, Gegenwart und Zukunft. In der historischen Erinnerung wird Zeit als Sinn beurteilbar und die Zukunft erfahrungsgeleitet erwartet.

Responsorisches Gegenübersein

Der Weltoffenheit des Menschen korrespondiert das **Aufeinanderangewiesensein der Menschen.** Es findet seinen Ausdruck in der Persönlichkeitsentfaltung durch das Angesprochenwerden von einem Du, in der Sprache als Kommunikationsform zwischen Ich und Welt und führt zu einer lebensfördernden Wechselseitigkeit und Zusammenarbeit in unterschiedlichen Lebensgemeinschaften. Als grundlegende soziale Institution leistet die **Sprache** die Kommunikation zwischen Menschen und erhält gemeinschaftliche Beziehungen oder stiftet sie schöpferisch neu.

Finales Gegenübersein

Die Weltoffenheit des Menschen enthält ein Moment der **Selbsttranszendenz** und läßt den Menschen das weltlich Vorhandene überschreiten. Das menschliche Sein steht in der **Grundspannung** zwischen der Möglichkeit, die faktische Realität durch Erkenntnis zu transzendieren, und dem Eindruck, an den Begrenztheiten menschlichen Daseins gebunden zu sein (Leiblichkeit, Vergänglichkeit, Tod). Aus der Spannung entsteht die Sinnfrage und die existentielle Schwierigkeit, sich selbst anzunehmen. Die Bestimmung und Erfüllung seines Menschseins stellt sich dem Menschen als ein ausstehendes und aufgegebenes Endziel dar.

Als **Beziehungswesen** lebt der Mensch in unterschiedlichen Beziehungen. Sich selbst transzendierend steht er in interpersonalen Bezügen und trägt Verantwortung für die Weltgestaltung.

6.3 Freiheit und Gebundenheit

Das Wort „frei“ hat im frühen Griechentum einen sozialen Sinn und bezeichnet den zum Volk gehörigen, freien Mann (im Gegensatz zum Sklaven und Nichtgriechen). Die Grundbedeutung von Freiheit wäre dementsprechend die Möglichkeit des Menschen, sein Leben in eigener Verantwortung und Entscheidung führen zu können und nicht von äußeren Zwängen oder Gewalten behindert zu werden. Versteht man unter „Freiheit“ die Fähigkeit des Menschen, seinem Wollen und Handeln eine Ausrichtung geben zu können (Selbstbestimmung), lassen sich im Zusammenhang der Anthropologie drei grundlegende **Bedeutungen des Wortes „Freiheit“** unterscheiden: **Ermöglichungsfreiheit** bezieht sich auf das Verhältnis des Menschen zu seiner naturhaften oder gesellschaftlichen Umwelt, die ihm durch Abwesenheit von äußeren Zwängen in seinen jeweiligen Handeln nicht einschränkt („Freiheit von …“). Die

Entscheidungsfreiheit betrifft das Verhältnis des Menschen zu sich selbst, seine angeborene oder erworbene Fähigkeit, ein bestimmtes Verhalten bewußt zu wollen und auf Wertvorstellungen zu beziehen („Freiheit zu ...“). **Lebensfreiheit** meint eine anthropologische Grundverfassung des Menschen, die Fähigkeit des Menschen, sich selbst zu wählen als den, der er sein will. In Freiheit, unabhängig von äußerer oder innerer Fremdbestimmung, setzt der Mensch sich Werte und Lebensziele und verfolgt sie in seinem Handeln.

Ermöglichungsfreiheit: („moralische“ Freiheit)	Der Mensch hat das Recht, von ihm beabsichtigte, beliebige Handlungen auszuführen, weil moralische Konventionen oder Rechtsvorschriften ihn darin nicht einschränken (z. B. Religions-, Presse-, Versammlungsfreiheit).
Entscheidungsfreiheit: (Handlungsfreiheit, Wollensfreiheit)	Bestimmte Handlungen des Menschen gehen aus seinem freien Wollen hervor, was die Verantwortlichkeit des Menschen für sein Verhalten beinhaltet.
Lebensfreiheit: (Willensfreiheit, transzendente Freiheit, liberum arbitrium)	Die Lebensfreiheit geht davon aus, daß der Mensch prinzipiell das Vermögen zur eigenen, freien Selbst-Bestimmung in sich trägt.

Determinismus

Der konsequente Determinismus sieht die **Wirklichkeit durchgängig gesetzmäßig bestimmt** und bestreitet die Fähigkeit des Menschen zur Lebensfreiheit. Das menschliche Wollen und die Handlungen sind von äußeren Abhängigkeiten (Milieu, technisch-industrielle Welt) oder inneren Bedingungen (genetische Anlagen, körperlich-psychische Voraussetzungen) bestimmt.

Der **mechanistische Determinismus** (Pierre Simon Laplace, 1749 – 1827, Astronom und Mathematiker) geht vom konsequenten Eingebundensein alles Geschehens in die unabänderlichen Naturgesetze aus und wendet den Grundsatz der strengen kausalen Determination als Erkenntnismittel auf die gesamte gegenständliche Wirklichkeit an. Er leugnet Schöpferisches und Spontaneität in der Natur.

Der **teleologische Determinismus** sieht durch die individuelle und gattungsmäßige Triebstruktur des Menschen die Ziele des Handelns eindeutig festgelegt (z. B. Selbsterhaltung, Lustgewinnung, Wunscherfüllung). Der Mensch kann nur die Mittel wählen, um die Ziele zu verwirklichen.

Der Philosoph Baruch de Spinoza nimmt an, daß das Handlungsbewußtsein sich selbst betrügt und als „frei" versteht, weil es sich über die bestimmenden Determinanten nicht bewußt sei.

> Die Menschen täuschen sich, wenn sie sich für frei halten; und diese ihre Meinung besteht allein darin, daß sie sich ihrer Handlungen bewußt sind, ohne eine Kenntnis der Ursachen zu haben, von denen sie bestimmt werden.
>
> *Spinoza, Baruch de: Die Ethik nach geometrischer Methode dargestellt. Übersetzung, Anmerkungen und Register von Otto Schottlaender. Hamburg 1989, S. 84 (Ethik, Bd. 2: Lehrsatz 35, Anmerkung).*

Indeterminismus – relative Wahlfreiheit

Der Indeterminismus leugnet nicht die biologischen, psychologischen und soziologischen Forschungsergebnisse, daß auch naturhafte oder gesellschaftsbezogene Determinanten das Wollen des Menschen beeinflussen. Man kann sich im Einzelfall auch hinsichtlich der Freiheit konkreter Handlungen täuschen. Das bedeutet aber nicht, die **Möglichkeit freien Verhaltens** grundsätzlich bestreiten zu müssen. Die letzten Entscheidungen führt der Indeterminismus auf die Selbstverfügung des Einzelnen zurück (relative Wahlfreiheit).

Das deterministische Prinzip dient der neuzeitlichen Wissenschaft als Hypothese, um rational faßbare und technisch verfügbare Ausschnitte der Wirklichkeit zu erklären. Der konsequente deterministische Ansatz betrachtet es dagegen als Struktur der Wirklichkeit selbst. Dem universalen Determinismus steht die philosophische und religiöse Lebenspraxis gegenüber, Verantwortung für das Handeln zu übernehmen, was die Möglichkeit von Freiheit voraussetzt.

Freiheit als Aufgabe

Die Freiheit des menschlichen Geistes führt zu neuen Erkenntnissen gesetzmäßiger Zusammenhänge, die den Handlungs- und Entscheidungsspielraum des Menschen erweitern. Wissensgewinn, technische und politische Entwicklungen haben einen Zuwachs an Freiheiten zur Folge. Freiheit enthält ein Moment der Unbegrenzbarkeit und drängt deshalb über das Erreichte hinaus zu weiterer Steigerung. Da technische und politische Abhängigkeiten auch neue Zwänge schaffen und Freiheit bedrohen können, ist Freiheit kein verfügbarer Besitz des Menschen. Freiheit stellt sich als **Aufgabe, ethische, geistige und religiöse Inhalte zu setzen,** die selbst frei machen, und sich nicht nur an funktionaler Erlebnisqualität ausrichten.

Freiheit stellt sich dem Menschen als **Aufgabe**, sich an Inhalten zu orientieren, die größere Freiheit gewähren.

Gerd Haeffner, Professor für Philosophische Anthropologie, Mitglied der Societas Jesu, sieht den Sinn menschlicher Freiheit im Vollzug des Guten.

Warum sind wir überhaupt frei, warum müssen wir die Last der Entscheidung und der Verantwortung tragen? Wenn die Freiheit sich nur auf die Auswahl der Mittel zur Realisierung eines uns eingestifteten Daseinszwecks bezieht, den wir nicht als in sich sinnvoll empfinden können, bleibt die Frage ohne Antwort. Solche denkbaren Daseinszwecke wären: die Erhaltung des eigenen Lebens und dessen Weitergabe an Nachkommen, die angenehmen Empfindungen von Lust und Glück, die Nützlichkeit für ein größeres Ganzes. Sind sie sinnvoll? Nicht ohne weiteres, und deswegen können wir uns diesen Zwecken durchaus auch verweigern, d. h. wir haben ihnen gegenüber eine Wahl, so daß sie nicht der letzte naturhafte Horizont aller Wahl sein können. Am sinnvollen Leben hängen wir und haben den Wunsch, es weiterzugeben [...].
Der eigentliche Sinn aber besteht im bejahenden Vollzug dessen, was nur frei bejaht werden kann: der Gutheit, die dem Seienden als solchem immanent ist. Aus jener selbstlosen Bejahung erwächst dann auch jene Selbstverwirklichung, deren Frucht die Freude, die reinste Form der Lust, ist.
Über alle besonderen Formen des Guten hinaus ist das menschliche Strebevermögen, der Wille, auf das Gute in seiner Absolutheit hin entschränkt. Deswegen ist er den einzelnen Gütern gegenüber frei. Der Sinn der – auf dem Wege zu sich befindlichen – Freiheit muß es also sein, jenes Gute in concreto zu finden, das mit einer Unbedingtheit bejaht zu werden verdient, die mit der naturhaften Bejahung des Guten überhaupt, die unser Grundwille dauernd vollzieht, gewissermaßen zur Deckung kommt.

Haeffner, Gerd: Philosophische Anthropologie. Grundkurs Philosophie, Bd. 1. Stuttgart, Berlin ²1989, S. 151 f.

6.4 Deutungen der menschlichen Aggression

Die Humanwissenschaften entwickeln **unterschiedliche Theorien** zur Entstehung der zwischenmenschlichen Aggression und deuten diese verschieden.

Triebtheorie

S. Freud erklärt die Aggression psychoanalytisch und führt sie auf einen zerstörerischen Grundtrieb des Menschen zurück. Unter dem Eindruck des Ersten Weltkrieges entwickelt Freud ein dualistisches Triebkonzept. Die beiden Grundtriebe des Menschen, Lebenstrieb und (ab 1920 postulierter) Todestrieb, wirken gegeneinander. Der **zerstörerische Grundtrieb** zielt darauf ab, das Organische in den spannungslosen Zustand zurückzuführen und kann sich nach außen, aber auch gegen das Innere des Menschen selbst richten. Er setzt aggressive Verhaltensweisen frei. Freuds Annahme eines Todestriebes wird von Wissenschaftlern äußerst kritisch beurteilt.

Frustrationstheorie

Aggression kann als Reaktion auf **gesellschaftlich bedingte Frustrationen** gedeutet werden. J. Dolard u. a. nehmen an, daß Aggression eine Reaktion auf persönliche Enttäuschungen, Kränkungen, Mißerfolgen oder soziale bzw. ökonomische Depravierung ist.

Spätere Abwandlungen der Frustrationstheorie behaupten keine zwangsläufige Reaktionsfolge, da sie stark von der affektiven und kognitiven Einschätzung der Frustration abhängt. Im übrigen gibt es auch Aggressionen ohne vorausgegangene Frustration.

Destruktions-Frustrationstheorie

Aggression wird auf ein **Destruktionspotential** im Menschen zurückgeführt, das durch gesellschaftliche Impulse freigesetzt werden kann. A. Mitscherlich lehnt die Todestriebtheorie Freuds ab, geht aber von einem menschlichen Destruktionspotential aus, das auch durch gesellschaftliche Faktoren aktualisiert werden und sich in aggressive Handlungen umsetzen kann.

Soziale Lerntheorie

Die Lerntheorie (A. Bandura u. a.) deutet Aggression als **erlerntes Verhalten.** Es vollzieht sich als Lernen am Modell (aggressive Vorbilder) und als Lernen am Erfolg, wenn Aggressivität als geeignetes Mittel zur Durchsetzung eigener Grundbedürfnisse erkannt wird. Erfolgreich durchgeführte, kulturbedingte aggressive Überlebensstrategien können zur Umkehr von Tugenden führen.

Zwischenmenschliche Aggression kann zurückgeführt werden auf gesellschaftlich bedingte Frustrationen, die das Destruktionspotential des Menschen aktivieren. In vielen Fällen ist Aggressivität erlerntes Verhalten.

Der Psychoanalytiker Alexander Mitscherlich meint, daß eine Gesellschaft für die Friedensarbeit Vorbilder braucht, deren Autorität nicht zwingt, sondern befreit.

Die Quellen der *Aggression* sind [...] Quellen, die *in* uns fließen, zu unserer Natur gehören.

Zu hoffen, daß wir von außen, von einem Heilbringer, von unseren Triebwünschen erlöst werden, ist leere Hoffnung. Wir können uns nur so weit frei oder unfrei fühlen, wie wir Kenntnis von uns selbst haben: nicht verklärte, sondern unbeschönigte Kenntnis. Zu dieser Einsicht gehört, daß wir in dauerndem *Konflikt* mit den Triebbedürfnissen, den Glückswünschen der anderen leben. [...]

Die Autorität, die uns belehren könnte, müßte uns durch *mehr* Wissen über uns befreiend helfen, statt uns vorzuspiegeln, mit gutem Willen wären in Jahrtausenden ausgetretene Fußstapfen der Brutalität zu vermeiden.

Mitscherlich, Alexander: Die Idee des Friedens und die menschliche Aggressivität. Vier Versuche. Frankfurt a. M. 1969, S. 101 f., 103.

7 Wahrnehmungen des Menschen aus biblischer Sicht

Die biblischen Schriften enthalten zwar keine in sich geschlossene Lehre vom Menschen, wohl aber durchgängig **Grundbestimmungen des Menschseins.** Der Mensch lebt als **religiöses, personales und soziales Wesen.**

Als **Geschöpf Gottes** empfängt der Mensch aus Gott sein Leben und bedarf der befreienden Zuwendung Gottes.

Der Mensch bildet eine sich durchdringende **Einheit von Leib und Geist,** also ein körperlich-geistiges Ganzes. Diese ganzheitliche Sicht des Menschen richtet sich gegen jede dualistische Anthropologie, die zwischen einem vergänglichen Körper und der unsterblichen Seele, die das eigentliche Wesen des Menschen ausmacht, unterscheidet.

Als **soziales Wesen** lebt der Mensch nicht für sich, sondern eingebunden in eine Gemeinschaft: in der Beziehung als Frau und Mann, in Gruppen (Familie, Volk, Staat) sowie in einer weltumspannenden Zusammengehörigkeit der Menschen.

Leitfragen:

- *Welche Konsequenzen hat das biblische Verständnis des Menschen für die Lebensführung?*
- *Welche Zusammenhänge bestehen zwischen der ganzheitlichen Sicht des Menschen und seinem schuldhaften Lebenszusammenhang?*
- *Vergleichen Sie philosophisches und biblisches Verständnis der „Gerechtigkeit"!*

7.1 Der Mensch als Geschöpf und Ebenbild Gottes

Die biblischen Schöpfungsberichte (1. Mose 1 f.) sehen in Gott Ursprung und Grund des Lebens. Hinter der Welt und dem irdischen Leben steht der Schöpferwille Gottes. Die Menschen, als Mann und Frau geschaffen (1. Mose 1, 27; 2, 18), haben als **Geschöpfe Gottes** Anteil an der Kreatürlichkeit und somit an der Vergänglichkeit des Lebendigen. Neben der Kreatürlichkeit des Menschen betonen beide Überlieferungen die besondere Stellung des Menschen gegenüber Gott und innerhalb der gesamten Schöpfung. Die Menschen sind Gott gegenüber zwar in ihren Möglichkeiten begrenzt; da Gott ihnen aber in einer personalen Beziehung begegnet, können sie ihm in ihrem Lebensentwurf und im Handeln antworten. Die **Sonderstellung des Menschen** innerhalb der Welt befähigt ihn, den Auftrag Gottes auszuführen, diese Welt verantwortungsvoll zu gestalten und zu bewahren. Dazu ist der Mensch als „Ebenbild Gottes" fähig. Die Möglichkeiten des Menschen, vor allem seine Begabung mit Vernunft, sowie die Güter und Gaben der Erde ermöglichen ein friedliches Zusammenleben der Menschen, Wohlstand und kulturelle Entfaltung.

Die Priesterschrift verdeutlicht die Einzigartigkeit des Menschen mit dem Symbol der **Gottesebenbildlichkeit** (Imago Dei; 1. Mose 1, 27). Der Mensch soll in der dialogischen Wechselbeziehung zu Gott bleiben, der Anrede Gottes entsprechen (vgl. Ps 8). Zugleich setzt Gott den Menschen als Verwalter der Welt ein, der als Repräsentant Gottes über die Tiere und die Erde verantwortlich herrschen soll. Nach der jahwistischen Erzählung erhält der Mensch von Gott den Auftrag, den Garten zu bebauen und zu bewahren (1. Mose 2, 15).

Die beiden Schöpfungsberichte, die erst zur Zeit Salomos bzw. im baylonischen Exil entstehen, und relativ spät an den Anfang des Alten Testaments gestellt werden, eröffnen die sog. Urgeschichte (1. Mose 1–4). Sie enthält die Überlieferungen vom Schöpfungswerk Gottes, der Schuld des Menschen (Sündenfall, Kains Brudermord), der Sintflut, Gottes Bund mit Noah und den Turmbau zu Babel. Die Urgeschichte enthüllt weder den Zustand einer zeitlosen mythologischen Vorwelt, noch den einer historisch faßbaren Menschheitsepoche. Die Erzählungen wollen vielmehr die allgemeine Grundverfassung, die Lebenssituation des Menschen vor Gott schildern. Zugleich eröffnen sie einen Geschichtsverlauf, der zur Berufung Abrahams und seiner Auswanderung nach Palästina führt.

Der erste Schöpfungsbericht wird um 500 v. Chr. von Priestern im babylonischen Exil verfaßt, 1. Mose 1, 1ff.; 2, 1f.:

1,1 Am Anfang schuf Gott Himmel und Erde.
2 Und die Erde war wüst und leer, und es war finster auf der Tiefe; und der Geist Gottes schwebte auf dem Wasser.
3 Und Gott sprach: Es werde Licht! Und es ward Licht.
4 Und Gott sah, daß das Licht gut war. Da schied Gott das Licht von der Finsternis
5 und nannte das Licht Tag und die Finsternis Nacht. Da ward aus Abend und Morgen der erste Tag.

26 Und Gott sprach: Lasset uns Menschen machen, ein Bild, das uns gleich sei, die da herrschen über die Fische im Meer und über die Vögel unter dem Himmel und über das Vieh und über alle Tiere des Feldes und über alles Gewürm, das auf Erden kriecht.
27 Und Gott schuf den Menschen zu seinem Bilde, zum Bilde Gottes schuf er ihn; und schuf sie als Mann und Weib.
28 Und Gott segnete sie und sprach zu ihnen: Seid fruchtbar und mehret euch und füllet die Erde und machet sie euch untertan und herrschet über die Fische im Meer und über die Vögel unter dem Himmel und über das Vieh und über alles Getier, das auf Erden kriecht.
29 Und Gott sprach: Sehet da, ich habe euch gegeben alle Pflanzen, die Samen bringen, auf der ganzen Erde, und alle Bäume mit Früchten, die Samen bringen, zu eurer Speise.
30 Aber allen Tieren auf Erden und allen Vögeln unter dem Himmel und allem Gewürm, das auf Erden lebt, habe ich alles grüne Kraut zur Nahrung gegeben. Und es geschah so.
31 Und Gott sah an alles, was er gemacht hatte, und siehe, es war sehr gut. Da ward aus Abend und Morgen der sechste Tag.

2,1 So wurden vollendet Himmel und Erde mit ihrem ganzen Heer.
2 Und so vollendete Gott am siebenten Tag seine Werke, die er machte, und ruhte am siebenten Tage von allen seinen Werken, die er gemacht hatte.

Nach dem priesterschriftlichen Schöpfungshymnus ruft Gott durch sein schöpferisches Wort die Welt und das gesamte Leben ins Dasein. Durch die Erschaffung der Menschen als Ebenbild Gottes (V. 26f.) steht jeder Mensch zu Gott in einem Ähnlichkeitsverhältnis, aus dem der Mensch seine Würde und Rechte bezieht. Gott setzt den Menschen als Verwalter der Welt ein, der stellvertretend über die Tiere und die Erde herrschen (V. 26) soll. Dieser Auftrag richtet sich an die gesamte Menschheit (V. 16. 28).

Der zweite Schöpfungsbericht vom „Paradies" entsteht vermutlich um 800 v. Chr. am Königshof Salomos. Wegen der Bezeichnung Gott „der HERR" (Jahwe) wird der unbekannte Verfasser „Jahwist" genannt. Die jahwistische Schöpfungserzählung beschreibt die Geschöpflichkeit des Menschen in der besonderen Beziehung zu Jahwe und zugleich in der engen Lebensverbundenheit mit der Erde, 1. Mose 2, 4 b ff.:

4 Es war zu der Zeit, da Gott der HERR Erde und Himmel machte.
5 Und alle die Sträucher auf dem Felde waren noch nicht auf Erden, und all das Kraut auf dem Felde war noch nicht gewachsen; denn Gott der HERR hatte noch nicht regnen lassen auf Erden, und kein Mensch war da, der das Land bebaute;
6 aber ein Nebel stieg auf von der Erde und feuchtete alles Land.
7 Da machte Gott der HERR den Menschen aus Erde vom Acker und blies ihm den Odem des Lebens in seine Nase. Und so ward der Mensch ein lebendiges Wesen.
8 Und Gott der HERR pflanzte einen Garten in Eden gegen Osten hin und setzte den Menschen hinein, den er gemacht hatte.
9 Und Gott der HERR ließ aufwachsen aus der Erde allerlei Bäume, verlockend anzusehen und gut zu essen, und den Baum des Lebens mitten im Garten und den Baum der Erkenntnis des Guten und Bösen.

15 Und Gott der HERR nahm den Menschen und setzte ihn in den Garten Eden, daß er ihn bebaute und bewahrte.
16 Und Gott der HERR gebot dem Menschen und sprach: Du darfst essen von allen Bäumen im Garten,
17 aber von dem Baum der Erkenntnis des Guten und Bösen sollst du nicht essen; denn an dem Tage, da du von ihm issest, mußt du des Todes sterben.
18 Und Gott der HERR sprach: Es ist nicht gut, daß der Mensch allein sei; ich will ihm eine Gehilfin machen, die um ihn sei.
19 Und Gott der HERR machte aus Erde alle die Tiere auf dem Felde und alle die Vögel unter dem Himmel und brachte sie zu dem Menschen, daß er sähe, wie er sie nennte; denn wie der Mensch jedes Tier nennen würde, so sollte es heißen.
20 Und der Mensch gab einem jeden Vieh und Vogel unter dem Himmel und Tier auf dem Felde seinen Namen; aber für den Menschen ward keine Gehilfin gefunden, die um ihn wäre.
21 Da ließ Gott der HERR einen tiefen Schlaf fallen auf den Menschen, und er schlief ein. Und er nahm eine seiner Rippen und schloß die Stelle mit Fleisch.
22 Und Gott der HERR baute ein Weib aus der Rippe, die er von dem Menschen nahm, und brachte sie zu ihm.
23 Da sprach der Mensch: Das ist doch Bein von meinem Bein und Fleisch von meinem Fleisch; man wird sie Männin nennen, weil sie vom Manne genommen ist.
24 Darum wird ein Mann seinen Vater und seine Mutter verlassen und seinem Weibe anhangen, und sie werden sein *ein* Fleisch.
25 Und sie waren beide nackt, der Mensch und sein Weib, und schämten sich nicht.

Wie ein Töpfer formt Jahwe den Menschen aus Erde. Aber erst durch das Einhauchen des göttlichen Odems erhält der Mensch sein Leben durch Gott (V. 7). Jahwe ordnet die gesamte übrige Welt auf den Menschen als höchstes Schöpfungswerk hin. Das zeigt Gottes Fürsorge für den in seiner Nähe lebenden Men-

schen. Sie zeigt sich in der durch Bewässerung umgestalteten Wüste zum Kulturland (V. 5ff.), in der Erschaffung der Tiere als Hilfe (V. 19f.) und in der geschlechtlichen Polarität des Menschen, die auf einen ihn ergänzenden Partner abzielt (V. 18. 23f.; V. 18 wörtlich: Ich will ihm eine Hilfe schaffen als sein Gegenüber, d. h. die zu ihm paßt). Der Mensch erhält von Gott die Beauftragung, den Garten zu bebauen, und damit die Verantwortung für die Gestaltung der Welt (V. 15). Das Einzigartige des Menschseins besteht in seinem exzentrischen Sein: Der Mensch ist Gott gegenüber verantwortlich. Die durch Gott bedingte und an Gott gebundene Freiheit des Menschen unterscheidet sich von der unbedingten Freiheit Gottes (V. 16f.).

Von verschiedenen Akzentsetzungen abgesehen, deuten der priesterschriftliche Schöpfungshymnus und die jahwistische Erzählung die **Grundverfassung des Menschen** ähnlich:

<table>
<tr><th>Priesterschrift</th><th>Jahwist</th></tr>
<tr><td colspan="2">• Hinter der Welt und allem Leben steht Gott der Schöpfer.
• Gegenüber Gott und in der Schöpfung nimmt der Mensch eine Sonderstellung ein</td></tr>
<tr><td>• Das Leben des Menschen vollzieht sich als Mann und Frau.
• Der Mensch soll über die Welt verantwortlich herrschen.</td><td>• Mann und Frau leben als sich ergänzende „Partner“.
• Der Mensch soll die Welt bewahren.</td></tr>
</table>

Das Neue Testament nimmt die alttestamentliche Vorstellung vom Menschen als Bild Gottes wieder auf, nun aber vor allem in der Beziehung auf Jesus Christus: Paulus bezeichnet **Christus als „das Ebenbild Gottes“** (2. Kor 4, 4; vgl. Kol 1, 15). In ihm erfüllt sich die Gottesebenbildlichkeit des Menschen. Erst von Jesus Christus her wird deshalb offenbar, wozu Gott menschliches Leben geschaffen hat, und was es bedeutet, Ebenbild Gottes zu sein. Christus deckt auf, worin die geschöpfliche Bestimmung des Menschen als Ebenbild Gottes hinsichtlich des Verhaltens des Menschens zu Gott, zum Mitmenschen und zur Welt besteht.

– In Jesus Christus offenbart sich Gottes liebevolle Zuwendung zum Menschen, zugleich erkennen wir den Menschen, der aus der engen **Verbundenheit mit Gott** heraus lebt (vgl. die Anrede Gottes mit „Vater“, z. B. Mt 6, 9). Der Mensch soll Gott im Glauben bereitwillig Antwort geben.

- In dem helfenden und solidarischen Verhalten Jesu zum Menschen erkennen wir, daß Gott den Menschen zur **mitmenschlichen Gemeinschaft,** zum Leben füreinander frei macht (vgl. Gleichnisse, z. B. Lk 10, 29–37).
- Jesus spricht von der Fürsorge, die Gott auch der nichtmenschlichen Kreatur zuwendet (Mt 6, 26–30). Die Verfügungsgewalt des Menschen über die **Natur** (1. Mose 1, 28) soll in der Verantwortung des Menschen vor Gott geschehen.

Die biblischen Schöpfungsberichte (1. Mose 1 f.) interpretieren die **Grundverfassung des Menschen vor Gott.** Der Mensch als **Geschöpf Gottes** bildet eine Einheit von Geist und Leib. Die besondere Stellung des Menschen zu Gott und zur geschaffenen Welt interpretiert die Priesterschrift mit dem Symbol der **Gottesebenbildlichkeit.** Das Neue Testament sieht die geschöpfliche Bestimmung des Menschen als Ebenbild Gottes in Jesus Christus erfüllt.

7.2 Die gestörte Beziehung des Menschen zu Gott

7.2.1 Abwendung des Menschen von Gott

Der von Gott geschaffene Mensch soll der Zuwendung Gottes entsprechend freiwillig antworten. Die jahwistische Urgeschichte 1. Mose 2f. schildert das verweigerte Antwortverhalten, den selbstverschuldeten Abfall des Menschen von Gott und die damit verbundene Gefährdung des Menschseins. Der Mensch als Kreatur ist in seinen Möglichkeiten Gott gegenüber begrenzt. Von dem besonderen „Baum der Erkenntnis des Guten und Bösen" (1. Mose 2, 9. 16f.) soll der Mensch nicht essen. Mit diesem Verbot will Gott den Menschen vor den Folgen der geschöpflichen Grenzüberschreitung schützen. In Gestalt der Schlange, die nicht mit einer dämonischen Macht oder dem Satan identifiziert werden darf, tritt die Versuchung an den Menschen heran. Die Schlange unterstellt Gott mißgünstige Absichten und verspricht – über eine Ausweitung des Erkenntnisvermögens hinaus – eine göttliche Lebenssteigerung in Form der Autonomie des menschlichen Daseins (V. 5). In seinem Streben nach totaler Selbstverwirklichung trennt sich der Mensch von Gott. Folgen des belasteten Gottesverhältnisses sind die **Störungen im zwischenmenschlichen Verhältnis** und in der Beziehung zur Welt.

In der „Sündenfall"-Erzählung beschreibt der Jahwist ausführlich die aktive wie passive Verführbarkeit und die Abwälzung der eigenverantwortlichen Schuld letztlich auf Gott, 1. Mose 3, 1 ff.:

1 Aber die Schlange war listiger als alle Tiere auf dem Felde, die Gott der HERR gemacht hatte, und sprach zu dem Weibe: Ja, sollte Gott gesagt haben: ihr sollt nicht essen von allen Bäumen im Garten?

2 Da sprach das Weib zu der Schlange: Wir essen von den Früchten der Bäume im Garten;

3 aber von den Früchten des Baumes mitten im Garten hat Gott gesagt: Esset nicht davon, rühret sie auch nicht an, daß ihr nicht sterbet!

4 Da sprach die Schlange zum Weibe: Ihr werdet keineswegs des Todes sterben,

5 sondern Gott weiß: an dem Tage, da ihr davon esset, werden eure Augen aufgetan, und ihr werdet sein wie Gott und wissen, was gut und böse ist.

6 Und das Weib sah, daß von dem Baum gut zu essen wäre und daß er eine Lust für die Augen wäre und verlockend, weil er klug machte. Und sie nahm von der Frucht und aß und gab ihrem Mann, der bei ihr war, auch davon, und er aß.

7 Da wurden ihnen beiden die Augen aufgetan, und sie wurden gewahr, daß sie nackt waren, und flochten Feigenblätter zusammen und machten sich Schurze.

8 Und sie hörten Gott den HERRN, wie er im Garten ging, als der Tag kühl geworden war. Und Adam versteckte sich mit seinem Weibe vor dem Angesicht Gottes des HERRN unter den Bäumen im Garten.

9 Und Gott der HERR rief Adam und sprach zu ihm: Wo bist du?

10 Und er sprach: Ich hörte dich im Garten und fürchtete mich; denn ich bin nackt, darum versteckte ich mich.

11 Und er sprach: Wer hat dir gesagt, daß du nackt bist? Hast du nicht gegessen von dem Baum, von dem ich dir gebot, du solltest nicht davon essen?

12 Da sprach Adam: Das Weib, das du mir zugesellt hast, gab mir von dem Baum, und ich aß.

13 Da sprach Gott der HERR zum Weibe: Warum hast du das getan? Das Weib sprach: Die Schlange betrog mich, so daß ich aß.

16 Und zum Weibe sprach er: Ich will dir viel Mühsal schaffen, wenn du schwanger wirst; unter Mühen sollst du Kinder gebären. Und dein Verlangen soll nach deinem Manne sein, aber er soll dein Herr sein.

17 Und zum Manne sprach er: Weil du gehorcht hast der Stimme deines Weibes und gegessen von dem Baum, von dem ich dir gebot und sprach: Du sollst nicht davon essen –, verflucht sei der Acker um deinetwillen! Mit Mühsal sollst du dich von ihm nähren dein Leben lang.

18 Dornen und Disteln soll er dir tragen, und du sollst das Kraut auf dem Felde essen.

19 Im Schweiße deines Angesichts sollst du dein Brot essen, bis du wieder zu Erde werdest, davon du genommen bist. Denn du bist Erde und sollst zu Erde werden.
20 Und Adam nannte sein Weib Eva; denn sie wurde die Mutter aller, die da leben.
21 Und Gott der HERR machte Adam und seinem Weibe Röcke von Fellen und zog sie ihnen an.
22 Und Gott der HERR sprach: Siehe, der Mensch ist geworden wie unsereiner und weiß, was gut und böse ist. Nun aber, daß er nur nicht ausstrecke seine Hand und breche auch von dem Baum des Lebens und esse und lebe ewiglich!
23 Da wies ihn Gott der HERR aus dem Garten Eden, daß er die Erde bebaute, von der er genommen war.
24 Und er trieb den Menschen hinaus und ließ lagern vor dem Garten Eden die Cherubim mit dem flammenden, blitzenden Schwert, zu bewachen den Weg zu dem Baum des Lebens.

Die elementaren Belastungen im menschlichen Leben (Angst, Scham, Spannungen zwischen Mann und Frau, die Mühen der Geburt, die Belastung durch die Arbeit und Todverfallenheit) sieht der Jahwist als Konsequenz der menschlichen Abkehr von Gott. Er vertreibt die Menschen aus dem Garten (V. 23f.). Der Mensch hat die Folgen seiner Schuld zu tragen und kann sie nicht rückgängig machen. Trotz der strafenden Worte Gottes steht das menschliche Leben aber weiterhin unter Jahwes Zuwendung (z. B. Bekleidung: V. 21).

Das Leben aus der Abwendung des Menschen von Gott führt zur Ermordung des Bruders und gefährdet die menschliche Gemeinschaft.

Die ursprünglich selbständige Erzählung von Kains Brudermord zeigt die Ausweitung der Schuld im zwischenmenschlichen Bereich. Das belastete Gottesverhältnis umfaßt auch die soziale Dimension menschlichen Daseins, 1. Mose 4, 3ff.:

3 Es begab sich aber nach etlicher Zeit, daß Kain dem HERRN Opfer brachte von den Früchten des Feldes.
4 Und auch Abel brachte von den Erstlingen seiner Herde und von ihrem Fett. Und der HERR sah gnädig an Abel und sein Opfer,
5 aber Kain und sein Opfer sah er nicht gnädig an. Da ergrimmte Kain sehr und senkte finster seinen Blick.
6 Da sprach der HERR zu Kain: Warum ergrimmst du? Warum senkst du deinen Blick?
7 Ist's nicht also? Wenn du fromm bist, so kannst du frei den Blick erheben. Bist du aber nicht fromm, so lauert die Sünde vor der Tür, und nach dir hat sie Verlangen; du aber herrsche über sie.
8 Da sprach Kain zu seinem Bruder Abel: Laß uns aufs Feld gehen! Und es begab sich, als sie auf dem Felde waren, erhob sich Kain wider seinen Bruder Abel und schlug ihn tot.

9 Da sprach der HERR zu Kain: Wo ist dein Bruder Abel? Er sprach: Ich weiß nicht; soll ich meines Bruders Hüter sein?
10 Er aber sprach: Was hast du getan? Die Stimme des Blutes deines Bruders schreit zu mir von der Erde.
12 [...] Unstet und flüchtig sollst du sein auf Erden.
15 [...] Und der HERR machte ein Zeichen an Kain, daß ihn niemand erschlüge, der ihn fände.

Gott spricht Kain nachdrücklich auf seine Verantwortung an, die Sünde zu beherrschen (V. 7). Die Ermordung des Bruders bleibt Gott, der Leben schützt, nicht verborgen. Auch diese Tat hat Folgen: Kain wird verflucht; „unstet und flüchtig“ (V. 12) soll er auf Erden leben. Dennoch bleibt er in ein geheimnisvolles Schutzverhältnis einbezogen (Kainsmal: V. 15).

7.2.2 Verkehrter Lebensentwurf

Die jahwistische Urgeschichte ist im Zusammenhang mit dem Weg Gottes zu seinem Ziel in Jesus Christus zu verstehen. Erst in der Begegnung mit Verkündigung und Person Jesu Christi, dem Ebenbild Gottes, wird die Tiefe der menschlichen Sünde erkennbar. Der Mensch verweigert sich der Liebe Gottes und löst sich aus der Gemeinschaft mit Gott. Dies kann durch ein aktives Fehlverhalten erfolgen oder aber durch passive Unterlassung, indem er sich nicht um Gott und die Mitmenschen kümmert. Die Sünde des Menschen bezieht sich nicht nur auf moralisches Fehlverhalten, sondern meint eine **verkehrte Grundeinstellung zum Leben.** In seiner Beziehung zu Gott, dem Mitmenschen und zur Umwelt verfehlt und zerstört der Mensch Lebenschancen. Die gestörte Beziehung des Menschen zu Gott äußert sich als Unglaube (Lk 10, 27), Gleichgültigkeit gegenüber dem Mitmenschen (Goldene Regel: Mt 7, 12) und Sucht nach Habenwollen (Lk 12, 16–21). Der Mensch kann sich aus eigenem Vermögen von der Macht der Sünde nicht befreien und die göttliche Bestimmung menschlicher Existenz autonom nicht verwirklichen.

Ein Großgrundbesitzer glaubt, nach einer reichen Ernte Sicherheit für sein weiteres Leben gewonnen zu haben, Lk 12, 16–20:

16 Und er sagte ihnen ein Gleichnis und sprach: Es war ein reicher Mensch, dessen Feld hatte gut getragen.
17 Und er dachte bei sich selbst und sprach: Was soll ich tun? Ich habe nichts, worin ich meine Früchte sammle.
18 Und sprach: Das will ich tun: ich will meine Scheunen abbrechen und größere bauen, und will darin sammeln all mein Korn und meine Vorräte

19 und will sagen zu meiner Seele: Liebe Seele, du hast einen großen Vorrat für viele Jahre; habe nun Ruhe, iß, trink und habe guten Mut!
20 Aber Gott sprach zu ihm: Du Narr! Diese Nacht wird man deine Seele von dir fordern; und wem wird dann gehören, was du angehäuft hast?

Angesichts der Vollendung des Reiches Gottes und dem bevorstehenden Gericht verläßt sich der vom Tod bedrohte Reiche auf seinen Besitz. Seele (V. 19) meint „ich", also den gesamten Menschen, nicht einen geistigen, unsterblichen Teil des menschlichen Wesens.

Von Jesus Christus her wird – über das altestamentliche Sündenverständnis hinaus – die Größe der menschlichen Schuld aufgedeckt. Der Mensch verweigert sich seiner Bestimmung als Ebenbild Gottes und verfällt der Macht der Sünde. Die Glaubensaussagen über den Menschen als Sünder beziehen sich auf eine Gesamtsituation des Menschen im Gegenüber zu Gott, dem Mitmenschen und der Umwelt, die Lebenschancen verfehlt und zerstört. **Aus der verkehrten Grundeinstellung seines Lebens kann der Mensch sich nicht selbst herauslösen.**

7.3 Der von Gott zum Leben in der Liebe befreite Mensch

Am Verhältnis des Menschen zu Gott entscheidet sich Freiheit oder Unfreiheit des Menschen. Gott **befreit** den Glaubenden **zur neuen Lebensweise**. Dieses Geschehen beschreibt das Neue Testament in unterschiedlichen Bildern und Vorstellungen, z. B. als Nähe des Reiches Gottes, als Vergebung der Sünden, neue Kreatur oder Rechtfertigung.

7.3.1 Vergebung und Freiheit

Weil Jesus die Menschen in die Nähe des Reiches Gottes einbezieht, gibt er ihnen den Mut, ihr Leben zu verändern und auf Gott auszurichten. Gerade jene Menschen, die mit persönlichen Schwierigkeiten zu kämpfen haben oder im gesellschaftlichen Abseits stehen, nehmen gern an gemeinsamen Mahlzeiten mit Jesus teil. Dieses Beieinandersein mit Jesus löst sie aus ihrer gesellschaftlichen und religiösen Isolation heraus und entlastet sie von den existentiellen Sorgen, die ihr Leben niederdrücken. Die Tischgemeinschaft eröffnet ihnen einen **neuen Zugang zu** dem **Gott**, dessen liebevolle Zuwendung zum Menschen ihnen in der Begegnung mit Jesus aufgeht.

Die Einladung Jesu bedeutet für Zachäus mehr als ein Zeichen sozialer Offenheit. Als Zöllner, der mit der römischen Besatzungsmacht zusammenarbeit, die eigenen Volksgenossen betrügt und kultisch unrein lebt, findet er durch Jesus den Weg zurück in die Gemeinschaft mit Gott, Lk 19, 1–10 (vgl. Gleichnis vom verlorenen Sohn: Lk 15, 11–32):

1 Und er ging nach Jericho hinein und zog hindurch.
2 Und siehe, da war ein Mann mit Namen Zachäus, der war ein Oberer der Zöllner und war reich.
3 Und er begehrte, Jesus zu sehen, wer er wäre, und konnte es nicht wegen der Menge; denn er war klein von Gestalt.
4 Und er lief voraus und stieg auf einen Maulbeerbaum, um ihn zu sehen; denn dort sollte er durchkommen.
5 Und als Jesus an die Stelle kam, sah er auf und sprach zu ihm: Zachäus, steig eilend herunter; denn ich muß heute in deinem Haus einkehren.
6 Und er stieg eilend herunter und nahm ihn auf mit Freuden.
7 Als sie das sahen, murrten sie alle und sprachen: Bei einem Sünder ist er eingekehrt.
8 Zachäus aber trat vor den Herrn und sprach: Siehe, Herr, die Hälfte von meinem Besitz gebe ich den Armen, und wenn ich jemanden betrogen habe, so gebe ich es vierfach zurück.
9 Jesus aber sprach zu ihm: Heute ist diesem Hause Heil widerfahren, denn auch er ist Abrahams Sohn.
10 Denn der Menschensohn ist gekommen, zu suchen und selig zu machen, was verloren ist.

Der neue Lebenswandel des Zachäus wirkt sich auf sein ethisches Verhalten aus. Großzügig unterstützt er Bedürftige karitativ und versucht, den finanziellen Schaden der Betrogenen – soweit dies möglich ist – wiedergutzumachen.

7.3.2 Rechtfertigung und Erlösung

Paulus (Saulus) wird um 5 n. Chr. in Tharsus, der hellenistisch geprägten Hauptstadt der römischen Provinz Kilikien (heutige Türkei), geboren. Er entstammt einer strenggläubigen jüdischen Familie und erhält – vermutlich in Jersusalem – eine fundierte Ausbildung. Der junge Diasporajude entwickelt sich zu einem gesetzestreuen Pharisäer, der die Christen erbittert bekämpft. Aufgrund einer Jesus-Vision vor Damaskus läßt er sich taufen und missioniert in Arabia, Syrien und Kilikien. Die Bekehrung und Berufung dürfte um das Jahr 33 anzusetzen sein. Auf dem Apostelkonvent in Jerusalem etwa im Jahre 48 setzt Paulus gegen Petrus und den Judenchristen durch, daß die hellenistischen Christen auch ohne Beschneidung vollwertige Mitglieder der Gemeinde sind, weil durch Christus, dem „Ende des Gesetzes", auch das jüdische Bundeszeichen der Beschneidung hinfällig sei. Seine Missionsreisen führen Paulus schließlich nach Griechenland. Als Missionar der Nichtjuden war sein Ziel, im gesamten Römischen Reich das Evangelium zu verkündigen. Verfolgt und mehrmals inhaftiert, gerät er in zweijährige Haft, als er Jerusalem besucht, um eine Kollekte zu überbringen. Aufgrund seines römischen Bürgerrechtes wird er nach Rom zur weiteren Verhandlung überwiesen. Dort erleidet er durch Enthauptung den Märtyertod, möglicherweise unter Nero.

Paulus beschreibt die Befreiung, die Menschen in der Gemeinschaft mit Jesus erleben u. a. als Versöhnung, Rettung, Erlösung, Heiligung oder Rechtfertigung. In **Tod und Auferweckung Jesu Christi** sieht Paulus Gottes Handeln, das dem Glaubenden neues Leben ermöglicht: „Ist jemand in Christus, so ist er eine neue Kreatur; das Alte ist vergangen, siehe, Neues ist geworden" (2. Kor 5, 17). Gott hebt die trennende Macht der Sünde auf und spricht dem Glaubenden Gottes Gerechtigkeit zu: „Da wir nun gerecht geworden sind durch den Glauben, haben wir Frieden mit Gott durch unsern Herrn Jesus Christus; die Liebe Gottes ist ausgegossen in unsre Herzen durch den heiligen Geist, der uns gegeben ist" (Röm 5, 1.5 b).

Paulus greift, um die Befreiung durch Christus zu verdeutlichen, den alttestamentlichen Heilsbegriff der **„Gerechtigkeit Gottes"** auf. Diese Vorstellung von Gerechtigkeit bezeichnet ursprünglich nicht ein göttliches Urteil über das Handeln des Menschen entsprechend der Übereinstimmung mit sittlichen Rechtsnormen. Der Begriff umschreibt vielmehr das Angebot Gottes zu einer Gemeinschaft, in der auch der Mensch zu seinem Recht kommt. Für das spätere rabbinische Judentum steht die Gerechtigkeit Gottes allerdings im engen Zusammenhang mit dem Endgericht, in dem es um das entscheidende Gottesurteil, den Freispruch von den Sünden, geht. Der (weitgehend) Gerechte erlangt das Heil, wenn er den Weisungen der Tora folgte. Paulus knüpft ablehnend bzw. teilweise zustimmend an beiden Vorstellungskreisen an. Er weist die rabbinische Annahme zurück, Gott werde sein Urteil am Maßstab der religiösen Leistung des einzelnen Menschen ausrichten. Nicht eine vom Menschen zu schaffende „Gerechtigkeit" ist Bedingung des göttlichen Freispruchs. Die alttestamentliche Vorstellung, daß Jahwes gemeinschaftsstiftende Gerechtigkeit eine Gabe darstellt, übernimmt Paulus. Die neue Sichtweise besteht darin, daß Gott seine Gerechtigkeit in Jesus Christus durchsetzt. Im Kreuz Jesu vollzieht Gott das Gericht über alle Sünde und übergibt sie dem Tod. In Tod und Auferstehung Jesu Christi entscheidet Gott über die Zukunft des Menschen und der Welt. Wer sich zu dem gekreuzigten und auferstandenen Herrn bekennt und seinen Weisungen folgt, dem schenkt Gott seine bedingungslose Gnade und spricht ihn, den Sünder, frei. Der Glaubende darf dessen bereits jetzt gewiß sein.

Die Gerechtigkeit, das Heil kann nicht durch Gesetzesgehorsam erreicht werden. „Gerechtigkeit Gottes" muß als Genitivus auctoris (nicht subjectivus) übersetzt werden mit „die von Gott empfangene, zugesprochene, geschenkte Gerechtigkeit". Sie kommt allein durch Glauben aus der Gnade Gottes, Röm 3, 21–28 (vgl. Röm 8, 31–34):

21 Nun aber ist ohne Zutun des Gesetzes die Gerechtigkeit, die vor Gott gilt, offenbart, bezeugt durch das Gesetz und die Propheten.
22 Ich rede aber von der Gerechtigkeit vor Gott, die da kommt durch den Glauben an Jesus Christus zu allen, die glauben. Denn es ist hier kein Unterschied:
23 sie sind allesamt Sünder und ermangeln des Ruhmes, den sie bei Gott haben sollten,[1]
24 und werden ohne Verdienst gerecht aus seiner Gnade durch die Erlösung, die durch Christus Jesus geschehen ist.
25 Den hat Gott für den Glauben hingestellt als Sühne in seinem Blut zum Erweis seiner Gerechtigkeit, indem er die Sünden vergibt, die früher
26 begangen wurden in der Zeit seiner Geduld, um nun in dieser Zeit seine Gerechtigkeit zu erweisen, daß er selbst gerecht ist und gerecht macht den, der da ist aus dem Glauben an Jesus.
27 Wo bleibt nun das Rühmen? Es ist ausgeschlossen. Durch welches Gesetz? Durch das Gesetz der Werke? Nein, sondern durch das Gesetz des Glaubens.
28 So halten wir nun dafür, daß der Mensch gerecht wird ohne des Gesetzes Werke, allein durch den Glauben.

Für das rabbinische Judentum ist die Erfüllung der Leistungen, die das Gesetz vorschreibt, Vorbedingung des Heils. Demgegenüber lehnt Paulus die Werkgerechtigkeit ab und setzt sein vorbehaltloses Vertrauen in die rettende Macht Gottes. Der religiöse Versuch, das alttestamentliche Gesetz zu erfüllen, führt zur Selbstgerechtigkeit des Menschen, die ihn und andere Menschen belasten. Rechtfertigung des Sünders besagt, daß in der befreienden Begegnung mit Jesus Christus der gemeinschaftsstiftende Gott den Menschen von der verkehrten Grundeinstellung seines Lebens freispricht. Dieses Geschenk der Vergebung Gottes kann der Sünder nur glaubend annehmen.

Paulus verknüpft die Rechtfertigungslehre mit ethischen Aussagen. Aus der **neuen, befreiten Existenz des Glaubenden** folgen die guten Werke. Dabei bezieht Paulus den Indikativ der Heilszusage und den Imperativ des Aufrufs zu

[1] Wörtlich: Alle haben gesündigt und die Herrlichkeit verloren, die Gott ihnen zugedacht hatte.

verantwortlichem Handeln eng aufeinander. Der von Jesus Christus Befreite soll in seinem Handeln der bleiben, zu dem Gott ihn gemacht hat: „Darum nehmt einander an, wie Christus euch angenommen hat zu Gottes Lob“ (Röm 15, 7). Da die eschatologische Vollendung des zugesprochenen neuen Lebens noch aussteht, lebt der Christ noch unter den Bedingungen der irdischen, unerlösten Welt. Der Christ bleibt in seinem Glauben und Handeln Anfechtungen ausgesetzt. Paulus mahnt daher, gegen die – durch Christus eschatologisch bereits überwundene – Sünde zu kämpfen (Eph 4, 23 f.; 6, 10 – 17).

Die allumfassende Liebe Gottes bezieht den Menschen in die **Vollendung der Schöpfung** ein. Diese Hoffnung hat ihren Grund in der Auferstehung Jesu Christi: „Gott aber hat den Herrn auferweckt und wird auch uns auferwecken durch seine Kraft“ (1. Kor 6, 14).

Paulus spricht von der Auferweckung Jesu durch Gott typologisch, indem er Adam und Christus gegenüberstellt, 1. Kor 15, 20 – 22 (vgl. 1. Kor 15, 20 – 28; Der neue Leib bei der Auferstehung: 1. Kor 15, 35 – 49):

20 Nun aber ist Christus auferstanden von den Toten als Erstling unter denen, die entschlafen sind.
21 Denn da durch *einen* Menschen der Tod gekommen ist, so kommt auch durch *einen* Menschen die Auferstehung der Toten.
22 Denn wie sie in Adam alle sterben, so werden sie in Christus alle lebendig gemacht werden.

Mit Adam verbindet sich das Verwurzeltsein der Menschheit in der Macht des Todes. Demgegenüber werden mit Christus, dem zweiten „Menschen“, alle, die in Christus sind, auferweckt werden. Als dieses zukünftige Leben wirkt es in das gegenwärtige Dasein des Glaubenden als „neue Kreatur“ herein.

In der **befreienden Begegnung mit Jesus Christus** erfährt der Glaubende die heilsame Nähe Gottes. Die zerstörte Gemeinschaft des Menschen stellt Gott wieder her. Er spricht dem Glaubenden die Vergebung von Schuld zu und ermöglicht ihm ein Leben aus der Liebe Gottes heraus. Die Liebe Gottes bezieht den Menschen in die **Vollendung der Schöpfung** ein.

8 Verständnis biblisch-theologischer Grundbegriffe

Schlüsselbegriffe der christlichen Anthropologie sind die theologischen Bezeichnungen „Sünde“, „Rechtfertigung“ und „Auferstehung“, neben der „Gottesebenbildlichkeit des Menschen“ (vgl. Kapitel 7.1). Sie beschreiben die Belastungen des menschlichen Lebens sowie deren Bewältigung und binden die menschliche Existenz in eine umfassende Sinngebung ein. Wenn es zu einem Verstehen der theologischen Tradition kommen soll, muß ihre Begrifflichkeit und Vorstellungswelt immer wieder in den Erfahrungsbereich der Hörer oder Leser übersetzt werden. Diese Aufgabe schließt die Auseinandersetzung mit theologiegeschichtlichen Positionen und den Bezug auf die Bekenntnisse der Kirche ein.

Leitfragen:

- *Worin unterscheiden sich Übel, Böses und Sünde voneinander?*
- *Welche verschiedenen Anliegen führen Luther zur Formulierung der Rechtfertigungslehre?*
- *„Jeder Reinkarnationsgedanke setzt voraus, daß die vorfindlichen Grenzen dieses irdischen Lebens nicht letztgültig sind, daß Zeugung, Geburt und Tod nur Einschnitte, nicht aber Grenzen des Lebens, des Seins bilden.“*[1]

  Überlegen Sie, wie sich die Auferstehungshoffnung zur Reinkarnationsvorstellung verhält!

---

[1] Badewien, Jan: Reinkarnation – Treppe zum Göttlichen? Konstanz 1994, S. 19.

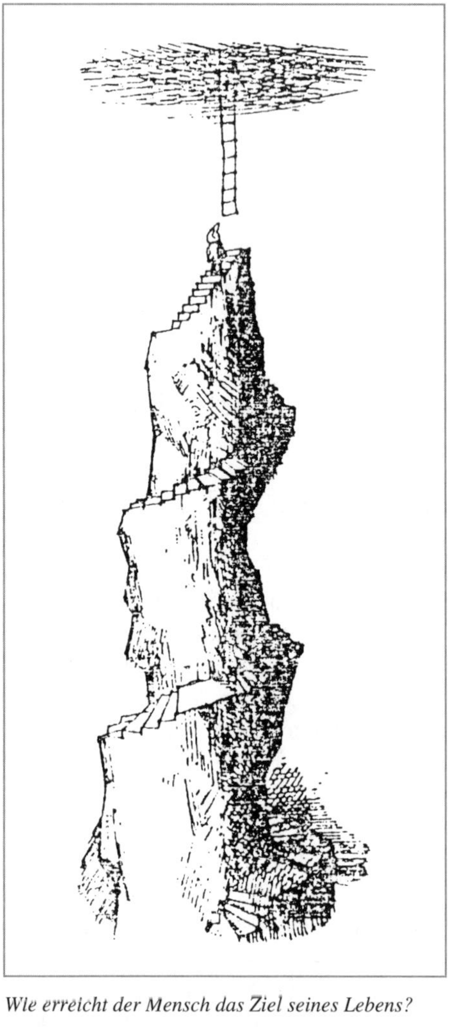

Wie erreicht der Mensch das Ziel seines Lebens?

8.1 Sünde

8.1.1 Tatsünden und Grundsünde des Menschen

In unserem Alltag begegnen wir ethischem Fehlverhalten des Menschen, wie Lügen, Diebstahl oder Korruption. Wenn diese Handlungen am sittlich Richtigen gemessen werden, entsteht die Erfahrung ethisch verstandener Schuld. Der christliche Glaube sieht diese Tatsünden als Folgen einer verkehrten Lebenssituation des Menschen, der Grundsünde. Die **Glaubenserfahrung der Grundsünde** nimmt wesentliche Züge des alttestamentlichen Sündenverständnisses auf, kann in ihrer Tiefe aber nur in Jesus Christus erkannt werden. In Christus erfährt der Glaubende, daß er schicksalshaft und solidarisch mit allen Menschen in eine verkehrte Lebensbewegung eingebunden ist, zugleich aber für diese unheilvolle Gesamtsituation selbst die Verantwortung trägt. Der Mensch sagt sich von Gott als bleibendem Grund seines Lebens los. Beherrscht von der universellen und totalen Macht der Sünde verfehlt der Mensch seine Bestimmung. Zugleich lebt er entfremdet von den Mitmenschen und der ihn umgebenden Welt. Die Grundsünde läßt sich durch folgende Einzelaspekte näher charakterisieren:

– Die verkehrte Lebensausrichtung betrifft den Menschen in der **Gesamtheit der Person.** Die Sünde kann also nicht auf sinnliche Triebe oder Neigungen des Menschen reduziert werden. In geistleiblicher Ganzheit, mit seiner Gesamtperson, sagt sich der Mensch von Gott los.

Jesus ist der Meinung, daß die einzelnen Tatsünden aus dem „Herzen" des Menschen kommen, d. h. aus einer Lebensentscheidung, die die gesamte Person einbezieht, Mt 15, 19 (vgl. Röm 1, 21; Eph 4, 18):

> Denn aus dem Herzen kommen böse Gedanken, Mord, Ehebruch,
> Unzucht, Diebstahl, falsches Zeugnis, Lästerung.

– Der Machtcharakter der Grundsünde drückt sich darin aus, daß die Sünde den Menschen fremdbestimmt. Je mehr sich der Mensch auf die Sünde einläßt, desto stärker gerät er in seinem Lebensentwurf und in seinem Handeln unter ihren Einfluß. Obwohl die Sünde verantwortliche Tat des Menschen ist, schuldhafte Verfehlung gegenüber Gott, kann der Mensch sich nicht selbst durch einen Willensakt von der Gebundenheit durch die Sünde befreien.

Paulus betont den Herrschaftscharakter der Sünde, der zum inneren Zwiespalt des Menschen mit sich selbst führt, Röm 7, 19 (vgl. Röm 7, 17–20. 23):

> Denn das Gute, das ich will, das tue ich nicht; sondern das Böse,
> das ich nicht will, das tue ich.

- Die **Universalität** der Grundsünde bezieht sich nicht nur darauf, daß sie die gesamte Menschheit umfaßt. Sie besagt zugleich, daß die Sünde alle Menschen in gleicher Weise, solidarisch angeht. Obwohl die einzelnen sündigen Handlungen in ihrer Art und ihren Auswirkungen sehr unterschiedlich sind, erkennt der Glaubende in Jesus Christus, daß sich die Grundsünde nicht individualisieren und quantifizieren läßt. Vor Gott hat jeder in identischer Weise an ihr teil.

  So wie in Jesus Christus alle Menschen erlöst sind, gilt im Negativen dieselbe Universalität. In „Adam" sind alle sündig, Röm 5, 12 (vgl. Röm 7, 12ff.):

  > Deshalb, wie durch *einen* Menschen die Sünde in die Welt gekommen ist und der Tod durch die Sünde, so ist der Tod zu allen Menschen durchgedrungen, weil sie alle gesündigt haben.

  Paulus stellt der umfassenden Macht der Sünde die Herrschaft der Gnade gegenüber. Der Zusatz „weil sie alle gesündigt haben" deutet die eigene Schuld des Menschen an. Vom Christusgeschehen zurückblickend deutet Paulus das Alte Testament typologisch. Der Bezug auf „Adam" drückt keine historische Analogie, sondern eine typische Beziehung des Menschen zu Gott aus.

Das christliche Verständnis der Sünde bezieht sich nicht nur auf einzelne **ethisch verwerfliche Handlungen (Tatsünden).** Vielmehr meint Sünde umfassender, daß der Mensch – bereits vor allem praktischen Tun – sich in einer **verkehrten Lebenssituation (Grund- oder Personsünde)** befindet. Weil er sich von Gott als bleibendem Grund seines Lebens lossagt, beherrscht den Menschen die universelle und totale Macht der Sünde. Er verfehlt seine Bestimmung und lebt in einer gestörten Kommunikation entfremdet von den Mitmenschen sowie der ihn umgebenden Welt.

8.1.2 Deutung der Sünde als „Erbsünde" und „Reich der Sünde"

Die theologische Tradition gebraucht seit Augustin (354–430) den Begriff **„Erbsünde"**, um die unlösbare Verbundenheit aller Menschen an die herrschende Macht der Sünde festzuhalten.

Der größte altkirchliche Theologe des Westens, Augustin, setzt sich mit dem aus Britannien stammenden, in Rom lehrenden Asketen und Bibelausleger Pelagius auseinander, der die Meinung vertritt, „der Mensch könne sündlos sein":

Die menschliche Natur ist gewiß ursprünglich ohne Schuld und ohne jeden Fehl erschaffen worden. Aber nunmehr ist diese Menschennatur, in der ein jeder aus Adam geboren wird, des Arztes bedürftig, da sie in sich selbst nicht gesund ist. Dieses Laster hat sie sich aus der Ursünde (originale peccatum) zugezogen. Sie ward aus freiem Willen (liberum arbitrium) begangen.

Augustin: Über Natur und Gnade, 3, 3.

Auch das Augsburgische Bekenntnis enthält die Erbsündenlehre in Artikel 2:

Weiter wird bei uns gelehrt, daß nach Adams Fall alle natürlich geborenen Menschen in Sünde empfangen und geboren werden, das heißt, daß sie alle von Mutterleib an voll böser Lust und Neigung sind und von Natur keine wahre Gottesfurcht, keinen wahren Glauben an Gott haben können, ferner daß auch diese angeborene Seuche und Erbsünde wirklich Sünde ist und daher alle die unter den ewigen Gotteszorn verdammt, die nicht durch die Taufe und den Heiligen Geist wieder neu geboren werden. Damit werden die verworfen, die die Erbsünde nicht für eine Sünde halten, damit sie die Natur fromm machen durch natürliche Kräfte, in Verachtung des Leidens und Verdienstes Christi.

Evangelisches Gesangbuch. Ausgabe für die Evangelisch-Lutherischen Kirchen in Bayern und Thüringen. München 1994, S. 1565 f.

Sieben lutherische Reichstädte legen 1530 auf dem von Kaiser Karl V. nach Augsburg einberufenen Reichstag die Confessio Augustana vor, in der Philipp Melanchthon den evangelischen Glauben darstellt und begründet.

Mit der Erbsündenlehre verbindet sich die Vorstellung, daß die Sünde in einem Zusammenhang mit dem Zeugungsakt, also der Sexualität, steht und – wie andere Eigenschaften – vererbt wird. Damit wird Sünde als ein biologisch-naturhaft verstandenes Geschick des Menschen völlig mißverstanden.

Der protestantische Theologe Albrecht Ritschl (1822–1889) lehnt den mißverständlichen Begriff „Erbsünde" ab und interpretiert dessen Wahrheitsgehalt soziologisch als **„Reich der Sünde"**. Die schlimmen Handlungen der einzelnen Menschen bilden einen allgemeinen Unheilszusammenhang des Sündigens, in den jeder hineingezogen wird. Das Böse kann auf soziale Institutionen übergreifen und von ihnen inkorporiert werden. In diesen Strukturen der Ungerechtigkeit wirkt das Böse – im Vergleich zu den individuellen sündigen Taten – konzentriert und gesteigert auf den Einzelnen zurück. Ritschl glaubt, das Böse durch Erziehung überwinden zu können, da letztlich der Wille des Einzelnen für die Sünde verantwortlich ist.

Ritschl, der von der Ethik Kants beeinflußt ist, stellt dem „Reich Gottes“ das „Reich der Sünde“ gegenüber.

> Das Zusammenwirken der vielen in diesen Formen der Sünde führt zu einer Verstärkung derselben in gemeinsamen Gewohnheiten und Grundsätzen, in stehenden Unsitten und sogar in bösen Institutionen. So kommt eine fast unwiderstehliche Macht der Versuchung für diejenigen zustande, welche auf der unreifen Stufe der Charakterentwicklung dem bösen Beispiel um so mehr ausgesetzt sind, als sie das Gewebe der Beweggründe zum Bösen nicht durchschauen. Demgemäß erhält das Reich der Sünde oder die (unsittliche Menschen-) Welt ihren Zuwachs in jeder neuen Generation.
>
> *Ritschl, Albrecht: Unterricht in der christlichen Religion (1875). Hrsg. Gerhard Ruhbach. Gütersloh 1966, S. 37.*

Ritschl beschreibt die gesellschaftliche Verflochtenheit des Bösen und weist auf den Zwangscharakter von ungerechten gesellschaftlichen Strukturen hin. Er reduziert allerdings die Wurzel des „Reichs des Bösen“ auf eine letztlich individuelle Willensentscheidung.

Ritschls Versuch, das Wesen der Sünde soziologisch als „Reich der Sünde“ zu interpretieren, führt zu der sozialethisch bedeutsamen Erkenntnis, daß überindividuelle Formen der Sünde sich in gesellschaftlichen Unrechtsstrukturen manifestieren können. Die Annahme, das Böse könne durch individuelle Willensentscheidungen überwunden werden, geht von einer optimistischen Sicht des Menschen aus.

Das Verständnis der Sünde als „Erbsünde“ oder ihre soziologische Interpretation als „Reich der Sünde“ enthalten wesentliche Einsichten, verfälschen bzw. reduzieren jedoch die Glaubenserfahrung der Grundsünde.

> Die Lehre von der **Erbsünde** will die universale und totale Gebundenheit der Menschen an die Macht der Sünde herausstellen, verfällt jedoch einem biologisch determinierten Verständnis der Sünde.

8.1.3 Die Frage nach dem Ursprung der Grundsünde

Auf die Frage, wie es zur Grundsünde, zur Abkehr des Menschen von Gott und seiner Schöpfung kommen konnte, gibt es **verschiedene philosophische und theologische Denkmodelle:**

- Weder in **genetischen** noch in **soziologischen Kategeorien** kann theologisch angemessen erklärt werden, warum der Mensch unter die Gefangenschaft der Sünde gerät und ihr ausgeliefert ist, denn unter diesen Aspekten kommt das Wesen der Grundsünde nur partiell in Sicht.
- Die Frage nach dem Ermöglichungsgrund des Bösen wird auch **evolutionistisch** beantwortet. Die Sünde ist ein anthropologisch notwendiges geschichtliches Moment der religiösen Fortentwicklung und läßt sich dann quantitativ durch den Abstand zum noch ausstehenden Endziel interpretieren. Der christliche Glaube versteht demgegenüber die Grundsünde als die im radikalen Widerspruch zu Gott stehende, zerstörende Macht.
- Die **dualistische Ableitung** des Bösen aus einem widergöttlichen Urprinzip lehnt die christliche Theologie konsequent ab. Der zerstörende Widerspruch gegen Gottes Willen kann nicht als Gegen-Gott verstanden werden.
- Die **prädestinatianische Deutung** des Sündenfalls und des menschlichen Schicksals sucht die Herkunft des Bösen im allmächtigen und vorherbestimmenden Willen Gottes. Dieser Erklärungsversuch trägt den Dualismus in Form eines Gegen-Gottes unangemessen in die Gotteswirklichkeit selbst hinein.
- Das Sünder-Sein des Menschen kann gedeutet werden als **negative Möglichkeit der menschlichen Freiheit.** Gott möchte die freie Antwort des Menschen und läßt deshalb die Entscheidung des Menschen, sich Gott zu widersetzen, zu. Die von Gott zugesprochene Freiheit, aber auch die Grundsituation der Sünde können jedoch nicht im Sinne einer umfassenden Entscheidungsfreiheit verstanden werden, die dem Menschen sein Handeln freistellt. Der Hinweis, daß Gott die freie Zuwendung des Menschen sucht und ihm dabei die Möglichkeit des Mißbrauchs seiner Freiheit offensteht, bietet also keine befriedigende Lösung.
- **Der christliche Glaube hat keine Antwort,** ja darf nicht erklären, warum der Mensch in seinem Grundverhalten der Macht der Sünde verfällt. Dieses **Verhalten des Menschen ist unverständlich.** Für den christlichen Glauben ist nicht der Ermöglichungsgrund des Bösen Gegenstand des Bekenntnisses, sondern die Antwort auf die Überwindung der Sünde in Jesus Christus.

Angesichts der Zuwendung Gottes ist die **Verweigerungshaltung des Menschen unbegreiflich.** Da der gesamte Mensch aktiv an der unheilvollen Existenzverkehrung beteiligt ist, hält die Theologie die Verantwortlichkeit des Menschen für diese unheilvolle Situation der Gebundenheit fest und spricht von **Schuld.**
Theologisch **muß auf jede Erklärung,** wie es zur Grundsünde kommt, **verzichtet werden.**

8.2 Rechtfertigung des Sünders

Im Mittelpunkt der Theologie Luthers steht die **gnädige Rechtfertigung des Sünders.** Allein durch Glauben (sola fides) aufgrund der biblisch bezeugten (sola scriptura) Heilstat Gottes in Jesu Christi (solus Christus) spricht Gott den Sünder aus Gnade (sola gratia) frei. Luther bestreitet die Annahme, der Mensch könne und müsse durch seine sittlichen Leistungen vor Gott bestehen. Bei der Auslegung des Römerbriefes entdeckt Luther, daß der biblische Begriff „Gerechtigkeit Gottes" nicht ein gesetzmäßiges Richten Gottes, sondern seine schenkende Gerechtigkeit meint: „Nun fühlte ich mich geradezu wie neugeboren und glaubte, durch weit geöffnete Tore in das Paradies eingetreten zu sein." Voraussetzungslos, aus Gnade spricht Gott um Christi willen den sich vor Gott als Sünder bekennenden Menschen gerecht. Auch als der vor Gott Gerechtfertigte bleibt der Glaubende in seinem faktischen Leben zugleich noch Sünder (simul iustus – simul peccator). Der Glaube wird immer wieder von Zweifeln bedroht und sein Handeln in dieser Welt von der Sünde beeinflußt.

In der reformatorischen Programmschrift „Von der Freiheit eines Christenmenschen" beschreibt Luther die Freiheit des Christen als Befreiung durch Gott und Bindung zum liebevollen Verhalten dem Nächsten gegenüber: Befreit von seiner Fixierung auf sich selbst kann der Mensch sich dem Mitmenschen zuwenden.

> Aus dem allen folgt der Schluß, daß ein Christenmensch nicht in sich selbst lebt, sondern in Christus und in seinem Nächsten: in Christus durch den Glauben, im Nächsten durch die Liebe. Durch den Glauben fährt er aufwärts zu Gott, von Gott fährt er wieder abwärts durch die Liebe und bleibt doch immer in Gott und der göttlichen Liebe. [...]

Sieh, das ist die rechte, geistliche, christliche Freiheit, die das Herz von allen Sünden, Gesetzen und Geboten frei macht. Sie überragt alle andere Freiheit wie der Himmel die Erde. Gott gebe uns, daß wir sie recht verstehen und festhalten! Amen.

Luther, Martin: Von der Freiheit eines Christenmenschen. Fünf Schriften aus den Anfängen der Reformation. Hamburg 1964 (Calwer Luther-Ausgabe, Bd. 2), S. 187.

Die lutherischen Bekenntnisse nehmen die Rechtfertigungslehre als zentrales Thema auf, Augsburgisches Bekenntnis, Art. 4:

Weiter wird gelehrt, daß wir Vergebung der Sünde und Gerechtigkeit vor Gott nicht durch unser Verdienst, Werk und Genugtuung erlangen können, sondern daß wir Vergebung der Sünde bekommen und vor Gott gerecht werden aus Gnade um Christi willen durch den Glauben, nämlich wenn wir glauben, daß Christus für uns gelitten hat und daß uns um seinetwillen die Sünde vergeben, Gerechtigkeit und ewiges Leben geschenkt wird. Denn diesen Glauben will Gott als Gerechtigkeit, die vor ihm gilt, ansehen und zurechnen, wie der Hl. Paulus zu den Römern im 3. und 4. Kapitel sagt.

Evangelisches Gesangbuch. Ausgabe für die Evangelisch-Lutherischen Kirchen in Bayern und Thüringen. München 1994, S. 1566 f.

Die Theologische Erklärung der Bekenntnissynode von Barmen (1934) bekräftigt gegenüber dem Nationalsozialismus, daß alle Bereiche des menschlichen Lebens von der Rechtfertigung und Heiligung durch Gott berührt sind, Artikel 2:

Durch Gott seid ihr in Christus Jesus, der uns von Gott gemacht ist zur Weisheit und zur Gerechtigkeit und zur Heiligung und zur Erlösung (1. Kor 1, 30).

Wie Jesus Christus Gottes Zuspruch der Vergebung aller unserer Sünden ist, so und mit gleichem Ernst ist er auch Gottes kräftiger Anspruch auf unser ganzes Leben; durch ihn widerfährt uns frohe Befreiung aus den gottlosen Bindungen dieser Welt zu freiem, dankbaren Dienst an seinen Geschöpfen.

Wir verwerfen die falsche Lehre, als gebe es Bereiche unseres Lebens, in denen wir nicht Jesus Christus, sondern anderen Herren zu eigen wären, Bereiche, in denen wir nicht der Rechtfertigung und Heiligung durch ihn bedürften.

Evangelisches Gesangbuch. Ausgabe für die Evangelisch-Lutherischen Kirchen in Bayern und Thüringen. München 1994, S. 1578 f.

Luther bestreitet die Annahme, der Mensch müsse vor Gott durch sittliche Leistungen bestehen. Durch die Tat Christi **rechtfertigt Gott den sündigen Menschen** allein durch den Glauben.

Der Theologe Heinz Zahrnt (geb. 1915) deutet den Tod Jesu im Gesamtzusammenhang seines Wirkens als stellvertretenden Einsatz für das Leben der Menschen. Im Unterschied zur Zeit Luthers gerät die den heutigen Menschen bedrängende Frage nach dem verläßlichen Grund des Daseins in die Nähe der Gottesfrage.

Von allen Deutungen des Todes Jesu im Neuen Testament erscheint mir der Gedanke der Stellvertretung noch als der plausibelste. „Stellvertretung" ist ein Lebensgesetz des menschlichen Daseins. Daß ein Menschenleben das andere nicht nur begrenzt und verdrängt, sondern auch für es eintreten und einstehen kann, davon ist eine Ahnung und Erfahrung unter den Menschen vorhanden. Indem ein anderer an unser Statt etwas tut, stellt er uns davon frei – sein Tun kommt uns zugute.

Im Falle Jesu aber darf die Stellvertretung nicht nur auf sein Leiden und Sterben bezogen sein, sondern muß sein ganzes Wirken – sein Glauben, Verkündigen und Verhalten – umgreifen. Leben und Sterben Jesu bedingen sich gegenseitig. Ohne sein Leben und Lehren wäre sein Tod nicht verständlich, ohne seinen Tod aber auch sein Leben und Lehren kaum so solcher Bedeutung gelangt. [...]

Der heutige Mensch leidet nicht zuerst unter seiner Sünde, sondern unter der Sinnlosigkeit des Daseins; ihn schreckt nicht der Zorn, sondern die Abwesenheit Gottes; er verlangt nicht nach Vergebung, sondern nach Vergewisserung; er fragt darum, wenn er überhaupt noch nach Gott fragt, nicht nach dem gnädigen, sondern nach dem gegenwärtigen Gott: Wo bist du, Gott – wohin bist du? [...]

Die Gnade des Seindürfens ist die Ursache dafür, daß der Grund der Welt verläßlich ist und darum „guter Grund" zum Vertrauen besteht. Mit der Erkenntnis der Schöpfung als Abglanz der Gnade Gottes beginnt für mich die Erlösung der Welt.

Zahrnt, Heinz: Mutmaßungen über Gott. Die theologische Summe meines Lebens. München 1994, S. 86, 102, 104.

8.3 Auferweckung Jesu Christi

In der neueren Theologie lassen sich **drei typische Standpunkte** zum Verständnis der Auferweckung unterscheiden.

8.3.1 Auferweckung als historisches und wirkliches Ereignis

Die Auferstehung gehört als **objektives Faktum der Geschichte** zum Bereich historisch nachvollziehbarer Ereignisse. Der Tod Jesu, sein Begräbnis, das leere Grab und die Realität der Erscheinungen lassen sich wissenschaftlich aufweisen.

In ihrer vollen Bedeutung erschließt sich die Wirklichkeit der Auferstehung aber nur dem **Glauben,** da ihr göttlicher Sinngehalt die geschichtlich erfaßbare Realität und deren Deutung übersteigt.

Diese Auffassung vertritt der katholische Theologe René Marlé:

> Der Befund des Neuen Testaments im ganzen gestattet, das geschichtliche Faktum der Auferstehung Jesu mit Sicherheit zu behaupten, selbst wenn man gleichzeitig den einmaligen Charakter dieses Faktums und seine Beziehung zu einer „über"-geschichtlichen Ordnung, zu einem „Mysterium", das jede empirische Gegebenheit überschreitet, herausstellen muß [...].
> Die katholische Exegese versucht nicht, die bedeutenden Divergenzen zu verschleiern, die bei dem Vergleich einer Reihe von in den Texten enthaltenen Gegebenheiten auftauchen. Aber diese Divergenzen überschreiten nicht das Ausmaß jener Schwierigkeiten, denen man beim Bericht derselben Tatsache durch verschiedene Zeugen begegnet. Es ist ohne allzu große Anstrengung möglich, eine Anzahl dieser mehr scheinbaren als wirklichen Gegensätze zu beheben, weil sie auf Divergenzen des Gesichtspunktes oder der theologischen Intention des Evangelisten beruhen.
>
> *Marlé, René: Auferstehung Jesu. In: Handbuch theologischer Grundbegriffe. Hrsg. Heinrich Fries, Bd. I, München 1962, S. 134 f.*

8.3.2 Auferweckung als Neuschöpfung

Die Auferweckung ist kein raum-zeitliches, der Historie zugängliches Ereignis. Das Glaubenszeugnis der Auferweckung bezieht sich auf ein reales Geschehen, auf die Neuschöpfung des Lebens durch Gott, die eine **völlig neue Daseinsweise** darstellt.

Diese Position vertritt neben vielen anderen Theologen der Professor für ökumenische Theologie Hans Küng:

> Historisch feststellbar sind der Tod Jesu und dann wieder der Osterglaube und die Osterbotschaft der Jünger; zum Tod Jesu und dem Glauben der Jünger – beides öffentliche Ereignisse – dringt der Historiker vor. Die Auferweckung selber aber – kein öffentliches Ereignis – läßt sich nicht dingfest machen, objektivieren. [...] Kein historisches also, wohl aber ein *wirkliches Ereignis*, das heißt: Gerade weil es in der Auferweckung um das Handeln Gottes geht, geht es um ein nicht nur fiktives oder eingebildetes, sondern um ein im tiefsten Sinne reales Geschehen: freilich nur für den, der nicht neutral beobachten will, sondern der sich im Glau-

ben darauf einläßt. [...] Es geht um ein transzendentes Geschehen aus dem menschlichen Tod in die umgreifende Dimension Gottes hinein.

Küng, Hans: Ewiges Leben? München 1984, S. 138.

8.3.3 Auferstehung als symbolische Ausdrucksform

Die biblische Rede von der Auferstehung gehört einer zeit- und umweltbedingten Vorstellungswelt an, die in der Gegenwart weltanschaulich überholt ist. Die bleibende Bedeutung der Auferstehung, als Metapher verstanden, besteht darin, daß Jesus auch nach seinem Tod existentielle Bedeutung für eine gelingende Existenz der Menschen gewinnt. Glaube an Jesus heißt, dem schenkenden Gott zu gehorchen. Die **Ausdrucksform** „Auferstehung" besagt also: Jesus lebt, weil er verkündigt wird. „Jesus geschieht je in meinem ‚Ich darf' und ‚Ich soll'; und zwar im Rahmen der Mitmenschlichkeit"[1].

Vertreter dieser von neuzeitlichen Interpretationsvorgaben beeinflußten Interpretation des Auferstehungsgeschehens ist der Neutestamentler Herbert Braun:

Wir werden uns diese ganze in sich nicht widerspruchsfreie Vorstellungswelt der alten Christen nach der weltanschaulichen Seite hin heute kaum zu eigen machen können. Und dies um so weniger, als wir wissen, ähnliche Dinge wurden in der Antike von Naturgottheiten, Heroen, großen Philosophen und bedeutenden Herrschern berichtet [...]. Original christlich ist nicht der Umstand, daß *diese* Vorstellungswelt von Auferstehung und Auffahrt auf Jesus angewendet wird. Bedeutsam ist vielmehr, daß diese Vorstellungswelt auf *Jesus* angewendet wird. Der Glaube an die Auferstehung ist eine altchristliche Ausdrucksform, und zwar eine umweltbedingte Ausdrucksform, für die Autorität, die Jesus über jene Menschen gewonnen hat. Wir heute werden diese Ausdrucksform nicht als für uns verbindlich empfinden können. Die mit dieser Ausdrucksform gemeinte Autorität Jesu kann für uns aber sehr wohl verbindlich werden.

Braun, Herbert: Jesus. Der Mann aus Nazareth und seine Zeit. Stuttgart 1969, S. 153 f.

Das **theologische Verständnis der Auferstehung** muß sich am Glaubenszeugnis der biblischen Tradition ausrichten.

[1] Braun, Herbert: Gesammelte Studien zum Neuen Testament und seiner Umwelt. Tübingen 1962, S. 335.

ZUM WEITERLESEN

Ödön von Horváth: Es regnet

Als ich am nächsten Morgen in das Gymnasium kam und die Treppe zum Lehrerzimmer emporstieg, hörte ich auf dem zweiten Stock einen wüsten Lärm. Ich eilte empor und sah, daß fünf Jungen, und zwar E, G, R, H, T, einen verprügelten, nämlich den F.

„Was fällt euch denn ein?“ schrie ich sie an. „Wenn ihr schon glaubt, noch raufen zu müssen wie die Volksschüler, dann rauft doch gefälligst einer gegen einen, aber fünf gegen einen, also das ist eine Feigheit!“

Sie sahen mich verständnislos an, auch der F, über den die fünf hergefallen waren. Sein Kragen war zerrissen.

„Was hat er euch denn getan?“ fragte ich weiter, doch die Helden wollten nicht recht heraus mit der Sprache und auch der Verprügelte nicht. Erst allmählich brachte ich es heraus, daß der F den fünfen nichts angetan hatte, sondern im Gegenteil: die fünf hatten ihm seine Buttersemmel gestohlen, nicht, um sie zu essen, sondern nur, damit er keine hat. Sie haben die Semmel durch das Fenster auf den Hof geschmissen.

Ich schaue hinab. Dort liegt sie auf dem grauen Stein. Es regnet noch immer, und die Semmel leuchtet hell herauf.

Und ich denke: vielleicht haben die fünf keine Semmeln und es ärgert sie, daß der F eine hatte. Doch nein, sie hatten alle ihre Semmeln und der G sogar zwei. Und ich frage nochmals: „Warum habt ihr das also getan?“

Sie wissen es selber nicht. Sie stehen vor mir und grinsen verlegen. Ja, der Mensch dürfte wohl böse sein, und das steht auch schon in der Bibel. Als es aufhörte zu regnen und die Wasser der Sündflut wieder wichen, sagte Gott: „Ich will hinfort nicht mehr die Erde strafen um der Menschen willen, denn das Trachten des menschlichen Herzens ist böse von Jugend auf.“[1]

Hat Gott sein Versprechen gehalten? Ich weiß es noch nicht. Aber ich frage nun nicht mehr, warum sie die Semmel auf den Hof geworfen haben. Ich erkundige mich nur, ob sie es noch nie gehört hätten, daß sich seit Urzeiten her, seit tausend und tausend Jahren, seit dem Beginn der menschlichen Gesittung, immer stärker und stärker ein ungeschriebenes Gesetz herausge-

---

[1] 1. Mose 8, 21

bildet hat, ein schönes männliches Gesetz: Wenn ihr schon rauft, dann raufe nur einer gegen einen! Bleibet immer ritterlich! Und ich wende mich wieder an die fünf und frage: „Schämt ihr euch denn nicht?"
Sie schämen sich nicht. Ich rede eine andere Sprache. Sie sehen mich groß an, nur der Verprügelte lächelt. Er lacht mich aus.
„Schließt das Fenster", sage ich, „sonst regnets noch herein!"
Sie schließen es.
Was wird das für eine Generation? Eine harte oder nur eine rohe?
Ich sage kein Wort mehr und gehe ins Lehrerzimmer. Auf der Treppe bleibe ich stehen und lausche: ob sie wohl wieder raufen? Nein, es ist still.
Sie wundern sich.

Horváth, Ödön von: Jugend ohne Gott. Frankfurt a. M. 1994, S. 15 f.

Ödön von Horváth (1901 – 1938) wächst in Belgrad, Budapest, München, Preßburg und Wien auf. Sein Vater, Dr. Ödön Josef von Horváth, ist im diplomatischen Dienst der ungarischen Monarchie tätig, was zu einen häufigen Wohnortwechsel der Familie führt. Von 1919 an lebt Ödön von Horváth hauptsächlich in München. 1925 zieht er nach Berlin. Seine oppositionelle, anti-faschistische Haltung zwingt ihn 1935 zur Emigration nach Wien und 1938, nach dem „Anschluß" Österreichs an Deutschland, über Budapest, Prag, Amsterdam nach Paris. Zunehmend leidet er unter Depressionen. Die finanzielle Lage verschlechtert sich. Am 1. Juni 1938 wird er auf dem Heimweg während eines Orkans von dem herabbrechenden Ast eines morschen Baumes erschlagen.

In seinen großen Romanen „Der ewige Spießer" (1930), **„Jugend ohne Gott"** (1937) und „Ein Kind unserer Zeit" (1938) übt Ödön von Horváth scharfe Kritik am „Spießertum", dem egoistischen Mitläufertum, was das „Dritte Reich" ermöglichte. Die in einer moralischen Gleichgültigkeit aufwachsende Generation, die „Jugend ohne Gott" beschreibt Horváth aus der Perspektive eines jungen Geographie- und Geschichtslehrers. Durch das Verhalten seiner Schüler wird er mit der totalen Wertelosigkeit konfrontiert. Der mit einer Semmel verbundene Streit ist für den Lehrer ein Ausdruck des Zeitgeistes. In ihm bricht das universell Böse hervor, das dem freien Willen des Menschen entspringt. Der Lehrer findet zum Glauben an Gott zurück. In der Erkenntnis: „Gott ist die Wahrheit" (S. 148) überwindet er das Böse und verwirklicht schließlich als Lehrer in Afrika seine humanistischen Ideale.

9 Das christliche Menschenverständnis vor den Herausforderungen der Gegenwart

Die humanwissenschaftliche Sicht des Menschen als „Gegenüberwesen“ soll zunächst mit **Grundaussagen der christlichen Anthropologie** verknüpft werden, um die Stellung des Menschen vor Gott zu verdeutlichen. Ausgehend von der Frage nach „Freiheit und Gebundenheit des Menschen“ folgt anschließend die Behandlung verschiedener Aspekte des Problemkreises „Der Mensch in der Zeit“:

Schuld und Vergebung
Welche Bedeutung gewinnt die Vergebung, wenn Schuld als Ausweglosigkeit erfahren wird?

Karma-Glaube
Läßt sich das Grundanliegen der verschiedenen Reinkarnationslehren mit dem christlichen Glauben vereinbaren?

Tod und Leben
Welche Tragweite hat die Auferstehungshoffnung im Rahmen der biblischen Überlieferung?

Leitfragen:

- *Wie verhalten sich humanwissenschaftliche Aussagen über den Menschen zum biblischen Verständnis des Menschen?*
- *Wie kann der Mensch mit Schulderfahrungen umgehen?*
- *Überlegen Sie, welche Bedeutung die Freiheit oder Gebundenheit des Menschen für menschliches Dasein und ethisches Handeln besitzt!*

9.1 Humanwissenschaftliche Einsichten und christliches Menschenverständnis

Das christliche Menschenbild kann an die von den Humanwissenschaften beschriebenen **Grundbefindlichkeit des Menschen** kritisch anknüpfen. Auch die christliche Anthropologie versteht den Menschen als „Gegenüberwesen", qualifiziert allerdings den exzentrischen, responsorischen und finalen Charakter menschlicher Existenz (vgl. Kapitel 6.2) durch die Gottesbeziehung. Die Relationen des Menschen zu Gott (coram Deo), zum Mitmenschen (coram hominibus) und zur Welt (coram mundo) stehen jedoch weder unverbunden noch gleichwertig gegenüber, da die Gottesbeziehung die anderen Bezüge umgreift und qualifiziert.

Exzentrischer Charakter menschlicher Existenz und Person vor Gott

Aus christlicher Sicht liegt das eigentliche Sein des Menschen nicht im rationalen Entscheidungsvermögen des Menschen selbst. Wenn der Mensch sich voll bestimmen und über sich verfügen möchte, macht er sich zu seinem Gegenüber, bleibt bei sich selbst verhaftet und muß versuchen, an sich letzten, aber brüchigen Halt zu finden. Sein eigentliches Personsein gewinnt der Mensch von außen, im **Gegenüber zu Gott**, indem der Glaubende „passiv", d. h. glaubend die vergebende Liebe Gottes erfährt und über sich Macht gewinnen läßt.

Responsorischer Charakter menschlicher Existenz und Personwerdung durch das Wort Gottes

Die biblische Tradition beschreibt die menschliche Existenzweise als **kommunikatives Bezugsverhältnis**, das aus der Gottesbeziehung seine Lebenskraft erhält. Der responsorische (Dialog- und Antwort-) Charakter menschlichen Personseins drückt sich im Hören des Menschen auf das Wort Gottes aus. Wenn der Mensch sich in den gemeinschaftsstiftenden Bereich der Liebe Gottes einbeziehen läßt, empfängt er sein Personsein. Ebensowenig wie den Glauben an Gott kann der Mensch die Liebe zum Mitmenschen selbst setzen. Der Glaubende gibt die von Gott empfangene Liebe weiter. Auch in seinem Bezug zur Welt der Sachverhalte verhält sich der Glaubende aktiv. Die Vernunft des Menschen, die nun nicht auf letzte Ziele, auf das Heil ausgerichtet ist, übernimmt im Bereich des Vorläufigen die Verantwortung für eine humane Gestaltung der Welt.

Finaler Charakter menschlicher Existenz und eschatologische Vollendung der Gottesebenbildlichkeit

Von der Finalität (Zielgerichtetheit) menschlicher Existenz spricht auch das biblische Menschenbild. Über seine empirisch faßbaren Möglichkeiten hinaus bleibt das Ziel des neuen Lebens auf die von Gott verheißene **Vollendung der Gottesebenbildlichkeit** ausgerichtet. Es handelt sich bei dieser transzendent-eschatologischen Erfüllung des Menschseins nicht um die Höherentwicklung des Menschen aufgrund seiner Selbstmächtigkeit. Der Mensch schreitet vielmehr im Glauben fort und verläßt sich auf die Treue Gottes, die den Glauben zum Ziel führt.

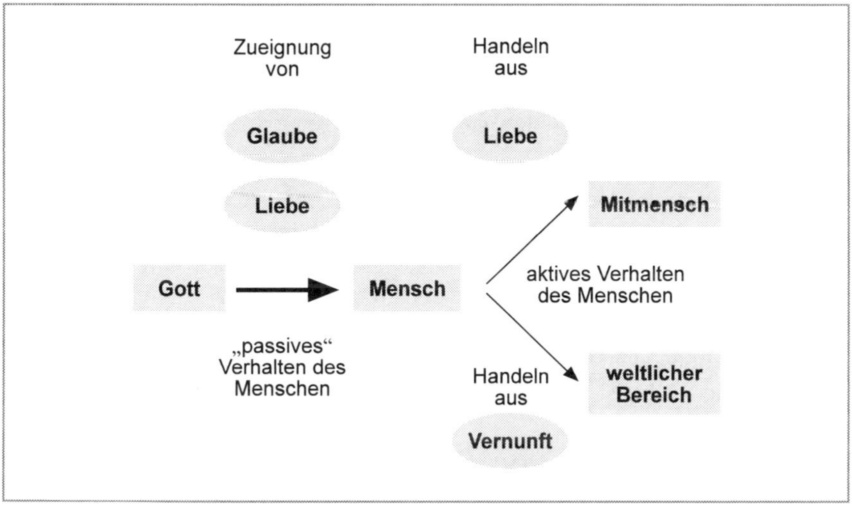

Die Grundrelationen des Menschen und die ihr entsprechenden Verhaltensweisen

Der Mensch steht in einer **dreifachen Relation,** die von der Gottesbeziehung umschlossen wird. Gott eröffnet dem Menschen Glaube und Liebe. Die von Gott empfangene Liebe gibt der Glaubende in mitmenschlicher Solidarität weiter. Die menschliche Vernunft richtet sich auf die humane Gestaltung der Welt.

9.2 Die Freiheit und Gebundenheit aus christlicher Sicht

9.2.1 Freiheit und Gebundenheit bei Paulus

Paulus verdeutlicht die Freiheit und Gebundenheit des Menschen, indem er **Christus als „Ziel" des Gesetzes** versteht. Damit meint er zweierlei:

- Christus ist das **Ende des Gesetzes.** Christus hebt das alttestamentliche Gesetz auf: Die Christen sind an die ethischen Einzelanweisungen und kultischen Ordnungen nicht mehr gebunden und auch vom Heilsweg des Gesetzes befreit (Gal 3, 13). Der Versuch, aus eigenem Vermögen das ursprünglich gute Gesetz (Röm 7, 12. 16) zu erfüllen, scheitert und führt nicht zum Leben, zur Gerechtigkeit vor Gott. Das Gesetz verklagt den Menschen, weil er dem Willen Gottes nicht gerecht werden kann, und deckt die Gebundenheit des Menschen an die Sünde auf. Nicht ein Teil des Menschen ist von der Sünde erfaßt; die gesamte Existenz des Menschen steht im Widerspruch zu Gott (Röm 7, 18 ff.).
- In Christus ist das **Gesetz erfüllt.** In Tod und Auferstehung Jesu Christi hebt Gott die trennende Macht der Sünde auf, schließt den Sünder nicht aus, sondern spricht dem Glaubenden Gottes Gerechtigkeit zu. Folge der Rechtfertigung ist die Freiheit. Die Rechtfertigung bleibt zugleich ständige Bedingung der Freiheit (vgl. Kapitel 10.3: Biblisches Gewissensverständnis). Diese erschließt dem Glaubenden ein neues Verhältnis zum Mitmenschen: Die Haltung der Liebe ist daher die Erfüllung des Gesetzes (Röm 13, 10).

In den zentralen Texten Röm 7, 7–25 und 10, 1–13 stellt Paulus „Gesetz" und Christus gegenüber. Unter „Gesetz" versteht Paulus das alttestamentliche Gesetzesverständnis insgesamt oder – im engeren Sinn – die Tora. Auch Nichtjuden wissen um Gottes Willen, wie er im Dekalog und im Liebesgebot zusammengefaßt ist, Röm 10, 1–4 (Röm 7, 7; 13, 9; Gal 5, 14):

1 Liebe Brüder, meines Herzens Wunsch ist, und ich flehe auch zu Gott für sie, daß sie gerettet werden.
2 Denn ich bezeuge ihnen, daß sie Eifer für Gott haben, aber ohne Einsicht.
3 Denn sie erkennen die Gerechtigkeit nicht, die vor Gott gilt, und suchen ihre eigene Gerechtigkeit aufzurichten und sind so der Gerechtigkeit Gottes nicht untertan.
4 Denn Christus ist das Gesetzes Ende; wer an den glaubt, der ist gerecht.

Die Funktion des „Gesetzes“ wird erst von Christus her deutlich. Es soll die Gebundenheit an die Macht der Sünde aufzeigen, ist also „Zuchtmeister“ auf Christus hin (Gal 3, 24).

Paulus ruft die Christen auf, ihre durch Christus erworbene Freiheit recht zu gebrauchen, Gal 5, 13f. (vgl. Gal 5, 1–14):

> 13 Ihr aber, liebe Brüder, seid zur Freiheit berufen. Allein seht zu, daß ihr durch die Freiheit nicht dem Fleisch Raum gebt; sondern durch die Liebe diene einer dem andern.
> 14 Denn das ganze Gesetz ist in *einem* Wort erfüllt, in dem (3. Mose 19, 18): „Liebe deinen Nächsten wie dich selbst!“

Unter „Fleisch“ (V. 13) versteht Paulus das Menschsein, sofern es seine eigenen Möglichkeiten als Mittel der Selbstbehauptung gegen Gott einsetzt.

Nach Paulus ist die **Rechtfertigung** des Sünders die bleibende Voraussetzung der **Freiheit.**

9.2.2 Entscheidungs- und Lebensfreiheit

Die christliche Anthropologie setzt eine **relative Entscheidungsfreiheit** (Luther: liberum arbitrium) des Menschen voraus. Sie ergibt sich aus der Verantwortlichkeit des Menschen vor Gott und der Aufgabe, die Tatsünden und ihre zerstörerischen Folgen zu bekämpfen.

Das christliche Menschenbild verneint dagegen die eigenständige Möglichkeit des sündigen Menschen zur **Lebensfreiheit** (Luther: servum arbitrium). Diese meint, dem Menschen sei die Selbstbefreiung aus einer ihn seiner wahren Bestimmung entfremdenden inneren oder äußeren Macht aufgegeben und er könne die Erfüllung seines Lebens aus eigenem Vermögen verwirklichen. Nach christlichem Verständnis wird dagegen dem Menschen Lebensfreiheit zugesprochen im Glauben an Gott. Am Verhältnis des Menschen zu Gott entscheidet sich die Freiheit oder Unfreiheit des Menschen. Da der Mensch sich seiner geschöpflichen Bestimmung als Ebenbild Gottes verweigert, vermag er aus eigener Kraft das entsprechende Antwortverhalten zu Gott nicht herzustellen. Die Macht der Sünde trennt ihn von Gott, deshalb kann nur Gott allein diese Entfremdung überwinden. Es ist die Tat Gottes in Jesus Christus, die den Glaubenden zur Vollendung seines Lebens befreit. Christliche Lebensfreiheit ist deshalb nicht autonom zu verwirklichende, sondern geschenkte Freiheit.

Die christliche Anthropologie setzt eine **relative Entscheidungsfreiheit** des Menschen voraus, bestreitet jedoch die **Lebensfreiheit** des Menschen, d. h. seine Fähigkeit, sich aus eigenem Vermögen von der ihn entfremdenden Macht befreien zu können und die göttliche Bestimmung menschlicher Existenz zu verwirklichen.

9.3 Der Mensch in der Zeit

9.3.1 Schuld und Vergebung

Der Mensch erfährt „Schuld" auf verschiedenen Ebenen. Bei Übertretungen sittlicher Gesetze entsteht **moralische Schuld.** Verstöße gegen innere ethische Grundüberzeugungen der menschlichen Personalität führen zu einem **personalen Schuldbewußtsein. Religiös-personale Schulderfahrung** liegt vor, wenn der Bezug des Menschen zu Gott fundamental gestört ist.

Krankhaftes Schuldbewußtsein

Mit **neurotischen Schuldgefühlen** hat es der Psychotherapeut bei psychisch kranken Menschen, besonders Zwangsneurotikern, zu tun. Diese Schuldgefühle äußern sich in übersteigerten Selbstvorwürfen gegen das eigene Ich, tragen selbstzerstörerischen Charakter und lassen sich häufig auf frühkindliche Konflikte zurückführen, auf einem Mangel an tragfähigen sozialen Bindungen.

Verdrängte und unverarbeitete Schuld

Eine **intrapsychische Verschiebung vorhandener Schuld** liegt vor, wenn der Mensch seiner persönlichen Verantwortung ausweicht und den schuldhaften Zustand in das Unbewußte verdrängt. Der unverarbeitete Schuldkomplex kann in der Folge auf gesellschaftliche Randgruppen projiziert und mit Schuldzuweisungen sowie Aggressivität verbunden werden.

Schuld als Ausweglosigkeit

Wenn der Mensch an einem anderen Menschen schuldig geworden ist, vermag er sich aus dieser **Schuldverstrickung** nicht aus eigener Kraft zu lösen, da es von der freien personalen Entscheidung des anderen abhängt, ob eine interpersonale

Beziehung wiederhergestellt werden kann. Für den Transzendenzbezug des Menschen bedeutet dies, daß der Mensch sich durch sein verkehrtes Lebenskonzept in eine ausweglose Situation bringt und der zerstörten Gottesbeziehung verhaftet bleibt.

Vergebung

Im **Gesinnungswandel,** in der Umkehr, distanziert sich der Mensch inhaltlich von seinem schuldhaften Handeln und löst sich auch emotional von ihm. Die befreiende Aufhebung der Schuld hängt aber davon ab, daß der andere ihm verzeiht, **Vergebung** gewährt und ihm dadurch einen Neuanfang ermöglicht. Gott heilt in Jesus Christus den vom Menschen zerstörten Gottesbezug und vergibt die Sünde. In der neu geschenkten Gemeinschaft erfährt sich der Glaubende als von Gott angenommen und kann sich deshalb zu seinem schuldhaften Versagen bekennen. Der versöhnende Gott schenkt im **Sakrament des Abendmahls** die Gewißheit der Vergebung der Sünden, die zur zwischenmenschlichen Versöhnung motiviert.

Gott löst den Menschen aus seiner Schuldverbundenheit und befreit ihn zur zwischenmenschlichen **Versöhnung.**

9.3.2 Der Karmaglaube – Schicksal und Verantwortung

Die Reinkarnationslehren führen das Schicksal des Menschen in seinem jeweiligen irdischen Leben auf die Auswirkungen des „Karmas" aus vorangegangenen Existenzen zurück. Das westliche, vom Evolutionsgedanken und Persönlichkeitsideal geprägte Verständnis der Reinkarnation geht davon aus, daß die in den zahlreichen Wiederverkörperungen mit sich selbst identische Person die Chance wahrnehmen soll, sich schrittweise in einem **Entwicklungs- und Erlösungsprozeß** zu vervollkommnen. Karma, das Gesetz des Ausgleichs, bedeutet: Schuld muß abgetragen, früheres Versagen gesühnt und Entwicklungsdefizite ausgeglichen werden. Positive Haltungen und gute Taten führen demgegenüber zur Befreiung aus den schicksalshaften Zwängen und zum Aufstieg in nächsthöhere Entwicklungsstufen. Die Grundanliegen des Karma-Glaubens sind der gerechte Ausgleich des menschlichen Schicksals und die Selbstverwirklichung des Individuums zur Vollkommenheit. Die Bewältigung des Lebensschicksals geschieht durch die aus dem Erkennen des Karmas sich ergebenden Handlungsmöglichkeiten.

Rudolf Steiner (1861 – 1925), der Begründer der Anthroposophie und der Waldorfschulen (erste Schule 1919 in Stuttgart), vertritt eine westlich geprägte Reinkarnationslehre. Der Mensch muß sich in seinen irdischen Leben von dem selbstverschuldeten negativen Karma befreien, um sich weiterzuentwickeln.

> Das Gesetz der Reinkarnation oder Wiederverkörperung besteht darin, daß der Mensch nicht nur einmal lebt, sondern daß das Leben des Menschen in einer ganzen Anzahl von Wiederholungen verläuft, die allerdings einmal einen Anfang genommen haben und einmal ein Ende finden werden. [...]
> Das Gesetz des Karma sagt, daß unser Schicksal, dasjenige, was wir im Leben erfahren, nicht ohne Ursache ist, sondern daß unsere Taten, unsere Erfahrungen, unsere Leiden und Freuden in einem Leben abhängen von den vorhergehenden Leben, daß wir uns in den verflossenen Lebensläufen unser Schicksal selbst gezimmert haben. Und so, wie wir jetzt leben, schaffen wir uns die Ursachen für das Schicksal, das, wenn wir wiederverkörpert werden, uns treffen wird.
>
> *Steiner, Rudolf: Reinkarnation und Karma. In: Ders.: Wiederverkörperung. Ausgewählt und herausgegeben von Clara Kreutzer. Stuttgart 1982, S. 55 f.*

Die vereinzelten Versuche christlicher Theologen, die Reinkarnationslehre und Karmavorstellung in den christlichen Glauben zu integrieren, geben zentrale Glaubensinhalte preis und zeigen damit, daß es sich um **grundverschiedene Glaubensbewegungen** handelt. Das christliche Menschenbild betont die Verantwortlichkeit des Menschen für sein einmaliges, geschichtliches Dasein, wendet sich gegen die Abwertung des Leiblichen im Leib–Seele-Dualismus der Reinkarnationlehren und spricht von der Vergebung der menschlichen Schuld durch die Gnade Gottes, die der Mensch gerade nicht aus eigenen Kräften erreichen kann und muß.

Die **Reinkarnationslehre** und der mit ihr verbundene Karma-Gaube verkörpern eine **Leistungsreligion**, zu der das christliche Gottesverständnis und Menschenbild im Gegensatz stehen.

9.3.3 Tod und Leben

Der neuzeitliche Mensch erfährt den **Tod als biologisches Lebensende.** In vielfältigen Formen bricht jedoch der Tod in seiner **sozialen und strukturellen Gestalt** bereits in das Leben ein, als Einsamkeit, soziale Armut oder gesellschaftliche Unterdrückung, als Verrinnen der Zeit, Trennung von geliebten Menschen und Vergänglichkeit von Lebenssituationen.

Tod als Trennung von Leib und unsterblicher Seele

Die platonisch-hellenistische Vorstellung, daß die Seele bzw. der Geist des Menschen dem ewigen Sein Gottes angehört, beeinflußt später auch das christliche Todesverständnis und die Auferstehungshoffnung. Platon nimmt an, daß im Tod die **unsterbliche Seele** den naturhaft-sterblichen Leib des Menschen verläßt. Die unzerstörbare Seele ist in dem irdischen Leben an den vergänglichen Körper gebunden; der Tod befreit sie aus dieser Bindung, „läutert" die Seele. In seinem Dasein soll der Mensch tugendhaft leben und die Selbsterkenntnis einüben, daß er zwar dem Tod entgegengeht, sein eigentliches Selbst aber nach dem Tod zur Bestimmung gelangt.

Biblisches Todesverständnis

Im Gegensatz zum anthropologischen Dualismus Platons sieht die Bibel den Menschen in seiner **Ganzheit** dem Tod ausgesetzt. Im Einzelnen enthält die Bibel **verschiedene Einsichten** zum Verständnis des Todes.

- In den ältesten Schichten der alttestamentlichen Überlieferung wird der Tod nüchtern als das normale **biologische Ende** des menschlichens Lebens verstanden, wenn der Mensch „alt und lebenssatt" (1. Mose 25, 8) stirbt. Als in der Zeit der Salomonischen Aufklärung der Mensch stärker sein Ich entdeckt und aus der Kollektivgemeinschaft heraustritt, klagt er über die Kürze des Lebens und über den Schmerz, wenn er von einem Nahestehenden Abschied nehmen muß.
- Das Neue Testament spricht bildhaft vom Sterben, wenn der Christ aus der Gnade Gottes heraus lebt und „mit Christus **den Mächten der Welt gestorben**" (Kol 2, 20) ist, da Christus den Tod entmachtet hat.
- Paulus stellt den Tod auch in den **Zusammenhang mit der Sünde:** „Denn der Sünde Sold ist der Tod" (Röm 6, 23). Hier steht nicht der Tod als natürliches biologisches Phänomen im Vordergrund, sondern die theologische Aussage, daß der Tod als eine gegenwärtige Macht im Leben die Daseinsverfassung des Menschen als Sünder sichtbar macht.

Die Auferstehungshoffnung

Die Hoffnung auf eine Erweckung aus dem Tod taucht im **Alten Testament** erst verhältnismäßig spät auf. Der Gedanke, daß Gott als Schöpfer auch der Herr über den Machtbereich des Todes ist und Leben nicht vernichten, sondern bewahren will, führt den alttestamentlichen Gottesglauben zur Unterweltvorstellung. In der Scheol leben die Toten als Schattenwesen weiter.

Die Psalmen sprechen von einem „Daß" des Weiterlebens, ohne das „Wie" im einzelnen zu veranschaulichen, Ps 139, 5. 8 (vgl. Ps 88, 4ff.):

5 Von allen Seiten umgibst du mich und hältst deine Hand über mir.
8 Führe ich gen Himmel, so bist du da; bettete ich mich bei den Toten, siehe, so bist du auch da.

Erst das Danielbuch spricht vom Glauben an die individuelle Auferstehung, eine Vorstellung, die in der jüdischen Apokalyptik große Bedeutung erhält.

Mit der Auferstehungshoffnung verbindet sich die Vorstellung vom allgemeinen Weltgericht, Dan 12, 2:

Und viele, die unter der Erde schlafen liegen, werden aufwachen, die einen zum ewigen Leben, die andern zu ewiger Schmach und Schande.

Im Gegensatz zum Alten Testament steht das Auferstehen aus dem Tod zum Leben im Zentrum der **neutestamentlichen Verkündigung.** Jesus ist – im Gegensatz zu den Sadduzäern – überzeugt davon, daß Gott den zu ihm gehörenden Menschen für immer lebendig macht, weist aber eine detaillierte Beschreibung des „ewigen Lebens" zurück (Mk 12, 18–27). Die neutestamentliche Briefliteratur verwendet die Begriffe „Tod und Leben" **in übertragen-religiöser und in eschatologisch-futurischer Bedeutung.** Der geistige Sinn meint, daß ein Mensch, der sich in seinem Dasein Gott verweigert, „tot" ist, während der auf die Liebe Gottes vertrauende „lebt". Die in die Gegenwart verlegte Auferweckung zum eigentlichen Leben ist jedoch nur der Anbruch des eschatologischen Geschehens.

Der übertragene Gebrauch findet sich bei Paulus, vor allem aber in den Johannes-Briefen und bei den Schülern des Paulus, 1. Joh 3, 14f:

14 Wir wissen, daß wir aus dem Tod in das Leben gekommen sind; denn wir lieben die Brüder. Wer nicht liebt, der bleibt im Tod.
15 Wer seinen Bruder haßt, der ist ein Totschläger, und ihr wißt, daß kein Totschläger das ewige Leben bleibend in sich hat.

Der Kolosser-Brief gebraucht das Bild, der Glaubende ist mit Christus gestorben und auferstanden (Kol 3, 1–4; vgl. Eph 2, 4–7).

Paulus erwartet die Auferweckung zugleich als futurische Vollendung, als Neuschöpfung des Menschen und der Welt durch den lebendig machenden Geist Gottes. Der neue Leib wird kein vergänglicher sein, sondern eine geistgewirkte, neue Gestalt annehmen.

Paulus vertraut darauf, daß die Treue Gottes zum Menschen ihn durch den Tod hindurch bewahrt, Röm 8, 38f.:

38 Denn ich bin gewiß, daß weder Tod noch Leben, weder Engel noch Mächte noch Gewalten, weder Gegenwärtiges noch Zukünftiges,
39 weder Hohes noch Tiefes noch eine andere Kreatur uns scheiden kann von der Liebe Gottes, die in Christus Jesus ist, unserm Herrn.

Die **Vorstellung der individuellen Auferstehung** findet sich lediglich am Rande des Alten Testaments. Nach neutestamentlicher Überlieferung verbürgt die Treue Gottes, daß der Mensch durch den Tod hindurch **in Gottes Liebe geborgen** ist.

Herbert Vorgrimler, Professor für Dogmatik und Dogmengeschichte, führt zum Verständnis des göttlichen Gerichts aus:

Die Überlegungen der neueren Theologen gehen, gestützt auf zahlreiche ähnliche Meinungen in früheren Jahrhunderten, dahin, daß das Gericht nicht ein Vorgang sein wird, bei dem Gott wie ein menschlicher Richter den angeklagten Menschen aburteilt. […] Worin wird dann das Gericht bestehen? In der Begegnung des menschlichen Ich mit seinem göttlichen Du, in der Selbsterkenntnis des Ich im Licht der überwältigenden göttlichen Liebe, in der Einsicht, was aus dem Ich hätte werden können und was es aus sich gemacht hat, wie es sich nun dem göttlichen Partner für immer zumuten will, kurz: in einem Gericht des Ich über sich selbst. Gott verurteilt niemanden.

Diese Überlegungen beruhen darauf, daß das Ich, das zu Gott gelangt, wirklich das frühere Ich ist, daß es sich selbst mitgenommen hat zu Gott, sich, seine „Welt“, seine Vergangenheit, und daß dieses Ich nun vor Gott und vor allen, die bei Gott sind, absolut „durchsichtig“ ist. Was dieses Ich gewollt und getan hat, was es geworden ist, aus sich gemacht hat, das kann niemals rückgängig gemacht werden. Selbst Gott kann Geschehenes nicht ungeschehen machen. Aber er kann verzeihen.

Wird es Menschen geben, die sich in ihrer von Gott gewollten Freiheit gegenüber dem göttlichen Du so radikal verweigert haben, die also darauf bestanden haben und auch im Tod noch darauf bestehen, Gott los zu sein? Ich weiß es nicht. Kein Papst, kein Bischof, kein Theologe und kein Philosoph weiß es.

Vorgrimler, Herbert: Wir werden auferstehen. Freiburg i. Br. 1981, S. 97f.

ZUM WEITERLESEN

Wolfdietrich Schnurre: Als Vaters Bart noch rot war

Wir blieben ziemlich lange auf, diese Nacht; es war zu gemütlich, um schlafen zu gehen, und wir hofften auch dauernd, der Baron käme vielleicht *doch* noch mal runter. Er kam aber nicht. Statt dessen gellte, so gegen Mitternacht etwa, eine handgeschwungene Glocke durchs Haus und kurz darauf kam, mit schlafverquollenem Gesicht und eine Brennschere schwingend, das Stubenmädchen in die Küche gestürzt.

„Glut!“ keuchte es, „Glut! Sie will sich eine Stirnlocke brennen!“

Vater und ich sahen uns an.

„Das kann gut werden Sylvester“, sagte Graf Stanislav seufzend und drückte mit dem Goldrücken seines Rilke-Bandes eine Küchenschabe tot, die angeregt zwischen den Zimtsternen umhergeirrt war; „jetzt fängt sie sogar einen Tag vorher schon an, sich auf neu zu frisieren.“

„Auf neu –?“ sagte Rochus Felgentreu; „ich hör immer auf neu.“

Wir benutzten die beklemmende Pause hierauf, um Gute Nacht zu sagen und ließen uns von der Köchin zwei Wärmflaschen geben und unser Zimmer beschreiben; es lag in der Oberetage.

Wir schlichen eben die Treppe rauf, da schwang vor uns knarrend eine Stubentür auf, und in der gespenstisch wabernden Helle dahinter saß dürr und zerbrechlich eine uralte Dame vorm Spiegel, die sich konzentriert die Augendeckel betupfte. Vater war so geistesgegenwärtig, die Tür lautlos wieder zu schließen; aber wohl doch nicht lautlos genug, denn wir hatten kaum unser Zimmer betreten, da schrillte schon wieder die Glocke durchs Haus.

„Großer Gott“, sagte ich, „geht auf die hundert und sitzt noch vorm Spiegel!“

Vater nickte. „Eine mutige Frau.“

„Das fehlt“, sagte ich; „jetzt bewunderst du sie vielleicht auch noch, ja?“

„Werde so alt wie sie“, sagte Vater, „und dann stell mir diese Frage noch mal.“

Ich hing schnatternd meinen Mantel über den Stuhl, es hatte mich doch ziemlich mitgenommen. „Soviel steht jedenfalls fest", sagte ich nachher im Bett, „das könnte ein Paradies sein hier, wenn es die alte Dame nicht gäbe." „Es hat auch im Paradies einen Haken gegeben", sagte Vater und zog sich das Deckbett unter das Kinn.

Aber keinen derart verrosteten, dachte ich.

Schnurre, Wolfdietrich: Als Vaters Bart noch rot war. Ein Roman in Geschichten. Frankfurt a. M. ²1989, S. 211 f.

Wolfdietrich Schnurre (1920 – 1989) besucht ab 1928 in Berlin eine sozialistische Volksschule, später das Humanistische Gymnasium. 1939 – 1945 ist er Soldat. Nach dem Zweiten Weltkrieg beginnt seine literarische Tätigkeit, für die er zahlreiche Literaturpreise erhält. Wolfdietrich Schnurre ist Mitbegründer der Gruppe 47.

Aufgewachsen in Berlin-Weißensee beschreibt Wolfdietrich Schnurre seine Erlebnisse und das Milieu Berlins in den zwanziger und dreißiger Jahren. In den Vater-Sohn-Geschichten treten zwei **Idealisten** auf, „ein bedingungsloser (der Vater) und ein bedingter (der Sohn). Daß die Handlungen der beiden so häufig zum Scheitern verurteilt sind, liegt am Wesen des Idealismus. Idealisten müssen scheitern, sonst wären sie keine." (W. Schnurre)

10 Das Gewissen

Der **Gewissensbegriff** entsteht in der griechischen Philosophie und bezieht sich bei Demokrit (460–371) auf ein „Mitwissen“ um das ethisch bewertete eigene Verhalten, besonders wenn es sich um ein verbotenes Tun handelt. Das Gewissen weiß um moralische Regeln und urteilt über die sittliche Handlungsweise. Mit Luther setzt sich das neuzeitliche personale Gewissensverständnis durch. Über eine ethische Urteilsinstanz hinaus ist Gewissen der Ort, an dem über die Identität des Menschen mit sich selbst, über seine Personalität, entschieden wird.

Leitfragen:

- *Kann das Gewissen als Stimme Gottes verstanden werden?*
- *In welchem Ausmaß hängen die Gewissensinhalte ab von der Erziehung, der kulturellen Umgebung oder anderen Vorgegebenheiten?*
- *Inwiefern prägt Luther das neuzeitliche Gewissensverständnis?*
- *Für den Theologen Dietrich Bonhoeffer bedeutet das Gewissen „seinem Wesen nach der Ruf zur Einheit mit mir selbst".*[1]

  Überlegen Sie, welche Aufgabe dem Gewissen zukommt und ob man dem Gewissen immer folgen muß!

[1] Bonhoeffer, Dietrich: Ethik. Zusammengestellt und herausgegeben von Eberhard Bethge. München ^{3}1956, S. 191.

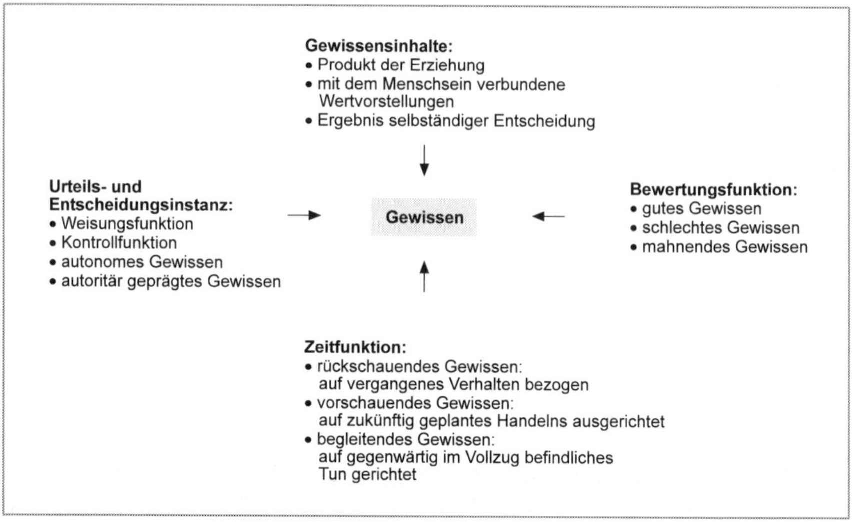

Aspekte des Gewissensphänomens

10.1 Erkenntnisse aus dem Bereich der Humanwissenschaften

Die Humanwissenschaften beschreiben die **Entfaltung des Gewissens** und die Ausbildung sittlicher Werturteile in enger Abhängigkeit von den erzieherischen Bezugspersonen der frühkindlichen Erziehung, der eigenen biographischen Entwicklung sowie den soziokulturellen Vorgegebenheiten.

Ausgehend von empirischen entwicklungspsychologischen Untersuchungen nimmt **Lawrence Kohlberg** an, daß sich nach verschiedenen Vorstufen das Gewissen als sittliches Orientierungsprinzip erst bei einigen Erwachsenen herausbildet. Kohlberg zieht aus seinen Untersuchungsergebnissen die pädagogische Forderung, sich im Raum der Erziehung zu bemühen, die konventionelle Moralebene zu erreichen. Die Jugendlichen und Erwachsenen sollen sich am erwarteten Rollenverhalten orientieren, d. h. Wert legen auf eine gute Beziehung zu anderen Menschen, sich loyal verhalten, Erwartungen gerecht werden und Regeln einhalten.

Kohlberg legt den Untersuchungspersonen vor allem moralische Dilemmata vor. In diesen Fallgeschichten nehmen die Probanden zu Konfliktsituationen Stellung und begründen ihre Entscheidung für einen der beiden vorgegebenen Handlungswege. Aus dem – auch in Längsschnittsuntersuchungen – gewonnenen Material werden die zugrunde liegenden moralischen Urteilsstrukturen herausgearbeitet.

Kohlberg unterscheidet drei entwicklungsgeschichtlich aufeinanderfolgende **Ebenen von Denk- und Beurteilungsmustern:**

- **vorsoziale Ebene** (die meisten Kinder unter 9 Jahren)
  Das moralische Verhalten orientiert sich an den Autoritätspersonen sowie an Belohnung und Strafe. („Ich tue etwas, weil meine Mutter es will, weil ich bestraft oder belohnt werde.“)
  Dieses Verhalten wird erweitert durch das Prinzip des gegenseitigen Austauschs, der allerdings an den eigenen Bedürfnissen und Interessen ausgerichtet ist. („Ich tue, wozu ich Lust habe und gehe im Sinne des gegenseitigen Gebens und Nehmens fair mit den anderen um.“)
- **soziale Ebene** (die meisten Jugendlichen und Erwachsenen)
  Das moralische Verhalten bezieht sich auf die gesellschaftlichen Rollenvorstellungen und die soziale Ordnung. („Ich lege Wert auf Ansehen und gute Beziehung zu anderen Menschen. Deshalb tue ich das, was die anderen von mir erwarten und die soziale Gemeinschaft verlangt.“)
- **autonome Ebene** (einzelne Erwachsene)
  Universelle ethische Prinzipien und Werte führen zum moralischen Urteil. Erst auf diesem Niveau kann vom „Gewissen“ gesprochen werden. („Ich tue etwas, weil dies dem gemeinsamen Wohl dient, weil jeder diesem Grundsatz folgen sollte.“)

Politische Ereignisse und weiterführende Untersuchungsergebnisse nötigen Kohlberg, seine **pädagogischen Zielvorstellungen** ständig neu abzusenken. Ermutigt durch das Vorbild M. L. Kings strebt Kohlberg Ende der 60er Jahre als erzieherisches Ziel die autonome Ebene der Gewissensbildung an. Mitte der 70er Jahre erlebt er, daß selbst der amerikanische Präsident Bürgerrechte verletzt (Nixons Watergate-Affäre). Außerdem zeigen Längsschnittsuntersuchungen, daß nach acht Jahren von den untersuchten Jugendlichen keiner die letzte Gewissensstufe erreicht hat. Hinzu kommt, daß sich immer stärker privatistische Einstellungen verstärken. Kohlberg gelangt mittlerweile zu dem Ergebnis, daß viel gelungen wäre, wenn die pädagogischen Bemühungen das Niveau der sozialen Ebene erreichten.

Gegen Kohlbergs Modell wird vielfach eingewandt, daß es von einem eingeengten, stark kognitiv geprägten Gewissensverständnis ausgeht.

Der Sozialwissenschaftler **Jürgen Habermas** entwickelt das Kohlbergsche Konzept weiter. Das Gewissensverständnis darf nicht auf individuelle ethische Prinzipien beschränkt werden, sondern muß zugleich jene bindenden Moralvorstellungen aufnehmen, die integrativ weltweite Gegenwarts- und Zukunftsaufgaben einbeziehen.

Die Humanwissenschaften zeigen die **faktische Relativität** der Gewissensinhalte auf, da sie kulturell vorgeformt sind, durch Sozialisationsprozesse vermittelt werden und sich auch im Laufe der individuellen Biographie wandeln.

10.2 Einsichten aus dem Bereich der Philosophie

Die Philosophie unterscheidet bei ihrem Versuch, das Phänomen des Gewissens zu beschreiben und zu deuten, **moralisches und personales Gewissen.** Enger gefaßt versteht die Philosophie das Gewissen moralisch als Sollensinstanz, mit der sittliche Normen verknüpft sind.

Das personale Gewissen bezieht sich auf die Suche des Menschen nach der Einheit mit sich selbst. In seinem Sein und Handeln steht sich der Mensch urteilend gegenüber und kann dabei in einem Zwiespalt mit seiner Bestimmung geraten. Menschen erfahren in ihrem Inneren einen absoluten Anspruch von Forderungen, dem der Mensch unbedingt zu gehorchen hat. Die inappellative Instanz gibt oft keine Begründung für den unbedingten Anspruch auf Geltung an.

Angesichts der Erkenntnisse der Humanwissenschaften über die Entstehung und Entwicklung des Gewissens stellt sich der Philosophie vor allem die Aufgabe, die **Spannung zwischen dem Absolutheitsanspruch des Gewissens und der faktischen Relativität der Gewisseninhalte** zu klären. Die philosophische Tradition bietet verschiedene Lösungsversuche an. Teils akzentuieren sie den Absolutheitscharakter des Gewissens und stellen eine grundsätzliche Relativität der Gewissensinhalte in Frage, teils bestätigen sie die Relativität der Gewissensinhalte und lösen den Absolutheitsanspruch auf, teils wird versucht, die spannungsvolle Beschreibung des Gewissensphänomen als sachlich angemessen festzuschreiben.

Göttlicher Welthintergrund

Die traditionelle philosophisch-religiöse Interpretation verankert den Absolutheitsanspruch in einem behaupteten **göttlichen Welthintergrund.** Mit der Natur des Menschen sind unveräußerliche, der Vernunft einsichtige, unwandelbare und für alle Menschen gültige Normen (z. B. Unverletztlichkeit der Person, Gewissensfreiheit) verbunden. Die damit verknüpften absolut gültigen ethischen Weisungen verpflichten im Gewissen.

Nach Joseph Kardinal Höffner, Professor für Christliche Sozialwissenschaften und Vorsitzender der Deutschen Bischofskonferenz, legt der Schöpfer die Naturrechte im Gewissen des Menschen an.

> Der Mensch trägt zwar den Ursprung seiner freien Entscheidungen in sich, aber in ihm lebt auch die ihm vorgegebene Norm, durch die er das sittlich verpflichtende „Du sollst" oder „Du sollst nicht" vor allem im Konfliktsfall persönlich erlebt. Gerade im letztlich von Gott stammenden Anruf des Gewissens wird sich der Mensch seiner Personalität bewußt, obwohl das Gewissen „durch Gewöhnung an die Sünde allmählich fast blind" werden kann („Gaudium et spes", n. 16).
>
> *Höffner, Joseph: Christliche Gesellschaftslehre, Kevelaer ⁷1978, S. 31.*

Faktische Relativität

Die religionskritische humanwissenschaftliche Sicht (F. Nietzsche, L. Feuerbach, S. Freud) interpretiert den Unbedingtheitscharakter des Gewissens als von Sozialisierungsprozessen erzeugte Täuschung und geht von der faktischen **Relativität sittlicher Normen** aus.

Friedrich Nietzsche versteht das schlechte Gewissen als Selbsttäuschung des Menschen, die durch den Zivilisationsprozeß hervorgebracht wird:

> Ich nehme das schlechte Gewissen als die tiefe Erkrankung, welcher der Mensch unter dem Druck jener gründlichsten aller Veränderungen verfallen mußte, die er überhaupt erlebt hat, jener Veränderung, als er sich endgültig in den Bann der Gesellschaft und des Friedens eingeschlossen fand. Nicht anders als es den Wassertieren ergangen sein muß, als sie gezwungen wurden, entweder Landtiere zu werden oder zugrunde zu gehen, so ging es diesen der Wildnis, dem Krieg, dem Herumschweifen, dem Abenteuer glücklich angepaßten Halbtieren, mit einem Male waren alle ihre Instinkte entwertet und „ausgehängt". [...]
> Die Feindschaft, die Grausamkeit, die Lust an der Verfolgung, am Überfall, am Wechsel, an der Zerstörung – alles das gegen die Inhaber solcher Instinkte sich wendend: *das* ist der Ursprung des

„schlechten Gewissens“. Der Mensch, der sich, aus Mangel an äußeren Feinden und Widerständen, eingezwängt in eine drükkende Enge und Regelmäßigkeit der Sitte, ungeduldig selbst zerriß, verfolgte, annagte, aufstörte, mißhandelte, dies an den Gitterstangen seines Käfigs sich wund stoßende Tier, das man „zähmen“ will [...] dieser Narr, dieser sehnsüchtige und verzweifelte Gefangene wurde der Erfinder des „schlechten Gewissens“.

Nietzsche, Friedrich: Zur Genealogie der Moral. Eine Streitschrift. Leipzig 1887 (2. Abhandlung, 16). In: Ders.: Nietzsches Werke. Kritische Gesamtausgabe. Hrsg. Von Giorgio Colli und Mazzino Montinari. VI/2. Berlin 1968, S. 337 – 339.

Funktionales Verständnis

Eine weitere Möglichkeit besteht darin, den anthropologischen Befund in ein funktionales Gewissensverständnis zu integrieren. Wilhelm Weischedel beispielsweise lehnt eine religiöse oder gesellschaftliche Deutung des Gewissensphänomens als philosophisch unbeweisbar ab und versteht die Spannung zwischen beanspruchter Absolutheit und faktischer Relativität als **Antinomie** (nicht auflösbarer innerer Widerspruch von Aussagen). Das Gewissen wäre dann ein den Selbstfindungsprozeß des Menschen ständig begleitendes kritisches Prinzip im Menschen.

Der Philosoph Wilhelm Weischedel versteht das Gewissen funktional als innere Urteilsinstanz des Menschen:

Es ist in seinem Anspruch ein fraglich machendes Prinzip im Menschen und hindert diesen daran, aufs Geradewohl zu handeln; es wirft ihn, indem es sein Tun und Sein fraglich macht, darauf zurück, daß er nur in immer erneuten Versuchen das Richtige finden kann, das freilich im durchgängig fraglichen Dasein des Menschen auch immer nur das fraglich Richtige sein kann. Eben darum ist es von so großem Gewicht, gewissenhaft zu sein, und das heißt: ständig auf das Gewissen zu hören; denn dieses macht den Menschen auf sein wahres Sein als eines radikal fraglichen Wesens aufmerksam. So verstanden – nicht aber als absolute Instanz für das Handeln – gehört das Gewissen wesentlich zu einer Skeptischen Ethik.

Weischedel, Wilhelm: Skeptische Ethik. Frankfurt a. M. 1976, S. 176.

Die **philosophische Problematik** des Gewissens konzentriert sich darauf, das Verhältnis zwischen dem beanspruchten Unbedingtheitscharakter des Gewissens und der geschichtlichen Bestimmtheit der Gewisseninhalte zu deuten.

10.3 Biblisches Gewissensverständnis

Altes Testament

Das Alte Testament kennt zwar nicht das Wort „Gewissen", spricht aber das Gewissensphänomen an. Das **„Herz" des Menschen** erhebt Selbstanklage, weil es von Gott angesprochen wird. Auch die „Nieren" können als Sitz des Gewissens verstanden werden.

Die Prophetin Hulda tröstet König Josia, 2. Chr 34, 27 (vgl. Ps 51, 12):

> Weil du im Herzen betroffen bist und dich gedemütigt hast vor Gott, als du seine Worte hörtest gegen diesen Ort und gegen seine Einwohner, und dich vor mir gedemütigt hast und deine Kleider zerrissen und vor mir geweint, so habe ich dich auch erhört, spricht der HERR.

Weil der König auf Gottes Wort hört, bleibt sein Herz nicht verhärtet.

Das Herz wird als ein vernehmendes Organ verstanden, Jer 12, 2 b (vgl. Ps 16, 7):

> Nahe bist du ihrem Munde,
> aber ferne von ihrem Herzen.

Die Menschen reden zwar von Gott; ihre inneren Entscheidungen aber darf er nicht beeinflussen.

Neues Testament: Paulus

Für das christliche Verständnis des Gewissens wird die Sichtweise des Paulus entscheidend. Er übernimmt die **griechische popularphilosophische Gewissensvorstellung** und versteht darunter eine mit dem Menschsein verbundene, selbständige sittliche Urteilsinstanz, die allgemeinverbindliche sittliche Normen kennt.

Die römisch-katholische Tradition zieht Röm 2, 14 f. als Begründung der Naturrechtslehre heran. Im Gewissen sind dem Menschen von Natur aus sittliche Normen eingestiftet.

> 14 Denn wenn Heiden, die das Gesetz nicht haben, doch von Natur tun, was das Gesetz fordert, so sind sie, obwohl sie das Gesetz nicht haben, sich selbst Gesetz.
> 15 Sie beweisen damit, daß in ihr Herz geschrieben ist, was das Gesetz fordert, zumal ihr Gewissen es ihnen bezeugt, dazu auch die Gedanken, die einander anklagen oder auch entschuldigen.

Theologisch bedeutsamer ist, daß Paulus das Gewissen in den **Zusammenhang mit der Rechtfertigung des Sünders** stellt. Unter dem Ruf Gottes beurteilt sich der Mensch im Gewissen und sieht sich als frei oder gebunden. Im praktischen Handeln orientiert sich die im Glauben gewonnene Freiheit des Gewissens an der dem Mitmenschen geschuldeten Liebe.

Paulus ermahnt die Christen zu Korinth, auf das Gewissen der Schwächeren zu achten. In der Gemeinde kommt es zu Spannungen, weil einige Anstoß daran nehmen, daß Christen Opferfleisch essen. Diese argumentieren: „Wir wissen, daß die Götzen nicht existieren. Deshalb sind wir in unserem Gewissen frei und können uns sogar an kultischen Mahlzeiten beteiligen. Der Glaube an Christus erlaubt uns das alles!" 1. Kor 10, 23–11, 1 (vgl. 8, bes. 7–13):

10,23 Alles ist erlaubt, aber nicht alles dient zum Guten. Alles ist erlaubt, aber nicht alles baut auf.
24 Niemand suche das Seine, sondern was dem andern dient.
25 Alles, was auf dem Fleischmarkt verkauft wird, das eßt, und forscht nicht nach, damit ihr das Gewissen nicht beschwert.
26 Denn „die Erde ist des Herrn und was darinnen ist" (Psalm 24,1).
27 Wenn euch einer von den Ungläubigen einlädt und ihr wollt hingehen, so eßt alles, was euch vorgesetzt wird, und forscht nicht nach, damit ihr das Gewissen nicht beschwert.
28 Wenn aber jemand zu euch sagen würde: Das ist Opferfleisch, so eßt nicht davon, um dessentwillen, der es euch gesagt hat, und damit ihr das Gewissen nicht beschwert.
29 Ich rede aber nicht von deinem eigenen Gewissen, sondern von dem des andern. Denn warum sollte ich das Gewissen eines andern über meine Freiheit urteilen lassen?
30 Wenn ich's mit Danksagung genieße, was soll ich mich dann wegen etwas verlästern lassen, wofür ich danke?
31 Ob ihr nun eßt oder trinkt oder was ihr auch tut, das tut alles zu Gottes Ehre.
32 Erregt keinen Anstoß, weder bei den Juden noch bei den Griechen noch bei der Gemeinde Gottes,
33 so wie auch ich jedermann in allem zu Gefallen lebe und suche nicht, was mir, sondern was vielen dient, damit sie gerettet werden.

11,1 Folgt meinem Beispiel, wie ich dem Beispiel Christi!

Paulus geht von zwei alltäglichen Konfliktfällen aus. Wie sollen sich Christen beim Einkauf von Fleisch (V. 25f.) und bei privaten Einladungen oder öffentlichen Kultveranstaltungen (V. 27f.) verhalten? Der Apostel urteilt: Das Gewissen der Christen verlangt nicht, Nachforschungen darüber anzustellen, ob das auf dem Markt angebotene Fleisch von geopferten Tieren stamme. Auch am Essen bei privaten Gastmählern oder am Opfermahl bei kultischen Veranstaltungen können Christen teilnehmen. Paulus setzt voraus, daß ihr Gewissen von den religiösen Sinngebungen, die mit dem Opferkult verbunden sind, nicht berührt wird.

Gerade weil das Gewissen des Christen frei ist von den allgemein herrschenden religiösen Vorstellungen, ist es offen für den anderen Menschen und aus Liebe ihm gegenüber gebunden (V. 23f., 29ff.). Es geht nicht darum, die eigene Freiheit aufzugeben und um des eigenen Gewissens willen auf das Essen des Opferfleisches zu verzichten. Alles, was diese Welt bietet, kann der Christ nämlich mit Dank genießen (V. 26). Er soll vielmehr um des anderen, des Schwachen willen verzichten. Paulus fordert kein opportunistisches Verhalten, sondern ruft auf zur imitatio Christi (11, 1): Wie Paulus selbst sollen auch die Korinther ihre Lebenseinstellung an der durch Jesu Christi erschlossenen Freiheit orientieren und ihr Handeln an der Liebe ausrichten.

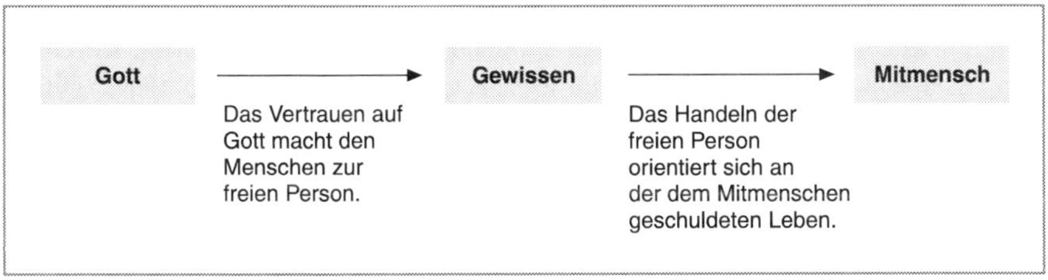

Das im Glauben befreite Gewissen

Der Glaube an Jesus Christus macht aus der Sicht des Paulus das **Gewissen**, den Menschen als Person, **frei**. Das Handeln des Glaubenden aber ist an die Liebe gebunden, die Rücksichtnahme auf das Gewissen der Mitmenschen einschließt.

10.4 Luthers Gewissensverständnis

Die traditionelle Gewissensinterpretation, die Luther vorfindet, bezieht sich auf normative Bewußtsinhalte, autonome Urteilsfunktionen und die Pflicht des ethischen Sollens, also auf eine Selbstbestimmungsmacht im Menschen selbst. Luther interessiert aber weniger das Phänomen des Gewissens als **normgebundene und normsetzende Instanz** für konkrete sittliche Entscheidungen (moralisches Gewissen), obwohl auch er vom guten, moralischen Gewissen den Menschen gegenüber sprechen kann. Das Gewissen läßt sich nämlich im Rahmen dieser ethischen Überlegungen nicht voll erfassen.

Aufgrund einer Analyse existentiell durchlittener Gewissenserfahrungen versteht Luther das Gewissen tiefer als anklagende Urteilsmacht, die sich auf die **Identität des Menschen** bezieht (personales Gewissen). Im Gewissen erlebt Luther nämlich die Vergeblichkeit, durch sittlich gutes Handeln vor Gott bestehen zu können und personale Identität aus eigenem Vermögen zu schaffen. Das Gewissen klagt den Menschen der Sündhaftigkeit an. Der Mensch sieht sich von Anfeindungsmächten eingenommen und bestimmt. Im Gewissen erfährt der Mensch, daß er nicht mächtig ist, sich aus dieser Fremdbestimmung seines Lebensvollzugs zu lösen. Gewissen ist also primär ein Geschehen des richtenden Urteilens, des Verurteilens, nicht Instanz sittlicher Überlegungen.

Damit wird für Luther das Gewissen zum **Ort der Gotteserfahrung.** Im Glauben an Jesus Christus vollzieht sich die Verwandlung vom „schlechten", „gefangenen“ zum „guten“, „befreiten“ Gewissen. Durch das Gewissen und im Gewissen wird das Wort Gottes als Heil erfahren. Im Glauben ergreift der Mensch die verheißene Barmherzigkeit Gottes. Sie bringt durch die Aufnahme des Glaubenden in die Gemeinschaft Gottes die Umkehr der menschlichen Fremdbestimmung zuwege, spricht das Gewissen von der Last der richtenden Anklage frei und eröffnet personale Einheit.

Auf dem 2. Verhör zu Worms (1521) antwortet Luther auf die Forderung, seine Schriften zu widerrufen:

> Weil Eure Majestät und Eure Gnaden eine schlichte Antwort von mir begehren, so will ich eine solche ohne alle Hörner und Zähne geben: Wenn ich nicht durch Zeugnisse der Schrift und klare Vernunftgründe überzeugt werde – denn weder dem Papst noch den Konzilien allein glaube ich, da es am Tage ist, daß sie öfter geirrt und sich selbst widersprochen haben – , so bin ich durch die Stellen der Schrift, die ich angeführt habe, überwunden in meinem Gewissen und gefangen in dem Worte Gottes (capta conscientia in verbo Dei). Daher kann und will ich nichts widerrufen, weil wider das Gewissen zu tun weder sicher noch heilsam ist (cum conscientiam agere neque tutum neque integrum sit). Gott helfe mir. Amen.
>
> *Luther: WA 7, 838, 1 ff.*

Im Lebensvollzug verfügt jedoch auch der Gerechtfertigte über das „befreite“ Gewissen nicht als unverlierbaren Besitz. Es existiert vielmehr in der Form des ständigen, tröstenden Zuspruches Gottes, da sich der Christ immer neu mit Zweifel oder Unglauben auseinandersetzen muß. Der Kampf des Gewissens gegen **Gewissensbedrängnisse** ist also immer zugleich eine Aufgabe, die der Christ aus der Zuwendung Gottes heraus zu bewältigen hat.

Das im Glauben an Jesus Christus **zur Liebe befähigte Gewissen** schließt zugleich dessen Verantwortung für die Welt und in der Welt ein. Gerade weil der Glaube das ethische Handeln von der Zielsetzung, sich mit ihm vor Gott rechtfertigen zu müssen, befreit, orientiert sich der Glaubende an dem, was die Liebe zum Nächsten und Gerechtigkeit für die Welt gebietet.

Luther deutet das Gewissen theologisch und verbindet diese Interpretation mit der Rechtfertigungslehre. Er versteht das Gewissen theologisch als **Ort der Gotteserfahrung.** Im Gewissen entscheidet es sich, in welchen Mächten der Mensch sein Leben gründet: im schöpferischen Wort Gottes („gutes", „befreites" Gewissen) oder in den die Welt beherrschenden Kräften („schlechtes", „gefangenes" Gewissen).

10.5 Grundzüge eines evangelischen Gewissensverständnisses

Während sich eine phänomenologische Beschreibung und Erklärung des Gewissens stärker auf die ethische Funktion des Gewissens bezieht, zielt das philosophische und theologische Verständnis des Gewissens umfassender auf die **Frage nach der Identität der Person.**

Moralisches und personales Gewissensverständnis

Das christliche Gewissensverständnis kann nicht im Rahmen ethischer Überlegungen erfaßt werden, die das Phänomen des Gewissens primär als normgebundene und normsetzende Instanz für konkrete sittliche Entscheidungen verstehen. Es reduziert das Gewissensphänomen nicht auf sittlich verstandene Bewußtseinsinhalte, auf die Funktion des Gewissens als Instanz sittlicher Selbstbestimmung, sondern versteht es als den Ort, wo über das Personsein des Menschen entschieden wird. In der christlichen Auseinandersetzung mit dem Gewissensphänomen geht es – wie in der Philosophie – letztlich um die Frage nach der **Einheit der Person.**

Zwiespalt des Menschen mit sich selbst

In der Suche des Menschen nach der Einheit mit sich selbst steht er sich urteilend gegenüber und gerät in einem Zwiespalt mit seiner Bestimmung. Die theologische Interpretation sieht hinter dieser philosophisch beschreibbaren Zerrissenheit des Menschen den **Widerspruch des sündigen Menschen gegenüber Gott.**

Ort der Gotteserfahrung

Der christliche Glaube versteht das Gewissen als Ort der Gotteserfahrung. Hinter der Unbedingtheit des Gewissensrufes steht der Ruf zur Wahrhaftigkeit. Ihn beantwortet die **befreiende Wahrheit Gottes,** die der Glaubende durch das Gewissen und im Gewissen erfährt.

Diese Grundeinstellung der menschlichen Person führt zur **ethischen Orientierungskompetenz.** Das christliche Gewissensverständnis unterscheidet nämlich zwischen Personwerdung durch Gottes Handeln und dem verantwortlichen Tun des Menschen, zwischen dem im Glauben zugesprochenen letztgültigen Heil und der Weltverantwortung des Menschen, die an die geschichtliche Bestimmtheit der sittlichen Gewissensinhalte gebunden ist. Der Christ braucht sich im Gewissen nicht durch die Inhalte und Formen der gesellschaftlichen Wertvorstellungen fremdbestimmen lassen. Er begegnet der Gefahr des Identitätsverlustes durch die pluralen, sich ständig wandelnden Sinngebungen aus der existentiellen Verankerung des Gewissens im Wort Gottes.

Im Bewußtsein der Geschichtlichkeit ethischer Normen wird der Christ auf dem Hintergrund der christlichen Anthropologie vom Liebesgebot her vor seinem Gewissen ethische Verantwortung übernehmen. Ausgehend von ethischen Leitlinien bezieht sich die moralische Funktion des Gewissens auf die rationale Abwägung des sittlich Gebotenen. Obwohl die sittlichen Gewisseninhalte geschichtlich bedingt sind, kann das Gewissen manche als unbedingt verpflichtend erfahren.

Das **christliche Gewissensverständnis** darf sich nicht auf die Funktion des Gewissens als Instanz **sittlicher Selbstbestimmung** beschränken. Theologisch kann Gewissen interpretiert werden als Ort der Gotteserfahrung. Das schöpferische Wort des Evangeliums schafft das **freie Gewissen,** dem verantwortete Personalität und die Freiheit zum ethischen Handeln korrespondieren.

ZUM WEITERLESEN

Mark Twain: Eine Lüge kann man nicht beten

Huckleberry Finn und der entflohene Negersklave Jim trieben auf einem Floß den Mississippi hinunter.

Wir konnten jetzt weiter nichts tun als bloß scharf aufpassen, ob wir die Stadt sahen, damit wir nicht etwa dran vorbeitrieben, ohne es zu merken. Jim sagte, er wäre ganz sicher, daß er sie sehen würde, denn in dem Augenblick, wo er sie sähe, wäre er 'n freier Mensch; wenn er sie aber verpaßte, dann wäre er wieder im Land der Sklaverei, und mit der Freiheit wäre 's dann vorbei. Alle paar Minuten sprang er auf und rief: „Da is' sie." Sie war 's aber nicht. Es waren Irrlichter oder Leuchtkäfer, und so setzte er sich wieder hin und paßte auf, genau wie vorher. Jim sagte, es machte ihn ganz zittrig und fiebrig, der Freiheit so nahe zu sein. Na, ich kann euch sagen, mich machte 's auch ganz zittrig und fiebrig, ihm zuzuhören, denn es fing an, mir zu dämmern, daß er tatsächlich fast frei war – und wer war schuld dran? Doch ich! Davon konnte ich mein Gewissen nicht mehr freikriegen, egal was ich anstellte. Das machte mir so zu schaffen, daß ich keine Ruhe mehr hatte; ich konnte nicht mehr still an einem Fleck sitzen bleiben. Vorher war mir überhaupt noch gar nicht zum Bewußtsein gekommen, was ich da eigentlich anstellte. Aber jetzt wurde 's mir klar, und der Gedanke ließ mich nicht mehr los, und mir wurde 's heiß und immer heißer dabei. Ich versuchte mir einzureden, *ich* hätte ja keine Schuld, *ich* hätte Jim ja nicht dazu angestiftet, von seiner rechtmäßigen Eigentümerin zu türmen; aber das nützte nichts, denn jedesmal kam das Gewissen wieder hoch und sagte: ‚Aber du hast doch gewußt, daß er weglief, damit er frei wird, und du hättst ja an Land paddeln und jemand Bescheid sagen können.' Das stimmte – da kam ich nicht drum rum. Das war der Punkt, wo 's mich piesackte. Mein Gewissen sagte zu mir: ‚Was hat dir denn die arme Miss Watson getan, daß du zusehen kannst, wie ihr Nigger vor deinen Augen türmt, ohne daß du 'n einziges Wort dazu sagst? Was hat dir denn die arme alte Frau bloß getan, daß du sie so gemein behandelst? Sie hat doch versucht, dir die Bibel zu lernen, sie hat versucht, dir anständige Manieren zu lernen, sie hat versucht, so gut zu dir zu sein, wie sie 's eben verstanden hat. *Das* hat sie dir getan.'

Ich kam mir schließlich so gemein vor und fühlte mich so elend, daß ich fast wünschte, ich wäre tot. Ich lief unruhig das Floß rauf und runter und beschimpfte mich in Gedanken, und Jim lief an mir vorbei auch unruhig das Floß rauf und runter. Keiner von uns beiden konnte stillsitzen. Jedesmal, wenn er rumtanzte und sagte: „Da ist Cairo!", ging es mir durch und durch wie 'ne Kugel, und ich dachte, wenn 's wirklich Cairo ist, dann sterbe ich vor Elend. [...]

Mein Gewissen rumorte schlimmer in mir rum als je zuvor, bis ich schließlich zu ihm sagte: ‚Hör auf, mich zu piesacken! Noch ist 's ja nicht zu spät – beim ersten besten Licht, das ich sehe, paddle ich an Land und sag 's.' Da wurde mir gleich wohl und froh und federleicht zumute. All meine Sorgen waren weg. Ich paßte scharf auf, ob ich ein Licht sah, und sang innerlich gradezu. Nach 'ner Weile tauchte auch eins auf. Jim jubelte:

„Wir sin' in Sicherheit, Huck, wir sin' in Sicherheit! Auf mit dir un' mach 'nen Luftsprung, das is' das gute alte Cairo, endlich, das weiß ich einfach!"

Ich sagte: „Ich nehm das Kanu und fahre mal nachsehen, Jim. Vielleicht ist 's doch nicht Cairo, weißt du."

Er sprang auf und machte das Kanu fertig, legte seine alte Jacke auf den Boden, damit ich drauf sitzen konnte, und gab mir das Paddel, und als ich abstieß, sagte er: „Nun werd ich bald vor Freude schrein, un' dann werd ich sagen, 's ist alles bloß durch Huck gekommen; ich bin ein freier Mensch, un' niemals hätt ich nicht frei wern' können, wenn Huck nich gewesen wär. Huck hat 's gemacht. Jim wird dich nie vergessen, Huck, du bist der beste Freund, den Jim je gehabt hat, un' du bist der *einzige* Freund, den der olle Jim jetzt hat."

Ich war losgepaddelt, ganz verbiestert drauf, ihn zu verraten; aber als er das sagte, schien 's mir so ziemlich den ganzen Schwung wegzunehmen. Ich paddelte nun langsam weiter und war überhaupt gar nicht sicher, ob ich froh darüber war, daß ich mich auf den Weg gemacht hatte, oder nicht.

Als ich fünfzig Yard weit weg war, sagte Jim: „Da fährst du nun hin, du alter treuer Huck – bist der einzige weiße Gentleman, der je dem ollen Jim 'n Versprechen gehalten hat."

Na, mir war einfach erbärmlich zu Mute. Aber ich sagte mir, ich *muß* es tun – ich kann mich nicht da rauswinden. In dem Augenblick kam 'n Boot mit zwei Männern an, die Gewehre hatten; sie hielten an, und ich hielt an. Der eine fragte:

„Was ist das dort drüben?"

„'n Stück von 'nem Floß", antwortete ich.

„Gehörst du dort rauf?“

„Jawohl, Sir.“

„Irgendwelche Leute drauf?“

„Nur einer, Sir.“

„Hm, von dort oben, oberhalb von der Flußbiegung, sind heute nacht fünf Nigger durchgebrannt. Ist dein Mann ein Weißer oder ein Schwarzer?“

Ich antwortete nicht sofort. Ich versuchte ’s, aber die Worte wollten nicht raus. Ein, zwei Sekunden lang gab ich mir Mühe, mich aufzuraffen und ’s rauszubringen, aber ich war nicht Manns genug – hatte nicht mal soviel Mut wie ’n Hase. Ich merkte, daß ich schwach wurde, und da gab ich einfach auf, es zu versuchen, und sagte doch glatt: „Ist ’n Weißer.“

„Ich denke, wir fahren mal hin und sehen selbst nach.“

„Das wär’ fein“, sagte ich, „weil das da drauf nämlich Papa ist, und vielleicht können Sie mir helfen, das Floß bei dem Licht da drüben ans Ufer zu ziehen. Er ist krank, und Mama und Mary Ann auch.“ [...]

„Merkwürdig eigentlich. Sag mal, Junge, was ist denn mit deinem Vater los?“

„Er hat die – äh – die – na, ’s ist weiter nichts Besonderes.“

Sie hörten auf zu rudern. Wir waren schon mächtig nahe beim Floß. Der eine Mann sagte: „Junge, du lügst ja. Was ist nun mit deinem Vater los? Antworte jetzt offen, das ist besser für dich.“

„Ich will ’s ja sagen, Sir, bestimmt – aber bitte lassen Sie uns dann nicht allein. Es sind die – die – meine Herren, wenn Sie bloß vorrudern und mich Ihnen das Tau zuwerfen lassen, dann brauchen Sie dem Floß überhaupt nicht nahe zu kommen – bitte.“

„Zurück, John, zurück!“ rief der eine. Sie warfen das Boot zurück. „Bleib da weg, Junge – halt dich luvwärts. Verdammt noch mal, ich glaube, der Wind hat ’s zu uns hergeblasen. Dein Vater hat die Blattern, und das weißt du ganz genau. Warum hast du ’s nicht offen und ehrlich gesagt? Willst du alle Leute anstecken?“

„Ach“, sagte ich und heulte los, „ich hab ’s bisher allen gesagt, und da sind sie einfach fort und haben uns allein gelassen.“

„Aber Teufel, da ist was dran. Du tust uns schrecklich leid, aber wir – na, verdammt noch mal, wir wollen eben nicht die Blattern kriegen, siehst du. Hör mal her, ich will dir sagen, was du machst. Laß das Floß noch etwa zwanzig Meilen weit treiben, und dann kommst du zu ’ner Stadt, die auf der linken Seite vom Fluß liegt. Bis dahin ist die Sonne dann schon längst aufgegangen, und wenn du um Hilfe bittest, dann sagst du nur, deine Leute liegen alle mit Schüttelfrost und Fieber da. Sei nicht wieder so 'n Narr, und laß die Menschen nicht draufkommen, was los ist. Wir versuchen bloß, dir 'nen Gefallen zu tun; also sei brav und fahr zwanzig Meilen weit von hier weg. Es hätte gar keinen Zweck, dort unten zu landen, wo das Licht ist – da ist weiter nichts als ein Holzplatz. Hör mal, ich denke mir, dein Vater ist wohl arm, und ich muß sagen, er hat ziemlich großes Pech. Hier – ich leg 'n Zwanzigdollargoldstück auf das Brett da, das holst du dir, wenn 's an dir vorbeitreibt. Ich komm mir recht gemein vor, dich so sitzenzulassen, aber du lieber Himmel! Mit Blattern soll man nicht spaßen, verstehst du?"

„Warte mal, Parker", sagte der andere Mann, „hier sind noch zwanzig Dollar, die leg für mich auf das Brett. Leb wohl, Junge, und mach, was Mr. Parker dir gesagt hat, dann wird schon alles werden."

„So ist 's, mein Junge – leb wohl, leb wohl. Wenn du irgendwelche weggelaufenen Nigger siehst, dann hol dir Hilfe und fang sie ein, damit kannst du dir Geld verdienen."

„Leben Sie wohl, Sir", sagte ich, „an mir laß ich keine weggelaufenen Nigger vorbei, wenn ich 's verhindern kann."

Sie fuhren davon, und ich kehrte zurück aufs Floß und kam mir erbärmlich und niedrig vor, weil ich ganz genau wußte, daß ich was Unrechtes getan hatte, und ich sah ein, daß es für mich gar keinen Zweck hatte, mir Mühe zu geben und zu lernen, das Rechte zu tun; wer nicht schon gleich von klein auf damit anfängt, der hat keine Aussicht, daß er 's schafft – wenn 's hart auf hart geht, dann hat er nichts, was ihm den Rücken steift und ihn bei der Stange hält, und so kommt er unter die Räder. Dann dachte ich 'nen Augenblick nach und sagte mir: Halt mal, wenn du nun das Rechte getan und Jim verraten hättest, wäre dir dann wohler in deiner Haut als jetzt? Nee, sagte ich mir, dann würde ich mich gar nicht wohl fühlen – dann würde ich mich genau so fühlen wie jetzt. Na, sagte ich mir, wozu nützt denn das dann, wenn du lernst, das Rechte zu tun, wo 's doch sehr mühsam ist, das Rechte zu tun, und überhaupt gar keine Mühe macht, das Unrechte zu tun, und man genau denselben Lohn dafür kriegt? Da saß ich fest. Dadrauf konnte ich nicht antworten. So sagte ich mir also, ich würde mir nicht mehr den Kopf drüber zerbrechen, sondern von jetzt ab immer das tun, was im Moment grade am besten paßte.

Als Huck später Jim im Wigwam nicht antraf, suchte er ihn in der Stadt. Dort erfuhr er, daß Jim gefaßt worden war.

Ich kehrte zum Floß zurück und setzte mich in den Wigwam, um nachzudenken. Ich kam aber auf nichts. Ich dachte nach, bis mir der Kopf rauchte, aber ich fand keinen Ausweg aus dieser üblen Lage. Nach der ganzen langen Reise und nach allem, was wir für diese Schurken getan hatten, war nun alles zu nichts geworden, alles war kaputt und vorbei, weil sie das Herz hatten, Jim so einen Streich zu spielen und ihn für sein ganzes Leben wieder zum Sklaven zu machen und noch dazu unter Fremden, für vierzig schmutzige Dollar.

Einmal sagte ich mir, es wäre tausendmal besser für Jim, zu Hause, wo seine Familie war, Sklave zu sein, wenn er nun schon mal Sklave sein mußte, und deshalb wäre 's wohl besser, wenn ich 'nen Brief an Tom Sawyer schreiben und ihm sagen würde, er sollte Miss Watson bestellen, Jim wäre hier. Aber den Gedanken gab ich bald wieder auf, aus zwei Gründen: Sie würde wütend und empört sein, daß er so schuftig und undankbar gewesen war, sie zu verlassen, und deshalb würd sie ihn sofort wieder flußabwärts verkaufen, und wenn nicht, dann würde natürlich jeder 'nen undankbaren Nigger verabscheuen, und sie würden 's Jim immerzu spüren lassen, und da käme er sich natürlich gemein und entehrt vor. Und dann zu denken, was mit mir wäre! Es würde sich überall rumsprechen, daß Huck Finn 'nem Nigger geholfen hat, seine Freiheit zu bekommen, und wenn ich je einen aus der Stadt wiedersehen würde, dann würde ich vor Scham in den Boden kriechen wollen. So ist das nun – man tut was Niedriges, und dann will man die Folgen nicht tragen. Glaubt, so lange man 's verstecken kann, wäre 's keine Schande. Genauso ging 's mir. Je mehr ich drüber nachdachte, um so mehr fing mein Gewissen an, in mir rumzurumoren, und um so schlechter und niedriger und gemeiner kam ich mir vor. Und schließlich, als mir plötzlich ein Licht aufging, daß mir da ganz offensichtlich dem Schicksal seine Hand direkt ins Gesicht schlug und mich wissen ließ, daß meine Schlechtigkeit von Anfang an dort oben im Himmel beobachtet worden war, während ich 'ner armen alten Frau, die mir nie was Böses getan hatte, ihren Nigger raubte, und mir jetzt zeigte, daß es dort Einen gibt, der immer auf Wacht ist und nicht zulassen wird, daß solche elenden Sachen nur so weit und nicht weiter gehen, fiel ich beinahe um, solche Angst hatte ich. Na, ich versuchte, so gut wie ich konnte, die Dinge für mich irgendwie zu mildern, indem ich sagte, ich wäre nun mal in Schlechtigkeit erzogen worden und könnte also nicht soviel dafür; aber irgendwas in mir sagte immerzu: ‚Da war doch die Sonntagsschule, da hättest du ja hingehen können, und wenn du das getan hättst, dann hätten sie dir dort beigebracht, daß Leute, die so handeln, wie du wegen dem Nigger gehandelt hast, in die Hölle kommen.'

Das ließ mich erschauern. Und ich beschloß so ziemlich, zu beten und mal zu sehen, ob ich nicht aufhören könnte, so 'n Junge zu sein, wie ich einer war, und besser zu werden. Ich kniete also nieder. Aber die Worte wollten nicht kommen. Warum nicht? Es hatte keinen Zweck zu versuchen, 's vor Ihm zu verstecken. Auch vor mir selbst nicht. Ich wußte ganz genau, warum sie nicht kommen wollten. Deshalb nicht, weil 's mit meinem Herzen nicht in Ordnung war; deshalb nicht, weil ich nicht ehrlich war; deshalb nicht, weil ich 'n Doppelspiel trieb. Ich tat so, als ob ich die Sünde aufgeben wollte, aber tief in meinem Innern hielt ich mich an der allergrößten Sünde fest. Ich versuchte, meinen Mund dazu zu bringen, daß er sagte, ich wollte das Rechte und das Anständige tun und an dem Nigger seine Eigentümerin schreiben und ihr mitteilen, wo er war, aber tief im Herzen wußte ich, daß das 'ne Lüge war – und Er wußte 's auch. 'ne Lüge kann man nicht beten – das stellte ich fest.

So war ich also in großer Unruhe, in so großer, wie 's überhaupt nur gibt, und wußte nicht, was ich tun sollte. Schließlich hatte ich 'ne Idee, und ich sagte mir, ich werde den Brief schreiben und sehen, ob ich dann beten kann. Na, es war erstaunlich, wie leicht ich mich da sofort fühlte, wie 'ne Feder, und meine ganze Unruhe war weg. Ich nahm also ganz froh und aufgeregt 'n Stück Papier und 'nen Bleistift, setzte mich hin und schrieb:

„Miss Watson, Ihr weggelaufener Nigger Jim ist hier unten zwei Meilen unterhalb von Pikesville und Mr. Phelps hat ihn und wird ihn gegen die Belohnung abliefern wenn Sie die schicken. Huck Finn."

Ich hatte das Gefühl, jetzt wäre ich gut und von aller Sünde rein gewaschen – zum erstenmal im Leben hatte ich dieses Gefühl, und ich wußte, jetzt konnte ich beten. Ich betete aber nicht gleich, sondern legte das Papier hin und saß da und dachte nach – dachte drüber nach, wie gut 's doch wäre, daß alles so gekommen war, und wie nah ich dran gewesen wäre, verloren zu sein und in der Hölle zu landen. Dann dachte ich weiter. Mir fiel unsre Fahrt den Fluß runter ein, und ich sah Jim vor mir, wie er die ganze Zeit über gewesen war, tagsüber und nachts, manchmal bei Mondschein, manchmal bei Sturm, und wie wir weitergetrieben waren und geredet, gesungen und gelacht hatten. Aber irgendwie schien mir nichts einfallen zu wollen, was mich gegen ihn verhärtete, sondern im Gegenteil. Ich sah vor mir, wie er meine Wache noch neben seiner übernahm, anstatt mich zu wecken, damit ich weiterschlafen konnte, und ich sah vor mir, wie er sich freute, als ich aus dem Nebel zurückkam, und damals, als ich im Sumpf wieder zu ihm stieß, dort oben, wo die Fehde stattgefunden hatte, und lauter solche Sachen; wie er mich immer „mein Herzchen“ nannte und mich streichelte und alles für mich tat, was er sich nur ausdenken konnte, und wie gut er immer war, und schließlich kam ich zu dem Punkt, wo ich ihn rettete, indem ich den Männern erzählte, wir hätten die Blattern an Bord, und wie dankbar er da war und wie er sagte, ich wäre der beste Freund, den der alte Jim jemals auf der Welt gehabt hätte, und der einzige, den er jetzt noch hätte, und dann sah ich mich zufällig um, und mein Blick fiel auf das Papier.

Da saß ich in der Klemme. Ich hob ’s auf und hielt ’s in der Hand. Ich zitterte, weil ich mich jetzt für immer und ewig für eine von zwei Sachen entscheiden mußte und das wußte. Ich dachte ’ne Minute lang nach, hielt sozusagen den Atem an und sagte mir dann: ‚Na schön, dann komm ich eben in die Hölle!‘ und zerriß das Papier.

Das waren schreckliche Gedanken und schreckliche Worte, aber nun hatte ich sie mal gesagt. Und dabei ließ ich ’s und dachte nie mehr dran, mich zu bessern. Ich schlug mir die ganze Sache aus dem Sinn und sagte mir, ich würde ’s wieder mit der Schlechtigkeit halten, die wäre für mich das richtige, weil ich ja so ’ne Erziehung hätte, und der andere Weg wäre nichts für mich. Als Anfang würde ich mich gleich an die Arbeit machen und Jim wieder aus der Sklaverei rauben, und wenn ich mir noch was Schlimmres ausdenken könnte, dann wollte ich das auch tun, denn wo ich ja nun mal drin saß, und zwar für immer, konnte ich auch gleich aufs Ganze gehen.

Twain, Mark: Huckleberry Finns Abenteuer. In: Ders.: Gesammelte Bände, Bd. 1: Tom Sawyers Abenteuer. Huckleberry Finns Abenteuer. Übertragen von Lore Krüger. Ausgewählte Erzählungen. Übertragen von Günther Klotz. München 1985, S. 346 – 351, 490 – 493.

Samuel Langhorn Clemens, bekannt unter dem Pseudonym **Mark Twain** (1835 – 1910), arbeitet nach seiner Setzerlehre als Lotse auf dem Mississippi, später als Reporter und Silbergräber in Nevada, als Journalist in Hawai, Europa und Palästina. Der mit sich und den andern in Unfrieden lebende Selfmademan ist ständig auf der Suche nach der „heilen Welt“. 1894 macht der erfolgreiche Schriftsteller als Verleger und Druckereibesitzer Millionenverluste und steht vor dem finanziellen Ruin. Vor allem aus den Einnahmen von Vortragsreisen zahlt er die Schulden vollständig zurück.

Huckleberry Finn, Sohn eines Trinkers, verläßt das puritanische Städtchen St. Petersburg und trifft unterwegs den entlaufenen „Neger“ Jim. Sie begegnen Menschen, die von ihrer anständigen, christlichen Lebensführung überzeugt sind, aber trotzdem betrügen und das Leben eines Sklaven geringschätzen. Für Huck wird seine Einstellung Jim gegenüber zu einer **Gewissensfrage.** Er weiß nicht, welchen Stimmen er folgen soll, und entscheidet schließlich aus seiner Freundschaft zu Jim heraus.

Stichwortverzeichnis

Personenregister

Sachregister

Verzeichnis der Bibelstellen

Leerseiten verbilligen in diesem Fall die Herstellung des Heftes!

Notizen

Leerseiten verbilligen in diesem Fall die Herstellung des Heftes!

Ihre Meinung ist uns wichtig!

Ihre Anregungen sind uns immer willkommen.
Bitte informieren Sie uns mit diesem Schein über Ihre Verbesserungsvorschläge!

Titel-Nr.	Seite	Fehler, Vorschlag

STARK

Bitte hier abtrennen

Bitte hier abtrennen

Zutreffendes bitte ankreuzen!

Die Absenderin/der Absender ist:

- ☐ Lehrer/in
- ☐ Fachbetreuer/in
  Fächer: ____________
- ☐ Beratungslehrer/in
- ☐ Oberstufenbetreuer/in
- ☐ Schulleiter/in
- ☐ Regierungsfachberater/in
  Fächer: ____________
- ☐ Schüler/in
- ☐ Sekretariat
- ☐ Buchhändler/in

Unterrichtsfächer:

Stark Verlag
Postfach 1852
85318 Freising

Kennen Sie Ihre Kundennummer?
Bitte hier eintragen.

Absender (bitte in Druckbuchstaben)

Name/Vorname

Straße/Nr.

PLZ/Ort

Schule/Schulstempel (bitte immer angeben)

5-V1T

Bitte ausfüllen und im frankierten Umschlag an uns einsenden. Für Fensterkuverts geeignet.

(Bitte blättern Sie um)